사회계약론

Du contrat social

Du contrat social, ou Principes du droit politique

Jean-Jacques Rousseau

사회계약론

Du contrat social

■● 문예인문클래식

장자크 루소
이재형 옮김

문예출판사

차례

1부 기본 원칙: 사회계약

1. 1부 주제   19
2. 초기 사회에 관하여   21
3. 최강자의 권리에 관하여   25
4. 노예제도에 관하여   27
5. 항상 최초 계약으로 소급해야 한다는 것에 관하여   34
6. 사회계약에 관하여   36
7. 주권자에 관하여   40
8. 사회 상태에 관하여   44
9. 물권物權에 관하여   46

2부 주권의 본질과 한계

1. 주권은 양도할 수 없다   53
2. 주권은 분할할 수 없다   55
3. 전체 의사가 오류를 범할 수 있는지에 관하여   58
4. 주권의 한계에 관하여   61
5. 생살권에 관하여   66

6.	법에 관하여	69
7.	입법자에 관하여	74
8.	국민에 관하여	80
9.	국민에 관하여(계속)	83
10.	국민에 관하여(계속)	87
11.	여러 입법 체계에 관하여	91
12.	법의 분류	94

3부 정부의 이론적 연구

1.	정부 일반에 관하여	100
2.	다양한 정부 형태를 구성하는 원칙	107
3.	정부 분류	111
4.	민주정치에 관하여	113
5.	귀족정치에 관하여	116
6.	군주정치에 관하여	120
7.	혼합 정부에 관하여	128
8.	어떤 정부 형태든 모든 나라에 적합한 것은 아니다	130
9.	좋은 정부의 특징에 관하여	138
10.	정부의 월권과 타락하는 경향에 관하여	141
11.	정치체의 멸망에 관하여	145
12.	주권은 어떻게 유지되는가	147
13.	주권은 어떻게 유지되는가(계속)	149
14.	주권은 어떻게 유지되는가(계속)	152
15.	대의원이나 대표자들에 관하여	154
16.	정부 수립은 결코 계약이 아니다	160

17.	정부 수립에 관하여	**162**
18.	정부의 월권을 방지하는 방법	**164**

4부 도시국가의 기능에 관한 실제적 연구: 로마의 예

1.	전체 의사는 파괴될 수 없다	**169**
2.	투표에 관하여	**173**
3.	선거에 관하여	**177**
4.	로마 민회에 관하여	**180**
5.	호민관직에 관하여	**194**
6.	독재에 관하여	**197**
7.	감찰관직에 관하여	**202**
8.	시민 종교에 관하여	**205**
9.	결론	**220**

주요 개념	**221**
옮긴이 해제	**251**
장 자크 루소 연보	**307**

일러두기
본문의 각주는 독자의 이해를 돕기 위한 옮긴이 주이며, 원주는 각주 끝에 '원주'라고 표기했다.

사회계약론 또는 참정권의 원리에 관하여

— 제네바 시민 장 자크 루소가 씀[1]

---

[1] 루소는 《과학과 예술론》에서부터 자신의 저술에 저자를 '제네바 시민 장 자크 루소'라고 밝힌다. 파리에 사는 그의 친구들도 그를 허물없이 '시민'이라고 불렀다. 사실 그는 1728년에 '개종'했을 때부터 다시 공식적으로 제네바로 돌아간 1754년까지는 이 같은 지위를 누리지 못했다. 그러고 나서 자신의 시민권을 엄숙하게 포기할 때까지 다시 이 권리를 누렸다. 그러므로 그가 실제로 제네바 시민이었던 기간은 7년이었다.

자, 우리, 공평한 조약을 맺자고 제안합시다.[2]

— 베르길리우스, 《아이네이스》 11편

[2] 군사 회의에서 라티누스 왕은 트로이 사람들과 라티움 사람들 간의 전쟁을 끝내고 아이네이스와 조약을 맺어야 한다며 이렇게 피력한다.

이 짧은 논문은 옛날에 내 능력을 고려하지 않은 채 쓰기 시작했다가 오래전에 그만둔 방대한 저작[3]에서 발췌했다. 써놓은 것 중에서 골라낼 수 있는 여러 단편 가운데 이 논문이 그래도 가장 주목받을 만하고 독자들에게 보여주어도 부끄럽지 않을 것 같았다.
그 나머지는 이제 존재하지 않는다.

---

[3] 《정치제도론》을 말한다. 현대 연구자들이 《정치체론》, 《정치제도에 관한 제1초고》로도 부른다.

1부 기본 원칙 : 사회계약

나는 인간을 있는 그대로 받아들이고 법을 있는 그대로 받아들이는 정당하고도 확실한 어떤 행정 법칙이 사회질서 속에 존재할 수 있는지를 알아보려 한다. 그러므로 나는 정의와 이익이 절대 분리되지 않도록 이 연구에서 권리가 허용하는 것과 이해타산이 권장하는 것을 항상 조화시키려고 애쓸 것이다.

나는 내가 다루는 주제가 얼마나 중요한가에 대해 설명하지 않고 곧장 본론으로 들어가겠다. 내가 군주나 입법자라서 이렇게 정치에 관한 글을 쓰는지 물어볼 사람이 있을 것이다. 그 질문에 대답하건대, 나는 군주도 아니고 입법자도 아니다. 그리고 바로 그렇기 때문에 정치에 관한 글을 쓴다. 만일 내가 군주나 입법자라면 나는 해야 하는 일을 직접 나서서 하지는 않고 입으로만 어쩌고저쩌고하며 시간을 낭비하지는 않을 것이다. 해야 할 일이 있으면 하든지, 아니면 군소리 말고 가만히 있든지, 둘 중 하나다.

내 의견이 공적인 일에 미칠 수 있는 영향력이 아무리 미약하다고 해도 나는 한 자유국가의 시민이자 주권자의 한 사람으로 태어나 그 공무에 관해 투표할 수 있는 권리를 가졌으므로 거기에 대해 알아야 한다는 의무 역시 당연히 갖게 된다. 여러 나라의 정부에 관해 고찰할 때마다 나는 내가 하고 있는 연구에서 우리나라 정부를 사랑할 만한 새로운 이유들을 항상 발견하게 되어 기쁘다!

1. 1부 주제

인간은 자유롭게 태어났지만, 어디서나 쇠사슬에 묶여 있다. 다른 사람들보다 더 노예가 되어 있으면서도 자기가 그들의 주인이라고 믿는 자들이 있다. 어떻게 해서 이처럼 뒤바뀐 생각을 하게 되었을까? 잘 모르겠다. 도대체 무엇이 그러한 생각을 정당화할 수 있을까? 이 질문에는 대답할 수 있을 것 같다.

만일 내가 힘과 그 힘에서 유래하는 결과만을 고려한다면 나는 이렇게 말할 것이다.

"어떤 국민이 복종을 강요당해 복종하는 것이라면 그들은 잘하고 있다. 그런데 그 억압에서 벗어날 수 있게 되어 그렇게 한다면 그들은 훨씬 더 잘하고 있다. 왜냐하면 그들에게서 자유를 빼앗아 간 권리와 똑같은 권리로 그 자유를 되찾는 것이기 때문에 그들은 그 자유를 되찾을 충분한 자격이 있든지, 아니면 그들에게서 자유를 빼앗아 갈 근거가 전혀 없었기 때문이다."

그런데 사회질서는 다른 모든 권리의 바탕이 되는 신성한 권리다. 그렇지만 그 권리는 자연에서 유래하는 것이 아니다. 즉 계약에 기초하고 있다.[1] 그러므로 그 계약이 어떤 계약인지 알아야만 한다. 하지만 그것을 알아보기 전에 나는 먼저 내가 방금 주장한 바를 입증해야 한다.

1 루소는 특히 장 보댕과 보쉬에가 발전시킨 군주론을 논박하고 존 로크의 주장을 받아들인다.

2. 초기 사회에 관하여

가족 사회야말로 모든 사회 중에서 가장 오래되고 또 유일하게 자연적이다. 여기서도 역시 자식은 자신의 생명 보존에 필요한 동안만 아버지에게 매여 있을 뿐이다. 그 같은 필요가 없어지면 이 자연적 유대 관계는 곧 사라진다. 자식은 아버지에게 복종하지 않아도 되고 아버지 역시 자식을 돌보지 않아도 된다. 그리하여 그들 모두 독립성을 되찾는다. 만일 그들이 계속 결합해 있다면 그 가족은 이제 자연적인 게 아니라 본인들의 뜻에 따른 것이다. 그러므로 가족 자체는 오직 계약을 통해서만 유지된다.

누구나 갖고 있는 이 자유는 인간 본성의 결과다. 인간이 가장 우선해야 하는 법은 자신의 생명을 보존하도록 유의하는 것이며, 무엇보다도 자기 자신을 가장 먼저 돌봐야만 한다. 그리하여 분별력을 갖출 나이가 되면 바로 혼자서도 자기 생명을 보존하는 데 적합한 수단이 무엇인지를 판단할 수 있게 되고, 그를 통해 자기 자신의 주인이 된다.

그러므로 가정은 정치사회의 첫 번째 모델이라고 말할 수 있다. 국가의 우두머리는 아버지와 흡사하고 국민은 자식들과 흡사하다. 하지만 그들은 모두 평등하고 자유롭게 태어났으므로 오직 자신의 이익을 위해서만 자유를 양도한다. 단 한 가지 차이가 있다면, 가정에서는 아버지가 자식을 사랑하기 때문에 아이들을 보살피지만, 국가는 지배의 기쁨이 우두머리가 자신의 국민에 대해 갖고 있지 않은 그 사랑을 대신한다는 점이다.

호로티위스[2]는 인간의 모든 권력이 통치를 받는 사람들에게 유리하도록 수립되었다는 주장을 부인하면서 노예제도를 그 예로 든다. 언제나 사실에 근거해 당위성을 내세우는 것이 그의 한결같은 추론 방법이다.[3] 좀 더 논리적인 방법을 사용할 수도 있겠지만, 그렇다고 해서 폭군들에게 더 유리해지지는 않을 것이다.

그러므로 호로티위스에 따르면, 온 인류가 백여 명의 인간에게 예속된 것인지, 아니면 그 백여 명의 인간이 온 인류에게 종속된 것인지 확실치가 않다. 하지만 그의 책을 처음부터 끝까지 다 읽어보면 그는 첫 번째 견해 쪽으로 마음이 기울어 있는 것 같다. 그런데 홉스[4]도 그와 견해를 같이한다. 이렇게 인류는 여러 가축 떼로 나뉘고, 각각의 가축 떼에는 주인이 있어서 이 가축들을 잡아먹으려고 보호한다.

목동이 그의 가축 떼보다 우월한 자질을 가진 것처럼 인간들의 목

---

2   Hugo Grotius, 루이 13세의 궁정에서 살았던 네덜란드 법학자. 1625년《전쟁과 평화의 법》을 출판했다.

3   "공법에 대한 학술적 연구들은 흔히 옛 폐습의 역사에 불과하다. 그래서 누가 공법을 지나치게 연구했다면 헛수고를 한 것이나 다름없다."(다르장송 후작,《프랑스와 이웃 국가들의 이해관계론》) 이것이 바로 호로티위스가 한 일이다.(원주)

4   Thomas Hobbes, 1588~1679. 영국의 철학자. 저서로는《시민론》(1642)과《리바이어던》(1651)이 있다.

자들도 그들의 국민보다 우월한 자질을 갖추고 있다. 필론[5]의 말에 따르면, 칼리굴라 황제도 그렇게 추론했는데, 이러한 유추를 바탕으로 왕은 신이고 국민은 가축이라고 아주 쉽게 결론 내렸다.

칼리굴라의 추론은 홉스나 흐로티위스의 추론과 다르지 않다. 그들에 앞서 아리스토텔레스 역시 인간은 본래 평등하지 않으며, 어떤 사람들은 노예가 되도록 태어났고 또 어떤 사람들은 지배하기 위해 태어났다고 말했다.

아리스토텔레스의 말[6]은 옳았다. 하지만 그는 결과를 원인으로 착각했다. 노예 신분으로 태어난 사람은 누구나 노예가 된다. 이보다 더 분명한 사실은 없다. 노예들은 예속 상태에서 모든 것을 잃는데, 심지어 그 예속 상태에서 벗어나고자 하는 욕망까지도 잃어버린다.[7] 오디세우스 일행이 짐승처럼 우둔한 자신들의 상태를 좋아했듯 그들은 자신들의 노예 상태를 좋아한다.[8] 그러므로 타고난 노예들이 존재하는 것은 천성에 반하는 노예들이 있었기 때문이다. 힘이 최초의 노예들을 만들었으며, 그들의 비굴함이 그 노예 상태를 영원히 정착시켰다.

나는 아담 왕에 대해서도, 사투르누스의 자식들처럼 세계를 나누어 가졌던 세 위대한 군주(사람들은 사투르누스의 자식들과 이 위대한

---

5 Philon, 기원후 54년에 사망했다.
6 《정치학》 1권 1장과 2장. "자연은 보존 목적에 따라 어떤 존재들은 명령을 하도록, 또 어떤 존재들은 복종을 하도록 창조했다."
7 이것은 사실과 다른 주장이다. 로마 역사에서는 많은 노예 반란이 일어났으며, 이 같은 사실은 근대의 신대륙에도 적용된다.
8 플루타르코스의 논문 〈짐승도 머리를 쓴다〉를 보라. (원주)

군주 셋이 같은 사람들이라고 믿었다)의 아버지인 노아 황제에 대해서도 아무 말 하지 않았다. 내가 그들에 관해 언급하고 싶은 생각을 꾹 참은 데 대해 사람들이 고마워해주었으면 한다. 왜냐하면 나는 그 세 군주 중 한 명의 직계 후손이기 때문에, 그리고 어쩌면 장손 가문일 수도 있기 때문에 족보를 뒤져 확인해보면 인류의 합법적인 왕이 될 수도 있지 않겠는가? 어쨌든 로빈슨 크루소가 자신이 살던 섬의 유일한 주민이던 동안만큼은 세계의 군주였던 것처럼, 아담 역시 세계의 군주였다는 사실은 부정할 수가 없다. 그런데 이런 왕국에서 군주는 왕위王位가 확실하게 보장되었으므로 반란이나 전쟁 또는 음모자들을 두려워하지 않아도 된다는 점이 편안했다.

3. 최강자의 권리에 관하여

최강자라 할지라도 자신의 힘을 권리로, 자신에 대한 복종을 의무로 바꿔놓지 않는 한 영원히 지배자가 될 만큼 강하지는 않다. 바로 여기서 가장 강한 자의 권리, 곧 겉으로는 반어적으로 받아들여지지만 실제로는 원리로 확립된 권리가 생겨난다. 그런데 이 말은 우리에게 영영 설명되지 못하는 것일까? 힘은 물리적 위력이다. 이 힘을 행사해 어떤 도덕성이 이룩될 수 있는지, 나는 알지 못한다. 힘에 굴복하는 것은, 자기 뜻이 아니라 필요에 따라서 하는 행위다. 기껏해야 신중한 행위에 지나지 않는다. 그러니 도대체 그것이 어떤 의미에서 도덕적 의무일 수 있단 말인가?

권리라는 것이 존재한다고 잠시 가정해보자. 말해두지만, 거기서 생겨나는 것이라곤 도저히 알아들을 수 없고 설명도 안 되는 것들뿐이다. 힘이 권리를 만들어내면 곧바로 결과가 원인과 함께 바뀌기 때문이다. 먼저 있던 힘을 이겨낸 힘은 모두 그 먼저 힘의 권리까지 함께 물려받기 때문이다. 복종하지 않아도 벌을 받지 않을 수 있게 되면 곧 사람들은 합법적으로 그렇게 할 수가 있다. 그리고 최강자가 항상 옳기 때문에, 최강자가 되는 것이 중요하다. 그런데 힘이 다했을 때 같이 사라지는 권리는 도대체 무슨 권리란 말인가? 만일 억지로 복종해야 한다면 의무감에서 복종해야 할 필요는 없다. 또 만일 더는 복종을 강요당하지 않는다면 의무적으로 복종하지 않아도 된다. 그러므로 우리는 권리라는 이 말이 힘에 아무것도 덧붙이지 않는다는 것을 알게 된다. 여기서 이 말은 아무것도 의미하지 않는다.

권력자에게 복종하라. 만일 이 말이 힘에 굴복하라는 뜻이라면, 이 가르침은 훌륭하지만 불필요하다. 나는 누구도 이 가르침을 어기지 못할 것이라고 대답한다. 모든 권력은 신에게서 나온다고 나는 인정한다. 그런데 모든 질병도 역시 신에게서 나온다. 이는 곧 의사를 불러서는 안 된다는 뜻인가? 강도가 으슥한 숲에서 나를 공격했다고 하자. 억지로 지갑을 내줘야겠지만 그 지갑을 감출 수 있을 때조차 양심적으로 내줄 필요가 있는가? 결국 강도가 가지고 있는 권총 역시 하나의 힘이기 때문이다.

그러므로 힘이 권리를 만드는 게 아니며, 오직 합법적인 권력에만 복종할 의무가 있다는 데 동의하기로 하자. 이렇게 해서 나는 항상 내가 처음에 제기했던 문제로 되돌아간다.

4. 노예제도에 관하여

어떠한 인간도 자기 같은 인간들에 대해 자연적 권위를 갖지 못하기 때문에, 그리고 힘은 어떠한 권리도 만들어내지 못하므로 오로지 계약만이 인간들 사이에 존재하는 합법적 권위의 토대로 남는다.

만일 한 개인이 자신의 자유를 양도해 어떤 주인의 노예가 될 수 있다면 어찌 한 나라의 국민 모두도 자기들의 자유를 양도해 왕의 신하가 되지 못할 것인가, 라고 흐로티위스는 말한다. 이 견해에는 설명이 필요한 애매모호한 부분이 많다. 하지만 여기서는 '양도하다'라는 단어만 설명하기로 하자. '양도하다'라는 말은 주거나 판다는 뜻이다. 그런데 타인의 노예가 되는 사람은 자신을 주는 것이 아니다. 그는 어쨌든 먹고살기 위해서 자신을 판다. 하지만 국민은 도대체 왜 자신을 판단 말인가? 왕은 백성들에게 먹고살 것을 대주기는커녕 자신이 먹고사는 데 필요한 것을 오히려 그들에게서 빼앗는데 말이다. 게다가 라블레[9]에 따르면, 왕은 검소하게 살지도 않는다. 그

---

9 François Rabelais, 16세기 프랑스의 작가, 대표적인 인문주의자이며 프랑스 르네상스의 선구자. 작품으로 《가르강튀아》와 《팡타그뤼엘》이 있다.

렇다면 백성들은 왕이 자기들 재산까지 빼앗는다는 조건으로 몸을 바친다는 말인가? 만일 그렇다면 그들이 간직할 것이 뭐가 남는단 말인가? 난 모르겠다.

 전제군주는 백성들에게 사회적 안정을 보장해준다, 라고 사람들은 말할 것이다.[10] 그렇다 치자. 하지만 만일 그의 야심 때문에 백성들이 치러야 하는 전쟁과 그의 채워지지 않는 탐욕, 그리고 그의 대신들이 가하는 억압이 자신들끼리의 불화보다 더 백성들을 괴롭힌다면 백성들은 도대체 거기서 뭘 얻는단 말인가? 만일 그 사회적 안정이라는 것조차 백성들이 겪는 불행 가운데 하나라면 그들은 도대체 거기서 뭘 얻는단 말인가? 감옥 안에서도 편안하게 산다. 그런데 거기서 편안하다고 그것으로 충분한가? 키클롭스[11]의 동굴에 갇힌 그리스인들은 거기서 편안하게 살았지만, 사실은 언제 어느 때 이 거인에 잡아먹힐지 모르는 신세였다.

 사람이 자신을 아무 조건 없이 내주는 것은 도대체 생각할 수도 없을 만큼 비합리적이다. 그러한 행위는 그렇게 하는 사람이 상식적이지 않다는 이유만으로도 부당하며 어리석다. 한 나라의 주권자에 대해서도 그처럼 말한다면 곧 그들을 제정신이 아닌 인간들로 가정하는 셈이다. 그처럼 불합리한 행동은 권리를 만들어내지 못한다.[12]

 설사 자신은 양도할 수 있다고 해도 자기 자식들은 양도할 수가 없다. 아이들은 인간으로 자유롭게 태어나기 때문이다. 그들의 자유

---

[10] 홉스가 이미 이렇게 말했다.
[11] 정수리에 눈이 하나만 있는 거인
[12] 몽테스키외도 《법의 정신》 15권 2장에서 똑같은 주장을 펼친다.

는 그들의 것이며, 누구도 그들의 자유를 마음대로 처분할 권리를 갖지 못한다. 그들에게 분별력이 생기는 나이가 될 때까지 아버지가 대신 그들의 생존과 행복을 위해 이런저런 조건들을 정할 수는 있지만, 철회할 수 없게 아무 조건 없이 그들을 그냥 내줄 수는 없다. 왜냐하면 그 같은 증여는 자연 목적에 어긋나고 부모로서 권리를 넘어서는 일이기 때문이다.[13] 그러므로 어떤 전제 정부가 합법성을 갖추려면 국민들이 각 세대마다 그 정부를 인정하거나 거절할 수 있어야 한다. 그럴 경우 그 정부는 이미 전제적이지 않을 것이다.

자신의 자유를 포기하는 것은, 곧 인간으로서 자격과 인간으로서 갖는 권리, 심지어는 자신의 의무까지 포기하는 것이다. 누가 됐건 모든 것을 포기해버리는 사람에게는 아무 대가도 주어지지 않는다. 그러한 포기는 인간 본성에 어긋난다. 그의 의사에서 모든 자유를 빼앗아버리는 것은 곧 그의 행동에서 모든 도덕성을 제거해버린다는 뜻이다. 요컨대 한쪽에 대해서는 절대적 권위를, 다른 쪽에 대해서는 무조건적 복종을 조건으로 내세우는 계약이란 아무 의미도 없고 모순적이다. 우리가 누군가에게 모든 것을 요구할 수 있는 권리를 갖고 있다 치자. 그렇다면 그 사람에 대해 이행해야 할 의무가 전혀 없는 것은 분명한 사실 아닌가? 전혀 아무 대가도 주어지지 않고 뭔가 주고받지도 않는 그런 조건 하나만으로도 그 행위는 무효가 되지 않겠는가? 그가 갖는 모든 것은 내 것이고 그의 권리는 내 권리이기 때문에 나 자신에 대한 내 권리는 아무 의미도 없는 말이 되는데 내 노예

---

13 이러한 가족 개념은 루소가 살던 시대에 제시되어 교육, 결혼 등에 큰 영향을 미쳤다.

가 내게 어떤 권리를 가질 수 있겠느냐 말이다.[14]

호로티위스와 다른 사람들은 이른바 노예권[15]의 또 다른 기원으로 전쟁을 꼽는다.[16] 그들에 따르면, 승자는 패자를 죽일 수 있는 권리를 갖기 때문에 패자는 자신의 자유를 희생해 목숨을 되살 수 있으며, 이것은 쌍방 모두에게 이익이 되는 만큼 더욱더 합법적이라고 한다.

그러나 이른바 그 패자를 죽일 수 있는 권리가 어떤 경우에도 전쟁 상태에서 나오지 않는 것은 분명한 사실이다. 원시적인 독립 상태에서 사는 인간들은 평화 상태나 전쟁 상태를 이룰 만큼 서로 지속적인 관계를 맺지 않았다는 사실 하나만 보더라도 그들은 본래 적이 아니다. 전쟁을 일으키는 것은 사물 간의 관계이지 사람 간의 관계가 아니다. 따라서 전쟁 상태는 단순한 사람 간의 관계가 아니라 사물 간의 관계[17]에서만 생겨날 수 있기 때문에 확실한 소유권이 없는 자연 상태에서나 모든 것이 법의 권위 아래 놓이는 사회 상태에서는 개인적인, 또는 인간 대 인간의 전쟁은 일어날 수가 없다.

개인 간의 싸움, 결투, 우연한 충돌은 어떤 지속적인 상태를 만들어내는 행위들이 아니다. 그런데 프랑스 왕 루이 9세의 칙령으로 정당화되었다가 '신의 평화'[18] 선언으로 중지된 개인적 전쟁에 관해 말하자면, 그것은 자연법 원리에 어긋나고 모든 훌륭한 정치조직에도

---

14 루소에 따르면 인간 본성의 본질은 자유의사다. 《인간 불평등 기원론》 참고
15 노예를 둘 수 있는 권리
16 홉스와 푸펜도르프도 같은 주장을 펼친다.
17 법률 용어. 따라서 루소는 재산 소유가 전쟁의 기원이라고 생각한다.
18 기독교 세계의 평화를 이룩하고 폭력 사용을 자제하기 위한 영적·사회적 운동

어긋나는 정말 불합리한 봉건 정치의 폐습일 뿐이다.

그러므로 전쟁이란 인간 대 인간의 관계가 아니라 국가 대 국가의 관계로서, 전쟁을 할 때 개인들은 인간이나 심지어 시민으로서가 아닌 병사로서, 조국의 구성원으로서가 아닌 조국의 수호자로서 우연히 적이 될 뿐이다.[19] 요컨대 성질이 서로 다른 것들 사이에는 그 어떤 진정한 관계도 확립될 수 없으므로 각 국가는 사람이 아닌 다른 국가들만을 적으로 가질 수 있다.

이 원리는 모든 시대에 정해진 원칙 및 모든 문명화된 국민의 한결같은 관행과 일치하기까지 한다. 선전포고는 권력자들에게 보내는 통고라기보다 백성들에게 보내는 통고다. 군주에게 선전포고를 하지 않고 백성들을 약탈하고 죽이고 억류하는 이방인은 왕이든 개인이든, 아니면 국민이든 적이 아니라 강도일 뿐이다. 전쟁이 한창일 때조차 공정한 군주는 적국에 속하는 모든 것을 빼앗지만 개인의

---

[19] "세계 그 어떤 나라 국민보다도 전쟁의 권리를 더 잘 이해하고 준수했던 로마인들은 이 점에 대해 매우 신중했기 때문에 시민은 적과 맞서서, 특히 어떤 특정한 적과 맞서서 싸운다는 것을 분명히 선서하기 전에는 의용병으로 복무하는 것이 허용되지 않았다. 아들 카토가 포필리우스 휘하에서 처음 전투를 했던 군단이 개편되자 아버지 카토는 포필리우스에게 편지를 보내, 만일 아들이 계속 그의 휘하에서 근무하기를 원한다면 아들에게 군사 선서를 새로 시켜야 한다고 지적했다. 그리고 아들에게는 선서를 새로 하기 전까지는 전투에 참가하지 말라고 써 보냈다. 나는 클루지움 공략(클레브신이라는 에트루리아 도시의 로마식 이름이다. 지금은 치우시라고 불린다. 기원전 391년에 세노네인들이 에트루리아를 침략해 치우시를 포위 공격했다. 치우시 주민들은 로마에 도움을 요청했다. 로마는 개입했지만 알리아 전투에서 패배했고, 골족은 로마로 진격했다―옮긴이 주)이나 기타 특수한 사실을 들어 내 주장에 반박할 수도 있다는 사실을 알고 있다. 그러나 나는 여기서 법과 관습을 인용한다. 로마인들은 법을 좀처럼 어기지 않았다. 또 이렇게 훌륭한 법을 가졌던 것은 오직 그들뿐이었다."(원주, 이 주는 1782년판에 첨가되었다.)

생명과 재산은 지켜준다. 자신이 가진 권리의 토대를 이루는 권리들을 존중한다. 전쟁의 목적은 적국을 무너뜨리는 것이므로 적국의 방어자들이 손에 무기를 들고 있는 한 그들을 죽일 권리가 있다. 하지만 무기를 내려놓고 항복해 적 또는 적의 앞잡이이기를 그치자마자 그들은 다시 한낱 인간으로 되돌아가기 때문에 우리는 그들의 생명에 대한 권리를 더는 갖지 못한다.[20] 때로는 국가 구성원을 단 한 명도 죽이지 않고 국가를 멸망시킬 수 있다. 그런데 전쟁은 그 목적에 꼭 필요하지 않은 권리는 일절 부여하지 않는다. 이러한 원칙들은 흐로티위스가 세운 것도 아니고, 시인들의 권위에 기반하는 것도 아니다.[21] 그 원칙들은 사물의 자연스러운 이치에서 비롯되며 이성에 토대를 두고 있다.

정복의 권리로 말하자면, 그것은 가장 강한 자의 법칙 말고는 다른 근거가 없다. 만일 전쟁이 패배한 국민들을 학살할 수 있는 권리를 승자에게 부여하지 않는다면, 승자가 갖지 않은 그 권리는 패한 국민들을 노예로 만들 권리의 근거가 되지 못한다. 적을 노예로 만들 수 없을 때만 그를 죽일 수 있는 권리를 갖게 된다. 따라서 적을 노예로 삼을 권리는 그를 죽일 수 있는 권리에서 나오는 것이 아니다. 그러므로 적에게 자유를 팔아 생명(우리는 이 생명에 대해 아무 권리도 갖고 있지 않다)을 사게 하는 것은 부당한 거래다. 노예권을 토대로 생살여탈권을 세우고 생살여탈권 위에 노예권을 세운다면 분명히 순환논법의 악순환에 빠지지 않겠는가?

---

20 몽테스키외의 《법의 정신》 10권 3장 참조
21 흐로티위스는 라틴어와 그리스어로 시를 쓴 시인들을 자주 인용한다.

모두를 죽일 수 있는 그 무서운 권리를 인정한다고 치자. 그렇다 하더라도 나는 전쟁 포로나 정복당한 국민은 지배자에게 강요당하는 만큼 복종하는 것 말고는 그에 대해 지켜야 할 의무가 전혀 없다고 말하겠다. 만일 승자가 패자를 살려주고 그에 상응하는 대가를 받는다면 그것은 패자에게 은혜를 베푸는 것이 아니다. 그를 무용하게 죽이는 것이 아니라 유용하게 죽이는 것이기 때문이다. 그러므로 승자는 힘과 결합한 그 어떤 권위를 패자에 대해 획득하기는커녕, 그들 사이에는 전과 다를 바 없이 전쟁 상태가 지속된다. 그들의 관계 자체가 전쟁 상태의 결과이다. 전쟁의 권리가 행사되는 동안에는 그 어떤 평화협정도 맺을 수가 없다. 그들이 협정을 맺었다. 그렇다고 치자. 그렇지만 이 협정은 전쟁 상태를 종식시키기는커녕 오히려 그 상태의 지속을 전제로 한다.

따라서 어떤 식으로 고찰해본다 해도 노예권은 정당하지 않을 뿐만 아니라 비합리적이고 아무 의미도 없기 때문에 효력을 가질 수가 없다. 노예제도와 권리라는 두 단어는 모순된다. 즉 서로를 배제한다. 한 인간이 다른 인간에게, 또는 한 인간이 한 나라 국민 모두에게 다음과 같이 말하는 것은 언제나 터무니없다.

"너와 계약을 하나 맺는데, 모든 부담은 네가 다 떠안고 모든 이익은 내가 차지하게 될 거야. 또 나는 그 계약이 내 마음에 드는 동안만 지킬 테니 너도 내 마음에 드는 동안만 지키도록 해."

5. 항상 최초 계약으로 소급해야 한다는 것에 관하여

설사 내가 지금까지 반박한 것을 모두 인정한다고 해도 그것 때문에 전제주의 옹호자들의 입장이 더 나아지지는 않으리라. 많은 사람을 굴복시키는 것과 한 사회를 다스리는 것 사이에는 항상 큰 차이가 있을 것이다. 흩어져 사는 사람들이 계속해서 단 한 사람에게 예속된다면, 그 수가 아무리 많아도 나는 거기서 주인과 노예들만 보일 뿐 국민과 그 지도자가 보이지는 않는다. 그것은 말하자면 집합체지 결합체는 아니다. 거기에는 공익도, 정치체政治體도 없다. 설사 세상 사람 절반을 노예로 삼더라도 그 사람은 여전히 한 개인일 뿐이다. 그의 이익은 다른 사람들의 이익과 분리되어 있기 때문에 언제나 개인적 이익에 지나지 않는다. 만일 그 사람이 죽게 되면 그 제국은 참나무가 다 타고 나서 부스러져 잿더미로 변하듯이 결속되지 못하고 흩어져버리고 말 것이다.

  국민은 왕에게 자신들을 바칠 수 있다, 라고 흐로티위스는 말한다. 그러므로 그에 따르면, 국민은 왕에게 자신들을 바치기 전에 먼저 국민이다. 그런데 이 증여 자체는 시민으로서 하는 행위다. 그러므로 공개 토론을 전제로 한다. 따라서 국민이 왕을 선출하는 행위를 검토하기 전에 국민이 국민이게 하는 행위를 검토하는 것이 바람직하다. 왜냐하면 이 행위는 다른 행위에 필연적으로 선행해 사회의 진정한 기초를 이루기 때문이다.[22]

사실 그 이전에 합의가 이뤄지지 않았다면 선거 결과가 만장일치로 나오지 않는 이상 소수가 다수의 선택을 받아들여야 할 의무가 어디 있단 말인가? 지도자를 원하는 백 명이 지도자를 원하지 않는 열 명을 대신해 투표할 권리는 어디서 나온단 말인가? 선거에서 다수결의 법칙 자체도 합의의 산물이며, 또 적어도 한 번은 만장일치가 이루어졌음을 전제로 한다.

---

22 푸펜도르프는 사회 형성에서 두 가지 계약을 구분했다. 로크도 이 같은 구분을 해 18세기에는 일반적인 구분이 되었다. 루소는 두 번째 계약을 거부한다. 국민이 왕을 선출하는 행위는 계약과 아무 상관이 없기 때문이다.

6. 사회계약에 관하여

나는 인간이, 자연 상태에서 자기 보전을 방해하는 장애물들의 저항이 계속되다가 각 개인이 저마다 그 상태에서 자신을 유지하기 위해 쓸 수 있는 힘을 능가하는 시점에 이르렀다고 가정해본다. 그때 이 원시 상태는 더 존재할 수 없게 되어 인류는 자신의 존재 방식을 변화시키지 않는 한 멸망해버릴 것이다.

그런데 인간은 새로운 힘을 만들어낼 수는 없고 단지 이미 존재하는 힘들을 모아 한 방향으로 끌고 나갈 수밖에 없기 때문에, 생존하기 위해서는 그 힘들을 결집시켜 저항을 이겨낼 수 있는 힘의 합슴을 이룬 다음 오직 하나의 동기로 움직이게 하고 그 힘들이 일치단결해 작용하게 하는 것 말고는 다른 방법이 없다.

이 힘의 합은 여러 사람의 협력으로만 이루어질 수 있다. 그렇지만 각 인간의 힘과 자유는 자신을 보존하도록 해주는 가장 중요한 수단이다. 그러니 어떻게 해야 그들이 자신을 해치지도 않고 자신을 보살필 의무를 소홀히 하지도 않으면서 그 힘과 자유를 구속할 수 있을까? 내 주제로 귀착되는 이 어려운 문제는 다음과 같은 말로 표현할 수 있다.

"모든 공동의 힘으로 각 구성원의 신체와 재산을 지키고 보호해주며, 그것을 통해 각자가 전체와 결합해 있지만 오직 자신에게만 복종하기 때문에 이전과 다름없이 자유로운 결합 형태를 찾아내는 것."

바로 이것이 근본적인 문제로 사회계약이 그 해결책을 제시한다.

이 계약의 조항들은 그 행위의 성격상 매우 엄격하게 규정되어 있으므로 조금이라도 수정할 경우 쓸모가 없어져 아무 효과도 발휘하지 못할 것이다. 그렇기 때문에 그 조항들은 어쩌면 명백히 규정된 적은 없을지 모르지만, 그런데도 결국 사회계약이 파기되어 각자가 최초의 권리를 회복해[23] 계약상의 자유를 버리고 그것 때문에 포기했던 자연적 자유를 되찾을 때까지 어디서나 동일하며 어디서나 암묵적으로 받아들여지고 인정되었다.

이 조항들을 잘 이해하면 모두가 단 하나의 조항으로, 곧 각 구성원이 자기가 가진 모든 권리와 함께 자신을 공동체 전체에 완전히 양도하는 것으로 귀결된다. 왜냐하면 첫째로 각자가 자기 자신을 전적으로 양도하므로 조건은 누구에게나 똑같아지며, 또 조건이 누구에게나 똑같으므로 아무도 다른 사람들의 조건이 더 번거로워지게 하는 데 관심을 두지 않기 때문이다.

게다가 양도가 완전히 이루어지기 때문에 결합 역시 더없이 완벽하게 이루어져 구성원은 누구나 더 요구할 게 없다. 만일 개인들에게 어떤 권리가 남아 있다면 그들과 공중 사이에서 판결을 내려줄 수 있는 양측 공동의 상급자가 없으므로 어떤 점에서는 각자가 자신의 심판관이 되는데, 얼마 지나지 않아 모든 점에서 자신이 심판관이

---

23 사회계약을 위반하는 전제군주정치는 무정부 상태로 이어지는 길을 연다.

라고 주장하고 나설 것이기 때문이다. 그렇게 되면 자연 상태는 계속 존속하게 될 테고, 결합체는 필연적으로 전제적이거나 쓸모없는 것이 되어버릴 것이다.

마지막으로 각자는 자신을 모든 사람에게 양도하여 결국은 아무에게도 자신을 양도하지 않게 된다. 그리고 모든 구성원은 다른 사람들에게 양도한 자신의 권리와 똑같은 권리를 다른 사람들한테 받기 때문에 그가 잃은 전부와 동일한 것을, 그뿐만 아니라 그가 소유한 것을 보존하기 위한 더 큰 힘을 얻게 된다.

따라서 사회계약에서 그 본질이 아닌 것을 제해버리면 우리는 사회계약이 다음과 같은 말로 귀결됨을 알게 된다.

"우리는 저마다 자신의 신체와 모든 힘을 공동의 것으로 만들어 전체 의사라는 최고 지휘권 아래 둔다. 그리고 우리는 모두 각 구성원을 전체와 불가분의 부분으로서 모두 함께 받아들인다."[24]

그 순간 이 결합 행위는 각 계약자의 개인적 인격 대신 총회의 투표자 수와 똑같은 수의 구성원으로 이루어진 도덕적 집합체를 만들어내며, 이 단체는 그 결합 행위로부터 자신의 통일성과 공통 자아, 생명, 그리고 의사意思를 받는다.[25] 이처럼 모든 개인이 결합해 만들

---

[24] 매우 중요한 이 문장은 다음과 같이 해석된다. "각자는 개인의 자격으로 자신의 모든 권리를 공동체에 이양한다. 그러나 그와 동시에 각자는 공동체의 구성원이 된다. 공동체의 구성원으로서 그는 전체에 불가분하게 매여 있는 다른 모든 구성원의 권리를 선물로 받는다."

[25] 그러므로 사회라는 단체는 자신의 자아와 의사를 가진 진짜 인간이다. 이것은 뒤르켐 사회학파가 주장하는 집단대표권의 개념을 연상시킨다. 그러나 한 가지 중요한 차이가 있다. 즉 각 개인은 이 공통 자아 속에서 자신을 발견한다. 루소에게 집단은 개인과 무관한 존재가 아니다.

어내는 공적 인격은 예전에는 도시국가cité라고 불렸는데[26] 지금은 공화국république이나 정치체[27]로 불리고, 그 구성원들은 공화국이나 정치체가 수동적일 때는 국가état라고 부르고 능동적일 때는 주권자 souverain라고 부르며[28] 그와 유사한 것들과 비교할 때는 권력puissance이라고 부른다. 그 구성원들은 집합적으로는 국민peuple이라는 이름을 가지며, 개인적으로는 주권에 참여하는 자라는 뜻으로는 시민citoyens으로, 국가의 법에 복종한다는 의미에서는 신민sujets으로 불린다. 그런데 이 용어들은 자주 혼동되어 서로 뒤바뀌어 쓰이곤 한다. 그러니 그 용어들이 아주 정확한 뜻으로 쓰일 때 어떻게 구분되는지만 알면 된다.

[26] 이 말의 진정한 의미는 현대인들에게서는 거의 완전히 상실돼버렸다. 사람들은 대부분 도회지를 도시로, 도회지에 사는 주민을 시민으로 잘못 생각하고 있다. 그들은 가옥들이 모여 도회지를 만들지만 시민들은 도시를 만든다는 사실을 모르고 있다. 옛날에 카르타고 사람들은 이와 똑같은 오류를 저질러 값비싼 대가를 치른 적이 있다.(원주) 나는 시민이라는 칭호가 단 한 번이라도 어떤 군주의 신민들에게 부여되었다는 기록을 지금까지 접한 적이 없다. 이 칭호는 마케도니아 사람들에게도 주어지지 않았고, 오늘날 다른 누구보다 더 자유로운 영국인들에게도 주어지지 않았다. 오직 프랑스인들만 이 시민이라는 말을 일상적으로 사용하고 있는데, 그들의 사전에서 볼 수 있듯이 이 말의 참다운 개념을 모르고 있기 때문이다. 만일 알고도 그렇게 했다면 그들은 그것을 침해함으로써 대역죄만큼이나 큰 죄를 저지른 셈이다. 어쨌든 그들에게는 이 말이 미덕을 표현하지 권리를 표시하지는 않는다. 보댕은 우리 시민과 부르주아들에 관해 언급하려고 했을 때 양자를 혼동하여 큰 오류를 범했다. 반면 달랑베르 씨는 그런 오류를 범하지 않고 《백과전서》의—옮긴이 주) '제네바 공화국'이라는 항목에서 주민들을 네 계급(단순한 외국인까지 포함하면 다섯 계급)으로 잘 구분했다(이 중 두 계급만 공화국을 구성한다). 내가 아는 한 그를 제외한 어떤 프랑스 저자도 이 시민이라는 말의 참뜻을 이해하지 못했다.(원주)
[27] corps politique, 자연적 집단과 구별되어 한 정치 집단으로서 국민이나 국가를 의미한다.
[28] 여기서 état와 souverain의 개념은 현재 우리가 생각하는 그것과는 전혀 다르다. 즉 État는 우리에게서처럼 국민에게 영향을 미치는 정치체가 아니라 법에 복종하는 주권자다. 또 Souverain은 어떤 인격이 아니라 법을 만드는 주권자를 가리킨다.

7.   주권자에 관하여

우리는 이 표현[29]을 통해 결합 행위는 집단과 개인 간의 상호계약이라는 뜻을 내포하며, 또한 각 개인은 이를테면 자기 자신과 계약을 하기 때문에 이중으로, 즉 개인들에 대해서는 주권자의 한 사람으로서, 주권자에 대해서는 국가의 구성원으로서 계약을 맺는다는 것을 알게 된다. 그러나 여기서 자기 자신과 한 계약에 대해서는 이행 의무가 없다는 민법상 원칙을 적용할 수는 없다. 자기 자신에 대해 의무를 이행하는 것과 자신이 속한 전체에 대해 의무를 이행하는 것 사이에는 큰 차이가 있기 때문이다.

각 신민이 서로 다른 두 가지 관계로 고찰되기 때문에 공공의 심의 의결은 모든 백성에게 주권자에 대한 의무를 지울 수 있지만 반대되는 이유로 주권자에게 주권자 자신에 대한 의무는 지울 수 없다는 점, 따라서 주권자가 자신이 지켜야 할 법률을 스스로에게 강요하는 것은 정치체의 본질에 어긋난다는 사실 또한 지적되어야 한다. 그런데 주권자는 오직 하나의 관계로만 고찰될 수 있기 때문에 자기

---

[29] '사회계약'이라는 표현

자신과 계약을 맺는 개인과 같은 처지가 되고, 그로부터 우리는 국민 집단이 의무적으로 준수해야 하는 그 어떤 종류의 기본법도 존재하지 않으며 존재할 수도 없다는 사실을 알 수 있다. 사회계약도 마찬가지다.[30] 그렇다고 해서 국민 집단이 그 계약을 위반하지 않을 경우에도 타인과 계약을 맺을 수 없다는 뜻은 아니다. 왜냐하면 국민 집단도 외부의 다른 집단에 대해서는 단순한 하나의 존재, 하나의 개인이 되기 때문이다.

하지만 정치체나 주권자는 계약의 신성함이 유지되어야만 존재하기 때문에 자기 자신의 일부를 양도하거나 다른 주권자에게 복종하는 등 이 최초의 계약에 저촉되는 그 어떤 행위도(비록 타자에 대해서도) 해서는 안 된다. 주권자가 자신의 존재 기반이 되는 계약을 파기하는 것은 자신을 소멸시키는 일이 된다. 그런데 무無는 아무것도 만들어내지 못한다.

많은 사람이 그처럼 결합해 하나의 조직체를 이룰 경우 이 조직체를 공격하지 않고는 구성원 중 단 한 사람도 해칠 수가 없으며, 구성원들에게 원한을 사는 일 없이 조직체에 고통을 주는 것은 더더욱 불가능한 일이다. 그리하여 의무와 이익은 계약을 맺은 두 당사자가 서로를 돕지 않을 수 없도록 만든다. 그리하여 그들은 그런 이중 관계에서 그것에 따르는 모든 이익을 얻으려 애쓰게 된다.

그런데 주권자는 그것을 구성하는 개인들에 의해서만 형성되기 때문에 그들의 이익에 반하는 이익은 갖지도 않고 가질 수도 없다.

---

30 주권자의 힘은 그 자체를 해체까지 할 수 있다. 그러나 그 경우에 인간들은 자연 상태로 되돌아갈 것이다.《인간 불평등 기원론》 참조

따라서 이 국민 조직체가 구성원 모두를 해치려 하는 것은 불가능한 일이므로 주권자의 권력은 국민에게 아무런 보증도 할 필요가 없다. 뒤에 가서 알게 되겠지만,[31] 이 조직체는 아무도 개인으로서는 해칠 수 없다. 주권자는 존재한다는 사실 하나만으로도 그것이 당연히 있어야 할 모습으로 항상 존재한다.[32]

그러나 주권자와 백성의 관계는 그렇지 않은데, 만일 주권자가 백성들의 충성을 보장받을 방법을 찾지 못할 경우 양쪽 다 이익을 보기는 하지만 그런데도 그들이 계약을 이행하리라는 보장은 전혀 없기 때문이다.

사실 각 개인은 시민으로서 갖는 전체 의사와 다르거나 상반된 개인 의사를 인간으로서 가질 수가 있다. 그의 개인적 이익은 공동의 이익과 전혀 다를 수 있다. 그의 존재는 본래 독립적이며 절대적이기 때문에 그는 자신이 공동의 이익에 대해 갖는 의무를 무상의 기여 행위로 생각할 수도 있다. 그런데 각 개인이 이 무상의 기여 행위를 함으로써 부담을 지기보다는 그것을 중단하는 편이 다른 사람들에게 해를 덜 끼칠 것이다.[33] 또한 그는 국가를 이루는 사법적 개인들을 인간이 아니라는 이유로 관념적 존재로 간주하면서 신민의 의무는 이행하려 들지 않은 채 시민으로서 권리만 누릴 것이다. 이처럼

---

31 2부 4장
32 이 문장의 의미는 1부 6장에 나오는 "이 계약의 조항들은 그 행위의 성격상 매우 엄격하게 규정되어 있으므로 조금이라도 수정할 경우 쓸모가 없어져 아무 효과도 발휘하지 못할 것이다"라는 문장을 통해 잘 이해될 수 있다.
33 어떤 시민에게 전체 의사는 그가 세금을 내고 군사적 의무 등을 충족시킬 것을 요구한다. 그의 특별한 이해관계는 이러한 속박 상태에서 벗어나도록 그를 부추긴다.

부당한 행위가 자꾸 되풀이되다 보면 결국 정치체는 파멸하고 말 것이다.

그러므로 이 사회계약은 있으나 마나 한 형식이 되지 않게 하려고 집단 전체가 누구든지 전체 의사에 복종하기를 거부하는 자에게는 전체 의사에 따르도록 강요할 것이라는 약속(오직 이 약속만이 다른 약속들이 효력을 발휘하도록 할 수 있다)을 암묵적으로 내포하고 있다. 이것은 각 개인에게 자유로워지도록 강요하는 것 말고는 다른 의미가 없다. 왜냐하면 바로 그것이야말로 시민 한 사람 한 사람을 조국에 바쳐 그를 모든 개인적 종속으로부터 보호해주는 조건, 정치적 지배 집단의 책략과 영향력을 만들어내는 조건, 시민으로서 약속들을 합법적으로 만드는 유일한 조건(이런 조건들이 없으면 이 같은 약속들은 불합리하고 억압적인 것이 되어 엄청나게 악용될 것이다)이기 때문이다.

8.   사회 상태에 관하여

자연 상태에서 사회 상태로의 이행은 인간 행위에서 본능을 정의로 대체하고 그전에는 없던 도덕성을 부여해 매우 주목할 만한 변화를 불러일으킨다. 그제야 비로소 의무의 목소리가 육체적 충동을, 법이 욕망을 뒤이어서, 그때까지 오직 자기 자신만 바라보던 인간은 이전과는 다른 원리에 따라 행동해야 하고 자기 하고 싶은 대로 하기 전에 이성과 의논해야 한다는 것을 알게 된다. 이 상태에서 그는 자연에서 얻는 여러 가지 이점을 잃지만 대신 아주 큰 이점들을 새로 얻는다. 즉 그의 능력은 단련되어 계발되고 생각은 폭넓어지며 감정은 고상해지고 영혼은 온통 고양되므로, 이 새로운 상태를 남용해 간신히 벗어난 자연 상태 이하로 타락하지만 않는다면 자신을 자연 상태에서 영원히 벗어나도록 해주어 어리석고 저능한 동물을 지적인 존재 곧 인간으로 만들어준 그 행복한 순간에 길이 감사해야 할 것이다.

  이 모든 득실을 비교하기 쉬운 말로 요약해보자. 사회계약으로 인간은 타고난 자유와, 마음이 끌리면 언제라도 손에 넣을 수 있는 모든 것에 대한 무한한 권리[34]를 잃는다. 대신 그는 시민으로서 자유와 자신이 가진 모든 것에 대한 소유권을 얻는다. 그 이해득실에 관해 잘못 생각하지 않으려면 오직 개인의 힘만을 그 한계로 갖는 자연적 자유와, 전체 의사가 제한하는 시민적 자유를 잘 구분해야 한다. 또한 힘의 결과이거나 최초 점유자의 권리에 불과한 소유와, 오로지 실제 명의에만 기초할 수 있는 소유권도 잘 구분할 필요가 있다.

앞서 말한 것 말고 사회 상태에서 획득한 것으로는, 오직 그것을 통해서만 인간이 참으로 자신의 주인이 될 수 있는 정신적 자유를 덧붙일 수 있다. 오로지 욕망의 충동에만 따르는 것은 노예나 다름없는 예속 상태이며, 스스로 정한 법을 지키는 것은 자유이기 때문이다. 그러나 나는 이 문제에 관해서는 이미 너무 많이 얘기했다. 그리고 여기서 자유라는 말의 철학적 의미는 내가 다루는 주제도 아니다.

---

34 홉스의 이론은 이 무제한적 권리를 자연 상태의 인간에게 부여한다.

9.　　물권物權에 관하여

공동체가 형성되는 순간 공동체의 각 구성원은 지금 있는 그대로의 자기 자신과 자신이 가진 재산을 포함한 모든 힘을 공동체에 양도한다. 이 행위로 주인이 바뀐다고 해서 소유의 성격이 바뀌는 것은 아니며, 주권자의 소유물이 되는 것도 아니다. 그러나 국가의 힘은 개인의 힘보다 비교할 수 없을 정도로 크기 때문에 공공의 소유 역시 최소한 도시 밖 사람들에 대해서는 개인의 소유보다 더 강력하고 확고부동하다(그렇다고 해서 더 정당하다는 것은 아니지만). 왜냐하면 국가는 그 구성원들에 대해서는 사회계약(국가 안에서 모든 권리의 토대가 되는)에 따라 그들이 가진 모든 재산의 주인이 될 수 있지만, 다른 국가들에 대해서는 오직 국가가 개인들에게 넘겨받는 선취권을 통해서만 그렇게 될 수 있기 때문이다.

선취권은 비록 최강자의 권리보다 실제적이라 할지라도 소유권이 설정되어야만 진짜 권리가 된다. 인간은 누구나 자신에게 필요한 모든 것에 대한 권리를 갖고 태어난다. 그러나 그를 어떤 재산의 소유자로 만들어주는 적극적 행위는 그 밖의 전부에 대해서는 그를 배제한다. 자기 몫이 정해지면 그는 그것으로 만족해야 하며, 공동체에 대해 더는 아무런 권리도 갖지 못한다. 그렇기 때문에 자연 상태에서는 그토록 취약한 선취권이 사회 상태의 모든 인간에게는 존중해야 마땅한 것이 된다. 사람들은 이 권리에서 타인에게 속한 것보다는 자신에게 속하지 않은 것을 더 존중한다.

일반적으로 어떤 토지가 되었든 그 토지에 대한 선취권을 인정하려면 다음과 같은 조건이 필요하다. 첫째, 그 토지에 아무도 살고 있지 않아야 한다. 둘째, 생존에 필요한 만큼의 토지만 점유해야 한다. 셋째, 아무 쓸모도 없이 번거롭기만 한 절차가 아니라 노동과 경작을 통해 점유해야 한다. 이것이야말로 법률상 증서를 갖고 있지 않아도 타인들에게 존중받게 될 유일한 소유권 표시다.

사실 필요와 노동에 선취권을 부여하는 것은 이 권리를 할 수 있는 한 최대한으로 확대하는 것이 아닌가? 그렇다면 이 권리를 제한할 수는 없는가? 어떤 공유지에 발을 디디기만 해도 그곳이 자기 소유라고 주장할 수 있는가? 잠시 거기서 다른 사람들을 쫓아낼 힘만 있으면 그들이 영원히 돌아오지 못하게 할 수 있는 권리를 갖게 된단 말인가? 어떻게 한 사람 또는 한 나라 국민이 약탈이 아닌 다른 방법으로 광활한 영토를 점령하고 거기 사는 모든 사람에게 그것을 빼앗을 수 있단 말인가? 약탈이란 자연이 인간들에게 공동으로 선사한 거주지와 식량을 다른 사람들에게서 억지로 빼앗는 일이기 때문에 벌을 받아 마땅한 일인데 말이다. 누네즈 발보아[35]는 해안에 상륙해 남태평양과 남아메리카 전체를 카스티야 왕의 이름으로 점령했다. 이렇게 했으니 그곳에 사는 모든 주민에게서 땅을 빼앗고 세상의

---

35 Vasco Nunez de Balboa, 16세기 초 에스파냐의 정복자

모든 군주를 거기서 쫓아내도 되는 것일까? 이 점령 의식은 그렇게 되풀이되었다. 그리고 에스파냐의 이 가톨릭 왕은 자신의 집무실에 앉아 단번에 전 세계를 집어삼켰다. 이전에 다른 군주들이 소유하고 있던 부분은 나중에 자신의 제국에서 잘라냈지만 말이다. 하지만 이 모든 일은 아무 쓸모도 없는 일이었다.

  우리는 개인들의 땅이 어떻게 서로 합쳐지고 연결되어 공공의 영토가 되는지, 그리고 어떻게 주권이 백성들에서부터 그들이 차지하고 있는 토지까지 확대되어 대인적인 동시에 대물적인 권리가 되는지를 알게 된다. 그렇게 해서 소유자들은 한층 더 의존하게 되며, 그들의 힘 자체를 그들이 충성한다는 사실을 보증하는 증거로 세운다. 이 이점을 옛날 군주들은 잘 이해하지 못했던 듯한데, 자신을 오직 페르시아 사람들의 왕이라든가 스키타이 사람들의 왕 또는 마케도니아 사람들의 왕이라고만 부름으로써 자신을 그 나라의 지배자라기보다는 그곳에 사는 사람들의 지배자로 생각했던 것 같기 때문이다. 오늘날의 왕들은 더 능숙하게 자신을 프랑스의 왕, 에스파냐의 왕, 영국의 왕이라고 부른다. 그렇게 국토를 장악해서 그곳 주민들도 매우 확실하게 장악한다.

  이 양도의 특이한 점은, 공동체가 개인들의 재산을 접수하면서 그것을 그들한테서 빼앗는 것이 아니라 그들에게 그 재산의 합법적 소유를 보장하고, 약탈을 참된 권리로, 소유를 소유권으로 바꿀 뿐이라는 사실이다. 그리하여 소유자들은 공공재산의 수탁자로 간주하고, 그들의 권리는 국가의 모든 구성원에게 존중받으며 또 외국인에 대해서는 국가가 있는 힘껏 보호해준다. 말하자면 소유자들은 공공에 이익이 되고 그들 자신에게는 더한층 이익이 되는 양도를 통해 그들이 주었던 것을 모두 되찾는다. 이 역설은 주권자와 소유자가 동일한 토지에 대해 갖는 권리를 구별해 생각하면 쉽게 설명된다. 이 점에 대해서는 뒤에 가서[36] 살펴보기로 하자.

아무것도 소유하지 않은 사람들이 협력하기 시작해 모두 같이 쓸 수 있을 만큼 넓은 토지를 함께 점령하여 공동으로 소유하거나, 아니면 똑같이 또는 주권자가 정한 비율에 따라 나누어 갖게 될 수도 있다. 그 토지가 어떤 식으로 취득되든 각 개인이 자신의 토지에 대해 갖는 권리는 언제나 공동체가 모두에 대해 갖는 권리에 종속된다. 그렇지 않을 경우 사회적 유대도 견고해지지 않을 테고, 주권을 행사할 때도 실제적 힘을 발휘하지 못할 것이다.

모든 사회제도의 기초가 되어야 하는 한 가지 사실을 지적하면서 1부와 9장을 마무리하려 한다. 요컨대 이 기본적인 계약은 자연적 평등을 파괴하기는커녕 오히려 자연이 인간 사이에 생겨나게 할 수 있었던 육체적 불평등을 정신적이고 합법적인 평등으로 바꾸어놓고, 힘이나 타고난 재능에서는 불평등할 수 있지만 모두가 계약에 따라 법적으로 평등해진다는 사실이다.[37]

---

36 2부 4장
37 잘못된 정부에서는 이 평등이 피상적이고 환상에 지나지 않는다. 그저 가난한 자는 계속 빈곤 속에서 살고 부자는 계속 수탈하도록 하는 데 쓰일 뿐이다. 사실 법은 언제나 가진 자들에게는 유익하고 못 가진 자들에게는 해롭다. 따라서 사회 상태는 인간들 모두가 어느 정도만 갖고 너무 많이 갖지 않는 한 유익하다.(원주)

2부 주권의 본질과 한계

1. 주권은 양도할 수 없다

앞서 확립된 원리들에서 얻을 수 있는 가장 중요한 첫 번째 결론은, 전체 의사만이 국가의 힘을 모두의 이익이라는 국가 수립 목적에 따라 이끌어나갈 수 있다는 것이다. 왜냐하면 만일 개인 간 이해관계가 대립해 사회 설립이 필요해졌다면, 그 설립이 가능했던 것은 바로 개인 간 이익이 일치했기 때문이다. 사회적 유대를 형성하는 것은 바로 그처럼 상이한 이해관계에 내재하는 그 공통의 이익이다. 그러므로 모든 이해가 일치하는 합치점이 없으면 어떤 사회도 존재할 수 없다. 그런데 사회는 오로지 이 공통의 이익에 기초해 다스려져야 한다.

   그러므로 나는 주권이란 오직 전체 의사를 행사하는 것이기 때문에 절대 양도할 수 없으며, 주권자는 집합적 존재이므로 오직 그 자신으로서만 대표할 수 있다고 말한다. 권력은 당연히 이양할 수 있지만 의사意思는 이양할 수 없다.

   사실 개별적 의사가 어떤 점에서 전체 의사와 일치하는 것이 불가능하지는 않다고 할지라도 어쨌든 그러한 일치가 지속적이고 항구적일 수는 없다. 왜냐하면 개별적 의사는 본질적으로 편파성을, 전체 의사는 평등을 지향하기 때문이다. 설사 그러한 일치가 항상 존재한다고 할지라도 그것을 보장하기란 더욱 불가능한 일이다. 일치의 그 같은 상존은 인위적 결과가 아니라 우연의 소산이기 때문이다. 물론 주권자는 "나는 지금 아무개가 원하는 것을, 적어도 그가 원한다고 말하는 것을 원한다"라고 말할 수 있다. 하지만 그는 "그 사람이 내일 원하게 될 것을 나도 원할 것이다"라고 말할 수는 없다. 왜냐하면 의사가 미래의 일에 대해 자신을 구속하는 것은 터무니없는 일이며, 어떤 의사도 원하는 사람의 이익에 반하는 일에 결코 동의하지 않을 것이기 때문이다. 그러므로 만일 국민이 복종하겠다고 간단히 약속한다면, 국민은 이러한 행위를 통해 해체되고 국민의 자격을 상실한다. 지배자가 생겨나는 순간 주권자는 존재하지 않으며, 그때부터 정치체는 와해된다.

그렇다고 해도 그들의 명령을 전체 의사로 여길 수 없다고는 말할 수 없다. 지배자들의 명령을 거부할 자유를 가진 주권자가 그렇게 하지 않는 이상은 말이다. 이 같은 경우 전체의 침묵은 곧 국민의 동의로 간주해야 한다. 이 점은 뒤에 가서 더 자세히 설명하기로 하자.

2. 주권은 분할할 수 없다

주권은 양도할 수 없는 것과 똑같은 이유로 분할할 수도 없다. 왜냐하면 의사는 전체적이거나[1] 그렇지 않기 때문이다. 의사는 주권자의 의사이거나 아니면 그 일부의 의사다. 전자의 경우 공표된 그 의사는 주권 행위이고 법이 된다. 후자의 경우는 개별적 의사이거나 행정기관의 행위일 뿐이다. 기껏해야 행정명령에 불과하다.

그런데도 우리 정치 이론가들은 주권을 그 원리상으로는 분할할 수 없어 그 대상에 따라 분할한다. 즉 주권을 힘과 의사로 구분해 입법권과 행정권으로 분할하고, 과세권과 사법권 및 선전포고권으로, 국내 행정권과 외국과의 교섭권으로 분할한다. 그렇지만 그들은 때로 이 모든 부분을 합치기도 하고 또 때로는 분리하기도 한다. 그들은 주권자를 덧붙인 조각들로 형성된 가공의 존재로 여기는데, 마치 어떤 것은 눈을, 어떤 것은 팔을, 그리고 어떤 것은 발을 가진 몸통들로 인간을 조립하려는 것과 같을 뿐 그 이상도 이하도 아니다. 일본

---

[1] 어떤 의사가 전체적인 것이 되기 위해서 항상 만장일치를 이룰 필요는 없다. 그러나 모든 표가 집계되어야 한다. 형식상 투표에서 제외하면 전체성이 무너진다.(원주)

의 약장수들은 구경꾼들 앞에서 아이의 팔다리를 잘라 하나씩 공중으로 던져 올린 뒤 완전히 다시 합쳐진 아이가 살아서 떨어지게 만든다고 한다. 우리 정치 이론가들이 부리는 재주도 거의 이런 식이다. 장터에서 선보여도 될 만큼 능수능란한 솜씨로 사회라는 몸통의 팔다리를 절단한 뒤 재조립하기(그 방법은 알 수 없으나) 때문이다.

주권의 개념을 정확히 파악하지 못하고 주권의 발현일 뿐인 것을 주권의 부분들로 잘못 아는 데서 그런 오류가 생긴다. 그리하여 예를 들면 전쟁을 선포하거나 평화조약을 맺는 것 같은 행위들을 주권 행위로 간주했다. 그런데 그렇지가 않다. 왜냐하면 이런 행위들은 법이 아니라 단지 법의 적용, 즉 법의 사례를 결정하는 특별한 행위일 뿐이기 때문이다. 이 점에 대해서는 법이라는 단어의 개념이 확정되면 분명히 알게 될 것이다.

주권에 관한 다른 구분들도 이렇게 검토해보면, 주권이 분할된 듯 보이지만 사실은 그렇지 않다는 것을 알게 된다. 주권의 일부로 보이는 권리들은 사실 모두 주권에 종속되어 있으며, 최고 의사(이 권리들은 최고 의사의 집행 수단에 지나지 않는다)의 존재를 항상 전제로 하고 있다.

정치적 권리를 다루는 이론가들이 스스로가 세운 원리에 따라 왕과 국민 각자의 권리를 판단하려고 했을 때 정확성이 결여되어 그 결정이 얼마나 애매모호해졌는지는 이루 말할 수가 없다. 흐로티위스의 저서 1부 3장과 4장을 보면, 그 자신과 그가 쓴 책의 번역자이기도 한 바르베이락[2]이 자신들의 견해를 지나치게 강조하거나 아니

---

2   Barbeyrac, 18세기 프랑스의 법학자

면 그 반대로 하게 될까 봐, 그리고 그들이 조절해야 하는 이해관계를 어긋나게 할까 봐 두려워한 나머지 궤변에 빠져 혼란스러워하고 당황해하는 것을 누구나 보게 될 것이다. 조국에 불만을 품고 프랑스로 망명한 흐로티위스는 프랑스 왕 루이 13세에게 아첨하려고 자신의 저서를 헌정하면서 갖은 술수를 다 동원해 국민으로부터 모든 권리를 빼앗아 왕에게 부여한다. 그것은 자기가 번역한 흐로티위스의 책을 영국 왕 조지 1세에게 바친 바르베이락의 견해이기도 했다. 그러나 불행하게도 제임스 2세가 폐위(그는 '양위'라고 부른다)당하는 바람에 그는 어쩔 수 없이 윌리엄 왕을 왕위 찬탈자로 만들지 않기 위해 신중을 기하며 말을 돌리거나 얼버무려야만 했다. 만일 이들 두 저자가 참된 원리를 채택했더라면 전혀 어려움을 겪지 않았을 테고 일관성도 갖출 수 있었을 것이다. 하지만 그들은 서글픈 표정으로 진리를 말하고 오직 국민에게만 아첨했을 것이다. 그런데 진리가 출세에 이르는 길은 아니며, 국민이 대사직이나 교수직, 연금을 주는 것도 아니다.

3.   전체 의사가 오류를 범할 수 있는지에 관하여

앞선 내 주장에서, 전체 의사는 언제나 공정하며 항상 공공의 이익을 지향한다는 결론이 나온다. 하지만 국민의 의결 또한 항상 공정한 결론이 나오는 것은 아니다. 인간은 언제나 자신의 이익을 원하지만, 과연 무엇이 자기 이익인지 항상 아는 것은 아니다. 국민은 결코 매수당하지 않지만 속아 넘어가는 경우는 종종 있다. 이때만큼은 국민도 자신에게 해로운 것을 원하는 듯하다.

모든 사람의 의사와 전체 의사 사이에는 흔히 큰 차이가 있다. 후자는 오로지 공통의 이익에만 신경 쓴다. 반면 전자는 개인의 이익에만 신경 쓰며, 개별적 의사들의 합슴일 뿐이다. 그러나 이 개별적 의사에서 서로를 상쇄하는 가장 지나친 의사와 가장 부족한 의사를 빼

---

3   다르장송 후작은 "각자의 이익은 서로 다른 원칙을 갖는다. 두 개인의 이익은 제3자의 이익에 맞설 때 일치한다"라고 말한다. 그는 "모든 사람의 이익은 각자의 이익과 대립할 때 일치한다"라고 덧붙여 말할 수도 있었다. 만일 서로 다른 이해관계가 존재하지 않는다면 아무 방해도 받지 않는 공동의 이익을 실감하기가 쉽지 않을 것이다. 모든 것이 다 저절로 잘되어갈 것이며, 이제 더는 정치를 하면서 기술을 발휘할 필요가 없어질 것이다.(원주)

면 상이한 의견들의 합으로서 전체 의사가 남는다.[3]

국민이 충분히 알고 있는 상태에서 의결할 때 시민들이 전혀 사전 협의를 하지 않는다면 아주 많은 수의 사소한 의견 차이를 통해 항상 전체 의사가 도출되고 그 의결은 늘 바람직할 것이다. 그런데 사회 전체를 희생시키면서 술책이 꾸며지고 부분적 결사結社들이 만들어지면, 이 결사들 각각의 의사는 그 구성원들에 대해 전체적인 것이 되지만 국가에 대해서는 개별적인 것이 된다. 그때의 투표자 숫자는 이제 전체 인원수가 아니라 그냥 결사의 숫자와 같아진다고 말할 수 있다. 그렇게 되면 의견 차이가 줄어들고, 여기서 얻어진 결과는 보편성을 덜 띤다. 결국 이 결사들 가운데 하나가 너무 커서 다른 모든 결사를 압도하게 되면, 그때 얻어지는 결과는 이제 작은 의견 차이들의 합이 아니라 오직 단 하나의 의견 차이뿐이다. 그리하여 더는 전체 의사가 존재하지 않으며 승리한 의사는 개별적 의사에 지나지 않는다.

그러므로 전체 의사가 올바르게 표현되려면 국가에 부분 사회들이 없어져야 하고, 또 시민들이 각자 자신의 소신에 따라 의견을 밝히는 것이 중요하다.[4] 이것이 바로 위대한 리쿠르고스[5]의 유례없이

---

4 마키아벨리는 이렇게 말했다. "사실 분열에는 공화국에 해를 끼치는 분열도 있고 이익을 가져다주는 분열도 있다. 당파와 파벌을 만들어내는 분열은 해롭고, 이런 것들을 조장하지 않는 분열은 유익하다. 그러므로 공화국 창설자는 비록 공화국 안에서 대립이 이뤄지는 것을 피하지는 못한다 하더라도 최소한 파벌들이 형성되지는 않도록 해야만 한다."《피렌체의 역사》7권, 원주)

5 스파르타의 전설적인 입법자. 그는 토지를 모든 사람에게 공평하게 나눠주었으며, 루소는 이 사실에 열광한다.

탁월한 제도였다. 하지만 만일 부분 사회들이 존재한다면, 솔론[6]과 누마[7], 세르비우스[8]가 그랬던 것처럼 그 수를 늘려 그들 간의 불평등을 예방해야 한다. 이처럼 신중한 대책만이 전체 의사가 항상 분명히 표명되고 국민이 기만당하지 않도록 하기 위한 유일한 방법이다.

---

6   기원전 640?~558?. 고대 그리스 아테네의 정치가로 부채를 없애고 시민들을 재산에 따라 네 계급으로 나누었다.
7   기원전 715~673. 로마의 왕으로 로마의 갈등을 완화하기 위해 수많은 소규모 직업별 결사들을 만들 계획을 세웠다.
8   로마의 왕으로 백 명을 단위로 하는 정치 집단을 만들었다.

4. 주권의 한계에 관하여

만일 국가나 도시국가가 그 구성원들의 결합 속에서 생명을 유지하는 하나의 정신적 인격체일 뿐이라면, 그리고 또 국가나 도시국가가 기울이는 관심들 가운데 가장 중요한 것이 자기 보존이라면, 국가나 도시국가에는 전체에 가장 바람직한 방법으로 각 부분을 작동해서 배치하기 위한 전체적이고 강제적인 힘이 필요하다. 자연이 모든 인간에게 자신의 팔다리를 마음대로 움직일 수 있는 절대적 권한을 부여하듯이 사회계약 역시 그 구성원을 절대적으로 지배할 수 있는 힘을 정치체에 부여한다. 그리고 내가 앞에서 말했듯이[9] 전체 의사가 이끌어나가는 이 힘을 바로 주권이라고 부른다.

그러나 이 공적 인격 외에도 우리는 그것을 구성하는 사적 인격들을 고려해야 하는데, 이 사적 인격들의 생명과 자유는 본래 공적 인격체와 무관하다. 그러므로 시민들의 권리와 주권자의 권리를, 그리고 시민이 국민 자격으로서 이행해야 할 의무와 인간으로서 누려야

---

[9] 1부 6장과 7장

할 자연권을 분명히 구분하는 것이 중요하다.[10]

각자가 사회계약에 따라 양도하는 역량과 재산, 자유는 단지 공동체가 필요로 하는 것의 일부에 지나지 않는다는 사실 역시 인정한다. 그런데 오로지 주권자만이 그 부분의 크기를 판단한다는 사실 역시 인정해야 한다.

시민은 주권자가 요구하면 바로 자신이 국가를 위해 할 수 있는 모든 봉사를 해야 할 의무가 있다. 그러나 주권자 쪽에서는 공동체에 필요하지 않은 부담을 국민에게 지워서는 안 된다. 주권자는 그것을 원해서도 안 된다. 왜냐하면 자연의 법칙에서처럼 이성의 법칙에서도 원인 없이 이루어지는 것은 아무것도 없기 때문이다.

우리를 사회체corps social에 결합하는 계약은 그것이 오직 상호적이기 때문에 의무적이다. 이 계약은 그것을 이행할 때 남을 위해 일하는 것이 곧 자기 자신을 위해 일하는 것이 된다는 특징을 갖는다. 만일 모두가 '각자'라는 단어가 자기를 가리킨다고 생각하고 모두를 위해 투표하면서 자기 자신을 생각한다면, 도대체 왜 전체 의사는 항상 올바르며 도대체 왜 모두가 한결같이 그들 각자의 행복을 바라는 걸까? 이는 권리의 평등과 그것이 만들어내는 정의의 개념이 각자가 자기 자신에게 우선권을 부여하는 데서, 결과적으로 인간 본성에서 유래한다는 것, 전체 의사가 진짜로 전체 의사가 되려면 그 본질에서와 마찬가지로 그 목적에서도 전체적이어야 한다는 것, 그리고 또 전

---

10 세심한 독자들이여, 제발 부탁이니 여기서 모순에 빠진 나를 비난하지 말아주기 바란다. 어휘가 빈약한 탓에 표현을 할 때 그러한 모순을 피할 수가 없었다. 그러나 기다리시라.(원주)

체 의사는 모든 사람에게서 나와 모든 사람에게 적용되어야 한다는 것, 마지막으로 그것이 어떤 개인적이고 한정된 목적을 지향할 때는 본래의 공정성을 잃는다는 것(왜냐하면 그 경우 우리는 그것이 무관한 일이라고 판단함으로써 우리를 이끌어줄 참다운 공정성의 원칙을 단 한 가지도 갖지 못하기 때문이다)을 증명해준다.

사실 일반 계약으로 사전에 조정되지 않은 항목에서 개별적 사실이나 권리가 문제 되면 그것은 곧장 분쟁으로 이어진다. 이해관계를 갖는 개인들이 한쪽 당사자가 되고 공중이 다른 쪽 당사자가 되지만, 따라야 할 법률도 없고 판결을 내려야 할 재판관도 없는 소송이다. 이런 경우 전체 의사의 단호한 결정에 의지하려 하는 것은 우스꽝스러운 일이다. 이 결정은 당사자들 중 한쪽이 내리는 판결일 수밖에 없으며, 결과적으로 상대에게는 부당하고 오류를 범할 수밖에 없는 제3자의 개별적 의사에 불과해 보이기 때문이다. 그러므로 개인의 의사가 전체 의사를 대표할 수 없는 것처럼 전체 의사도 그 대상이 개인일 때는 성격이 바뀌어 어떤 사람이나 사실에 대해 판결을 내릴 수 없다. 예를 들어 아테네 국민이 자신들의 우두머리들을 임명하거나 해임하고, 누구에게는 훈장을 주고 또 누구에게는 형을 부과하며, 수많은 특별 법령에 따라 모든 통치행위를 가리지 않고 했을 때 국민은 엄격한 의미에서 전체 의사를 더는 갖고 있지 않았다. 그들은 주권자가 아니라 행정자로서 행동했다. 이러한 견해는 일반적 견해와 다르게 보일지도 모른다. 그러나 내 견해를 피력할 시간을 주길 바란다.

우리는 의사를 전체적인 것으로 만드는 것이 투표자의 수라기보다는 그들을 결속하는 공동의 이익이라는 사실을 알아야 한다. 왜냐하면 이 제도에서는 각자가 자신들이 타인에게 강요하는 계약 조건을 반드시 준수해야 하기 때문이다. 이익과 정의의 놀라운 일치로서 공동 의결에 공정성이라는 특징을 부여한다. 그러나 개인적인 문제를 토의할 때는 판결자의 규칙과 당사자의 규칙을 결합하여 하나로 만드는 공동의 이익이 존재하지 않기 때문에 그 공정성이 사라진다.

　이 원리를 어느 쪽에서 거슬러 올라가든 우리는 항상 똑같은 결론에 도달한다. 곧 사회계약은 시민들 사이에 평등을 수립함으로써 시민들 모두가 같은 조건으로 계약을 하고 또 모든 권리를 똑같이 누린다. 그리하여 계약의 성격에 따라 모든 주권 행위, 즉 공식적인 전체 의사 행위는 모든 국민에게 똑같은 의무를 지우거나 혜택을 준다. 따라서 주권자는 국민 집단만을 알 뿐 그 집단을 구성하는 사람들은 아무도 모른다. 주권 행위란 정확히 무엇을 말하는가? 윗사람과 아랫사람 간의 계약이 아니라 집단과 그 구성원 간의 계약이다. 또한 그것은 사회계약을 토대로 하므로 합법적이며, 모두에게 공통된 것이므로 공평한 계약이다. 그리고 이 계약은 모든 사람의 이익이 아닌 다른 목적을 가질 수 없으므로 유익하며, 공공의 힘과 최고 권력의 보장을 받기 때문에 확고하다. 국민은 이 계약만을 준수하는 한 오직 자신의 뜻에만 따를 뿐 그 누구에게도 복종하지 않는다. 주권자의 권리와 시민의 권리가 각각 어디까지 확대되는지 묻는 것은 곧 시민들이 자기 자신들에 대해, 즉 개인은 전체에 대해, 전체는 개인에 대해 어느 정도까지 의무를 질 수 있는지를 묻는 것이다.

　따라서 주권자의 권력은 아무리 절대적이고 아무리 신성하고 아무리 불가침이라 할지라도 전체적인 계약의 한계를 넘지 못하며 넘을 수도 없다는 것, 또한 인간이라면 누구나 계약을 통해 자신에게 남겨진 재산과 자유를 마음대로 처분할 수 있다는 것을 알 수 있다. 그러므로 주권자는 다른 국민보다 더 큰 부담을 어느 한 국민에게 지울 권리가 없다. 왜냐하면 그 경우 사안은 개별적인 것이 되면서 주권자의 권한을 벗어나버리기 때문이다.

이 같은 구분이 받아들여진다고 치자. 그러면 개인들이 사회계약에서 무엇인가를 완전히 포기한다는 것은 있을 수 없는 일이므로 실제로 그들의 상황은 계약을 이행함으로써 이전보다 더 나아진다. 즉 개인들은 양도하는 대신 그들에게 유리한 교환을 한 것뿐이다. 다시 말해 그들은 불확실하고 불안정한 존재 방식을 더 좋고 안전한 존재 방식으로, 자연적인 독립을 자유로, 타인을 해칠 수 있는 힘을 그들 자신의 안전으로, 다른 사람들에게 제압당할 수 있는 자신들의 힘을 사회적 결합을 통해 그 누구도 가로챌 수 없는 권리로 바꾼다. 그들이 국가에 바친 생명까지도 국가에서 항구적으로 보호받는다. 그러므로 나라를 지키기 위해 목숨을 거는 것은 곧 자신들이 나라에서 받은 것을 되갚는 일이 아니고 무엇이겠는가? 그들이 불가피한 전투를 벌이고 생명의 위험을 무릅쓴 채 그 생명을 보존하는 데 필요한 것을 지킬 때 그들은 자연 상태에서 더 자주, 그리고 더 큰 위험을 안고 했던 행위를 하고 있을 뿐이다. 모든 사람은 필요할 때 조국을 위해 싸워야 한다. 그것은 사실이다. 그렇지만 누구도 자신을 위해 싸울 필요는 전혀 없다는 것 역시 사실이다. 우리는 국가가 우리에게 보장하는 이 안정을 잃을 경우 우리의 안전을 보장해주는 국가를 위해 우리 자신을 위해 감당해야만 하는 위험의 일부만을 감당한다. 그렇다면 우리는 무엇인가를 얻는 게 아닌가?

5. 생살권에 관하여

 자신의 생명을 자기 마음대로 처분할 권리를 갖지 못한 개인들이 어떻게 갖지도 않은 그 권리를 주권자에게 양도할 수 있느냐고 사람들은 반문한다. 이 질문에 대답하기 어려워 보이는 것은 단지 질문이 잘못되었기 때문이다. 인간은 누구나 자기 보존을 위해 생명을 걸 권리를 가지고 있다. 화재를 피하려고 창문 밖으로 뛰어내리는 사람을 누가 자살범이라고 말한 적이 있는가? 폭풍의 위험을 알면서도 배를 탔다가 죽은 사람에게 자살 죄가 적용된 적이 있는가?

 사회계약의 목적은 계약자들의 생명을 보존하는 것이다. 목적을 바라는 사람은 또한 수단도 원한다. 그런데 수단은 다소의 위험뿐만 아니라 어느 정도의 인명 피해까지도 수반한다. 남들을 희생시킴으로써 자신의 목숨을 보전하려는 사람은 필요하다면 마찬가지로 남들을 위해 자기 목숨을 내놓아야 한다. 그런데 시민은 이제 법률이 받아들이라고 그에게 요구하는 그 위험의 판단자가 아니다. 그러므로 그는 군주가 "나라를 위해서 그대가 죽어야 한다"라고 말하면 죽어야 한다. 왜냐하면 그가 지금까지 안전하게 살아온 것은 오직 그 같은 계약 덕분이었으며, 그의 생명은 단지 자연이 베푼 은혜일뿐만 아니라 국가에 조건부로 받은 선물이기도 하기 때문이다.

　범죄자에게 선고되는 사형도 거의 같은 관점에서 고려될 수 있다. 우리가 사람을 죽였을 경우 기꺼이 사형을 받겠다고 동의하는 것은 우리 자신이 살인자에게 희생되고 싶지 않기 때문이다. 이 계약에서 사람들은 자신의 생명을 마음대로 처분하기는커녕 생명을 보호해야 한다는 생각만 할 따름이다. 그러므로 계약 당사자들 가운데 자신이 교수형을 당하리라고 예상하는 사람이 단 한 명이라도 있을 것이라는 추측은 애당초 하지 말아야 한다.

　한편 사회적 권리를 침해하는 범법자는 누구나 자신이 저지른 중죄로 조국에 대한 반역자이자 배신자가 된다. 그는 조국의 법을 위반함으로써 구성원 자격을 잃을 뿐만 아니라 조국과 싸우기까지 한다. 그렇게 되면 국가와 그는 동시에 존립할 수가 없기 때문에 둘 중 하나는 사라져야 한다. 그러므로 범죄자는 시민으로 간주하기보다는 적으로 간주해 처형당한다. 소송과 판결은 그가 사회계약을 깼으므로 더는 국가의 구성원이 아니라는 증거이자 선언이다. 그런데 그는 최소한 거주하고 있다는 사실만으로도 자신이 국가의 구성원이라고 자처하는 것이므로 사회계약 위반자로 국가에서 추방당하거나 공공의 적으로 사형에 처해 제거되어야 한다. 왜냐하면 그런 적은 이제 법률적 인격체가 아니라 단순한 인간에 지나지 않는다. 이런 경우 전쟁의 권리는 패자를 죽일 수도 있다.

　그런데 범죄자 처벌은 개별적 행위라고 말할 사람이 있을지 모르겠다. 인정한다. 그러므로 이러한 처벌은 주권자가 할 일이 아니다. 주권자가 위임은 할 수 있어도 자기가 직접 행사할 수는 없는 권리이다. 내 모든 생각은 일관성을 유지하고 있지만, 한꺼번에 설명할 수는 없다.

그러나 형벌이 자주 이루어진다는 것은 항상 정부가 무력하거나 나태하다는 표시다. 아무리 나쁜 사람이라도 어디엔가는 쓸모가 있게 마련이다. 비록 본보기를 보이기 위해서일지라도 살려둘 경우 오히려 위험할 수 있는 사람을 제외하고는 그 누구도 죽여서는 안 된다.

사면권, 또는 법률로 확정되고 재판관에 의해 선고된 형벌을 죄인에게 면제해주는 권리는 재판관과 법보다 높은 위치에 있는 사람, 이를테면 주권자만 가질 수 있다. 그렇지만 이에 대한 주권자의 권리는 명확히 규정되어 있지 않으며, 그 권리를 행사하는 경우도 매우 드물다. 제대로 통치되고 있는 나라에서는 형벌을 받는 일이 거의 없는데, 사면을 많이 해주기 때문이 아니라 범죄가 거의 일어나지 않기 때문이다. 국가가 망해가고 있을 때는 범죄가 너무 많이 일어나서 처벌을 받지 않아도 된다. 로마 공화국에서는 원로원이나 집정관이 사면을 하려고 애쓰지 않았다. 국민들도 이따금 자신들이 내린 판결을 취소하면 했지 그 같은 시도를 하지는 않았다. 사면이 자주 이루어진다는 것은 머지않아 범죄를 저질러도 사면이 필요해지지 않으리라는 얘기인데, 그게 어떤 결과로 이어질지는 안 봐도 뻔하다. 그러나 나는 내 마음이 "이 문제는 지금까지 단 한 차례도 죄를 저지른 적 없고 단 한 번도 사면을 받은 적 없을 정도로 정의로운 사람이 논하게 하자"라고 속삭이면서 내 펜을 만류하는 것을 느낀다.

6. 법에 관하여

우리는 사회계약으로 정치체에 존재와 생명을 부여했다. 그러니 이제는 법을 제정해 정치체에 활동과 의지를 부여해야 한다. 왜냐하면 정치체를 만들고 결합하는 최초의 행위는 정치체가 자기 보존을 위해 무엇을 해야 하는지에 대해서는 아직 아무것도 규정하지 않고 있기 때문이다.

 옳고 사리에 맞는 것은 본래 그와 같아서 인간들의 약속과는 무관하다. 모든 정의는 신에게서 유래하며, 오직 신만이 정의의 원천이다. 그러나 만일 우리가 지고한 신에게서 정의를 받아들이는 법을 안다면 우리에게는 정부도 필요 없고 법도 필요 없을 것이다. 물론 오직 이성에서만 유래하는 보편적 정의도 있다. 그러나 그 정의가 우리 사이에 받아들여지려면 상호적이어야 한다. 인간 차원에서 따져본다면 정의의 법은 당연히 이뤄져야 하는 처벌이 이뤄지지 않기 때문에 인간들 사이에서는 아무 쓸모가 없다. 정의로운 사람이 모두에 대해 정의의 법을 준수하는 반면 정의로운 사람에 대해서는 아무도 그 법을 준수하지 않을 때, 그런 정의의 법은 악한 자에게만 유리하며 정의로운 사람에게는 손해만 끼칠 뿐이다. 그러므로 권리와 의무를 결합시키고 정의가 그 목적을 이루도록 하려면 계약과 법이 필요하다. 자연 상태에서는 모든 것이 다 공유되므로 나는 내가 아무것도 약속하지 않은 사람들에 대해 아무런 의무도 지지 않는다. 내게 필요 없는 것만 타인의 소유로 인정할 뿐이다. 그러나 모든 권리가 법으로 규정되어 있는 사회 상태에서는 그렇지가 않다.

그렇다면 법이란 도대체 무엇인가? 이 단어에 형이상학적 관념만을 부여하는 것으로 만족하는 동안은 어떤 합의에도 도달하지 못한 채 논란만 계속될 것이다. 또한 자연의 법이 무엇인지 알아냈다고 해서 국가의 법이 무엇인지 더 잘 알 수 있는 것도 아니다.

나는 개별적 대상을 상대로 하는 전체 의사는 없다는 사실을 이미 말했다.[11] 실제로 이 개별적 대상은 국가 안에 있기도 하고 국가 밖에 있기도 한다. 이 대상이 국가 밖에 있으면 국가와 관계가 없는 의사는 국가에 대해 전혀 전체적이지 않다. 그런데 만일 그 대상이 국가 안에 있다면 그것은 국가의 일부를 이룬다. 그때는 전체와 그 부분을 분리된 두 존재로 만드는 관계가 그들 간에 형성되는데, 그중 하나는 그 부분이며 다른 하나는 그 부분을 뺀 전체다. 그러나 그중 한 부분을 빼버린 전체는 전체라고 할 수 없다. 그리고 그런 관계가 존속하는 한 전체는 없고 불균등한 두 존재만 있을 뿐이다. 따라서 한쪽 의사는 더는 다른 쪽에 대해 전체적이지 않다.

그러나 주권자가 주권자에 대해 법을 정할 때 그들은 자기들 자신밖에 고려하지 않는다. 그리고 그때 어떤 관계가 형성된다면, 그 관계는 어떤 관점을 가진 대상과 또 다른 관점을 가진 대상의 관계이

[11] 2부 4장

기 때문에 전체는 결코 분리되지 않는다. 그러므로 법으로 제정되는 사실은 그것을 제정하는 의사와 마찬가지로 전체적이다. 바르 이러한 행위를 나는 법이라고 부른다.

내가 법의 대상은 언제나 전체적이라고 할 때 그 말은 법이 국민을 한 집단으로, 행위를 추상적인 것으로 간주한다는 의미이지 절대로 한 인간을 개인으로 간주하거나 행위를 개별적인 것으로 간주한다는 뜻은 아니다. 따라서 법은 특권이 존재할 것이라고 정할 수는 있지만, 어떤 사람을 지정해 그 특권을 부여할 수는 없다. 법은 여러 시민 계급을 만들어내고 또 그 계급들에 부여할 자격까지 규정할 수는 있지만, 특정인을 지명해 그 계급에 속하도록 할 수는 없다. 또한 법은 왕정과 왕위 세습제를 수립할 수는 있지만, 왕을 선출하거나 왕가를 지명할 수는 없다. 한마디로 개인을 대상으로 하는 모든 기능은 입법권에 속하지 않는다.

이렇게 생각해본다면 법을 만드는 일이 누구 소관이냐고 물어볼 필요가 없다. 왜냐하면 전체 의사의 행위이기 때문이다. 군주가 법 위에 있느냐고 물어볼 필요도 없다. 왜냐하면 그는 국가의 구성원이기 때문이다. 법이 불공정할 수 있느냐고 물어볼 필요도 없다. 자기 자신에 대해 불공정한 사람은 아무도 없기 때문이다. 그리고 우리는 자유로운데 왜 법에 복종해야 하느냐고 물어볼 필요도 없다. 법은 우리 의사의 기록일 뿐이기 때문이다.

또한 법은 의사의 전체성과 대상의 전체성을 결합하기 때문에 그가 누구든 한 인간이 독단적으로 명령하는 것은 절대 법이 아니라는 사실도 알게 된다. 아무리 주권자라 해도 그가 개인이라는 대상으로 내리는 명령은 법이 아니라 행정명령일 뿐이며 주권 행위가 아니라 행정기관의 행위일 뿐이다.

그러므로 나는 법으로 다스려지는 모든 국가(그것이 어떤 형태의 정부로 다스려지든)를 공화국[12]이라고 부른다. 왜냐하면 오로지 그때만 공공의 이익이 우선시되고 공적인 일이 중요해지기 때문이다. 모든 합법적 정부는 공화제다.[13] 정부가 무엇인지에 대해서는 뒤에 가서 설명하겠다.[14]

법은 본래 사회적 결합의 조건에 지나지 않는다. 법에 복종하는 국민이 그 법의 제정자여야 한다. 서로 결합하는 사람들만이 사회 조건들을 결정할 수 있기 때문이다. 그렇다면 그것을 어떻게 정할 것인가? 공동의 합의로 정할 것인가, 즉흥적인 영감으로 정할 것인가? 정치체는 자신의 의사를 표명하기 위한 기관을 가지고 있는가? 과연 누가 정치체의 행위들을 법으로 정해 사전 공포에 필요한 예지력을 그것에 부여할 것인가? 아니면 정치체는 필요할 때 법령을 어떻게 공포할 것인가? 뭐가 자기에게 좋은지 잘 모르기 때문에 흔히 자신이 무엇을 원하는지도 모르는 눈먼 대중이 도대체 어떻게 입법 제도 같은 중대하고 어려운 일을 자기 생각대로 해낼 수 있을 것인가? 국민은 항상 자신들의 이익을 바라지만 그 이익이 무엇인지 늘 알고 있는 것은 아니다. 전체 의사는 언제나 옳다. 그러나 전체 의사를

---

12   라틴어 res publica의 의미는 '공적인 것'이다.
13   이 단어는 단지 귀족정치나 민주정치만을 뜻하는 것이 아니라 일반적으로 전체 의사, 즉 법으로 인도되는 모든 정부를 뜻한다. 정부가 합법적이려면 주권자와 혼동되어서는 안 되고 주권자의 직무를 대신 수행하는 대리인이 되어야 한다. 그렇게 하면 군주정치도 공화국이 될 수 있다. 이것에 대해서는 다음 부분에서 분명히 설명할 것이다.
14   3부

인도하는 판단까지 항상 현명한 것은 아니다.[15] 그러므로 전체 의사가 대상을 있는 그대로, 때로는 마땅히 되어야 하는 모습으로 보도록 해야 하고, 그것이 찾는 바른길을 보여주어야 하며, 개별적 의사들의 유혹으로부터 그것을 안전히 지켜주어야 한다. 또 시간과 장소를 그것의 눈에 접근시키도록 하며, 당장 눈앞에서 자신을 유혹하는 달콤한 유혹과 멀리 있어 안 보이는 재난의 위험을 비교해보도록 해야 한다. 개인은 이익이 무엇인지 알지만 배척한다. 반면 공중은 이익을 원하지만 무엇이 이익인지 잘 알지 못한다. 그러므로 양쪽 모두 안내자가 필요하다. 따라서 개인들에 대해서는 그들의 의사가 이성과 부합하도록 해야 할 필요가 있고, 공중에 대해서는 자기들이 뭘 원하는지 가르쳐주어야 한다. 그렇게 되면 공중이 각성하고 사회집단 내에서는 이성과 의사가 결합한다. 그리고 다시 계약 당사자들의 완벽한 협력이 이루어지고, 결국에는 전체가 최대의 힘을 발휘하게 된다. 입법자가 필요한 것은 바로 이러한 이유에서다.

---

15 2부 3장 참조

7. 입법자에 관하여

국가에 가장 적합한 사회 규칙을 발견하려면 인간의 모든 정념을 다 알지만 아무 정념도 느끼지 않고, 우리 인간의 본성과 아무런 관련도 없지만 본성에 대해 완벽히 알고 있으며, 자신의 행복이 우리와 무관한데도 우리 행복에 관심을 쏟으려 하고, 시간의 흐름 속에서 먼 훗날의 영광을 준비하면서 한 세기에는 노력하고 다른 세기에는 즐길 줄 알 만큼 탁월한 능력을 갖춘 존재가 필요하다.[16] 인간들에게 법을 정해주려면 신들이 필요할 것이다.

플라톤은 《정치론》에서, 시민이나 왕을 찾으면서 그들을 정의하기 위해 칼리굴라가 사실에 관해 적용했던 것과 똑같은 논리를 법의 문제에도 적용했다. 그러나 위대한 군주가 보기 드문 존재라는 것이 사실이라면 위대한 입법자는 어떻겠는가? 군주는 입법자가 만들어 제시해야 하는 모델을 따르기만 하면 된다. 입법자가 기계를 발명하

---

[16] 어떤 국민은 그들의 법제가 쇠퇴하기 시작할 때가 되어서야 유명해진다. 스파르타인들이 그리스의 나머지 도시국가들에 알려지기 전까지만 해도 사람들은 그들이 리쿠르고스의 제도 덕분에 행복하게 살았다는 사실을 오랫동안 알지 못했다.(원주)

는 기계공이라면 군주는 그 기계를 조립해 작동시키는 노동자에 불과하다. 몽테스키외는 "사회가 만들어질 때는 공화국의 우두머리들이 제도를 만들지만 그 후부터는 제도가 공화국의 우두머리들을 만들어낸다"[17]라고 말했다.

국민에게 감히 제도를 만들어주려는 사람은 자기가 이를테면 인간 본성을 바꿔놓을 수 있다고, 그 자체로 하나의 완전하고 고립된 전체인, 어떻게 보면 그 개인에게 생명과 존재를 부여하는 더 큰 전체의 일부인 각 개인을 변화시킬 수 있다고, 인간 체질을 변화시켜 더 강하게 만들 수 있다고, 우리 모두가 자연에서 받은 육체적이고 독립적인 존재를 부분적이고 정신적인 존재로 바꿔놓을 수 있다고 느껴야 한다. 요컨대 그는 인간에게서 본래 가진 힘을 제거해버린 다음 대신 지금껏 갖지 않았으며 타인의 도움 없이는 사용할 수 없는 힘을 부여해야 한다. 본래 가졌던 힘이 죽어 점점 더 소멸되면 될수록 새로 부여받은 힘은 더 커지고 더 오래가며, 제도 또한 한층 더 확고하고 완전해진다. 그리하여 각 시민이 나머지 다른 사람들의 도움을 받지 않고는 아무것도 될 수 없고 아무것도 할 수 없다면, 그리고 전체가 획득한 힘이 모든 개인이 본래 가졌던 힘의 합과 같거나 더 크다면, 우리는 입법이 도달할 수 있는 최고로 완벽한 상태에 도달했다고 말할 수 있다.

입법자는 국가에서 어느 점으로 보나 비범한 인간이다. 그의 재능으로 봐도 비범하지만, 그가 맡은 직무로 봐도 못지않게 비범하다. 입법자의 직위는 행정관직도 아니고 주권도 아니다. 그 직무는 공화

---

17 《로마인들의 위대함과 몰락》1부 참조

국을 조직하는 것이지만 그 조직 속에 들어가지는 않는다. 인간 세계와는 전혀 관련이 없는 특별한 상위 기능이다. 왜냐하면 사람을 지배하는 자가 법을 지배하지 말아야 한다면, 법을 지배하는 자 역시 사람을 지배해서는 안 되기 때문이다. 그렇게 하지 않을 경우 입법자의 법은 그가 가진 욕망의 도구가 되어 흔히 그의 부정을 영속화할 뿐이며, 또한 그의 개인적 의도가 그가 수행하는 직무의 신성함을 손상시키는 것을 결코 막을 수 없을 것이다.

리쿠르고스는 일단 왕위를 포기하고 나서 조국에 법을 제정해주었다. 대부분의 그리스 도시국가에서는 자신들의 법 제정을 외국인에게 맡기는 것이 관례였다.[18] 근대 이탈리아의 공화국들도 자주 이 관례를 따랐다. 제네바 공화국도 이 같은 관례를 따라 하여 좋은 성과를 거두었다. 로마는 전성기에 한 사람이 입법권과 주권을 동시에 갖도록 함으로써 전제정치에 따른 온갖 범죄가 되살아나는 것을 보았으며 결국은 멸망할 위험에 처하게 되었다.

그렇지만 10인 위원회[19]는 오직 그들의 권위만으로 법을 통과시키는 권리를 가로채지 않았다. 그들은 국민에게 이렇게 말했다.

"우리가 제안하는 것들은 여러분이 동의하지 않을 경우 어느 것도 법으로 통과될 수 없습니다. 로마인들이여, 여러분이 법을 제정해 여

---

18 칼뱅을 단순히 신학자로만 생각한다는 것은 곧 그가 얼마나 폭넓은 재능을 가졌는지 제대로 이해하지 못하고 있다는 의미다. 그는 우리의 지혜로운 법령집을 편찬할 때 중요한 역할을 해냈는데, 이 일은 그의 《그리스도교 강요綱要》 편찬 못지않은 명예를 그에게 안겨주었다. 앞으로 우리 종교에 어떤 변화가 일어난다 할지라도 우리 사이에서 조국과 자유에 대한 사랑이 사라지지 않는 한 이 위인은 우리 기억 속에서 영원히 축복받을 것이다.(원주)

19 기원전 451~449년 로마에서 법을 만든 사람들

러분 자신을 행복하게 만드십시오."

그러므로 법안을 작성하는 자는 입법권을 갖지 않으며 가져서도 안 된다. 국민들 자신도 이 양도 불가능한 권리를 내줄 수는 없다(혹시 내주고 싶더라도). 기본 계약(사회계약)에 따르면 개인들에게 의무를 부과할 수 있는 것은 오직 전체 의사뿐이며, 또한 개인 의사를 국민의 자유로운 결정에 맡긴 뒤에야 그것이 전체 의사와 합치하는지 안 하는지를 확인할 수 있기 때문이다. 나는 이미 이렇게 말한 적이 있다.[20] 하지만 같은 말을 다시 한번 되풀이한다고 해서 쓸모없는 일은 아닐 것이다.

그리하여 우리는 입법 작업에서 서로 양립할 수 없는 듯 보이는 두 가지 사실을 동시에 발견한다. 즉 입법 작업은 인간의 능력을 넘어서는 시도이며, 그 작업을 해내려면 아무 권한도 없는 권위자가 필요하다.

유념해야 할 또 다른 어려움이 있다. 즉 현자들이 일반인에게 일반인의 언어로 말하지 않고 그들 자신의 언어로 말하려 하면 일반인이 알아듣지 못한다. 그런데 일반인의 언어로 표현하기가 불가능한 생각들이 수없이 많다. 일반인들은 너무 막연한 견해나 지나치게 현실과 동떨어진 것들을 도저히 이해하지 못한다. 각 개인은 자신의 개인적 이익과 관련이 있는 정부의 계획 말고는 별로 관심을 두지 않기 때문에 좋은 법이 야기하는 지속적 결핍 상태에서 어떤 이득을 얻게 될지 잘 깨닫지 못한다. 한 국민이 형성되면서 정치의 건전한 원리를 이해하고 국가가 존재하는 이유의 기본 규칙들을 따를 수 있도록 하려면 결과가 원인이 될 수 있어야 하고, 입법의 산물이어야 할 사회정신이 입법 자체의 동기가 되어야 하며, 사람들은 법이 제정되기 이전에 이미 법이 정하는 당위적 인간이 되어 있어야 한다. 따라서 입법자는 힘도 쓸 수 없고 논리도 동원할 수 없으므로 폭력을 쓰지 않고도 이끌어나갈 수 있고 논리를 내세우지 않고도 설득할 수 있는 다른 차원의 권위에 의지해야 한다.

그리하여 나라를 세운 사람들은 어느 시대에나 백성들이 자연의 법을 따르듯 국가의 법에 복종하며, 동일한 힘[21]이 인간을 창조하고 국가를 창설한다는 것을 인정함으로써 자진해서 복종하고 공공의 행복이라는 멍에를 얌전히 짊어지게 하려고 하늘의 도움을 받고 지혜를 발휘하여 신을 영광스럽게 해야만 했다.

입법자는 일반인들이 이해하지 못하는 이 숭고한 국가 존재 이유를 신들이 결정하도록 함으로써 인간이 아무리 지혜를 발휘해 움직이려 해도 꿈쩍도 하지 않는 사람들을 신의 권위를 빌려 끌고 나간다.[22] 그러나 신의 계시를 받는 게 아무나 할 수 있는 일은 아니며, 또 자기가 신의 대변자라고 말한다고 해서 사람들이 믿어주는 것도 아니다. 입법자의 위대한 영혼이야말로 그의 사명을 입증해줄 진짜 기적이다. 판판한 돌에 글자를 새기거나, 돈을 주고 신탁信託을 받거나,

---

21 '신권'을 말한다.
22 마키아벨리는 이렇게 말했다. "사실 신에 의존하지 않은 위대한 입법자는 어느 민족에게도 없었다. 그렇게 안 하면 그의 법이 받아들여질 수 없었기 때문이다. 지혜로운 입법자라면 그 중요성을 아주 잘 알고 있지만 그것을 다른 사람들에게 납득시킬 수 있는 자명한 증거를 갖고 있지 않은 유익한 원리들이 얼마나 많은가?"《티투스 리비우스에 관하여》1편 11장, 원주)

어떤 신과 은밀하게 통하는 척하거나, 새를 훈련시켜 귀엣말을 하게 하거나, 다른 방법을 동원해 사람들을 속이는 것은 누구나 다 할 수 있는 일이다. 이렇게밖에 할 줄 모르는 사람은 혹시 무지한 인간들을 끌어모을 수는 있을지 모른다. 하지만 결코 나라를 세우지는 못할 것이며, 그가 만들어놓은 터무니없는 것들은 그와 함께 사라져버리고 말 것이다. 헛된 위세는 일시적인 유대 관계밖에 만들 수가 없다. 유대 관계를 지속시키는 것은 오직 예지뿐이다. 여전히 존재하는 유대인의 계율이나 10세기 전부터 세상 절반을 지배해오고 있는 이스마엘의 아들[23]의 율법은 그것을 정한 사람들이 얼마나 위대한지를 오늘날에도 변함없이 보여주고 있다. 오만한 철학이나 맹목적인 당파심은 이 위인들을 운 좋은 사기꾼 정도로 치부해버리지만, 진짜 정치가다운 정치가는 그들이 위대하고 뛰어난 천재성을 발휘해 율법을 만들었다며 감탄한다.

    그렇다고 해서 워버튼[24]처럼 우리 사이에서 정치와 종교가 어떤 공통의 목적을 가졌다는 결론을 내려서는 안 된다. 다만 국가가 만들어질 때 하나가 다른 하나의 도구로 쓰인다고 봐야 할 것이다.

---

23   '마호메트'를 가리킨다.
24   영국의 신학자로 1770년에 사망했다. 저서로는 《교회와 국가의 결합》이 있다.

8. 국민에 관하여

건축가가 큰 건물을 짓기 전에 하중을 잘 지탱할 수 있을지 보려고 지반을 관찰하고 측량하는 것처럼, 현명한 입법자도 먼저 법 적용을 받게 될 국민이 그 법을 받아들일 수 있는지를 검토하지 대뜸 그 자체로서 훌륭한 법을 만들지는 않는다. 플라톤이 아르카디아인과 키레네인들에게 법을 제정해주기를 거부했던 것은 바로 그러한 이유에서였는데, 그는 이들 두 민족이 부유해서 평등 원칙을 받아들이지 못하리라는 것을 알고 있었다. 또한 크레타에 훌륭한 법과 나쁜 사람들이 있었던 것도 바로 그 같은 이유에서였는데, 미노스 왕은 오직 악에 물든 국민에게만 복종심을 심어주었기 때문이다.

지구상에는 눈에 띌 정도로 뛰어나지만 훌륭한 법을 결코 감당하지 못했을 국민이 수없이 많았다. 설사 어떤 국민이 감당할 수 있었다 치더라도 그들의 긴 역사에서 아주 짧은 기간이었을 뿐이다. 사람들이 그렇듯 국민도 어렸을 때는 유순하나 나이가 들면서 조금씩 완고해진다. 일단 습관이 들거나 편견이 뿌리를 내리면, 바꾸거나 없애려는 시도는 위험하고 무익한 일이다. 국민은 꼭 의사만 봐도 벌벌 떠는 어리석고 용기 없는 환자들처럼 누군가가 병을 치료하려고 상처에 손을 대는 것조차 견뎌내지 못한다.

어떤 질병이 사람의 머리를 어지럽혀 과거의 기억을 앗아가듯이 국가의 역사에도 혁명이 마치 어떤 발작증이 개인들에게 가하는 듯한 충격을 국민에게 가하는 격동의 시기가 이따금 있는데, 이때 과거에 대한 두려움이 망각을 대신하고 국가는 내전의 불길에 휩싸였다가 말하자면 그 잿더미에서 되살아나 죽음의 손아귀를 뿌리치고 젊음의 활력을 되찾는다. 리쿠르고스 시대의 스파르타가 그러했고, 타르퀴니우스 왕가 이후의 로마가 그러했으며, 우리 시대에 와서는 폭군을 추방한 뒤의 네덜란드와 스위스가 그러했다.

하지만 이런 일은 잘 일어나지 않는다. 예외적인 경우이며, 그 원인은 언제나 그 예외적인 국가의 특수한 구조에서 찾을 수 있다. 하지만 이런 예외적인 일은 같은 국민에게 절대 두 번은 일어나지 않는다. 왜냐하면 국민은 야만 상태에 있을 때 자유로워질 수 있지만 사회라는 장치가 낡았을 때는 더는 그럴 수 없기 때문이다. 그때 소요가 국민을 파괴할 수는 있지만, 혁명이 국민을 회복시킬 수는 없다. 그리고 국민은 그들을 얽맸던 쇠사슬이 끊어지자마자 뿔뿔이 흩어져 더는 존재하지 않는다. 이제 그들에게 필요한 것은 통치자이지 해방자가 아니다. 자유로운 국민들이여, 이 격언을 기억하라.

"자유는 획득할 수 있으나 절대 되찾지는 못한다."

사람에게 성숙기가 있듯이 국민에게도 성숙기가 있으므로 이때까지 기다렸다가 그들이 법에 복종하게 해야 한다. 그러나 어떤 국민이 성숙했는지 안 했는지를 알아내기란 항상 쉽지만은 않다. 그런데 만일 그 시기가 되기도 전에 서둘렀다가는 일을 그르치고 만다. 어떤 국민은 태어날 때부터 규율을 지킬 수 있지만, 또 어떤 국민은 10세기가 지나도 그렇게 하지 못한다. 러시아인들은 너무 일찍 개화되었기 때문에 그들을 진짜로 개화시키는 일은 영영 가능하지 않을 것이다. 표트르대제는 뭐든지 잘 모방하는 천재적 재능이 있었지만, 무無에서 모든 것을 창조하고 만들어내는 진짜 천재적 재능은 갖지 못했다. 그가 한 일 가운데 몇몇은 훌륭했지만, 대부분은 하지 않아도 될 일들이었다. 그는 자신의 국민이 야만 상태에 있다는 사실은 알았지만 개화된 생활을 할 만큼 성숙하지 못하다는 사실은 알지 못했다. 그래서 그들을 겨우 훈련이나 시켜야 할 시기에 개화시키려고 했다. 그는 그들을 러시아인으로 만들어야 할 때 독일인이나 영국인으로 만들려고 했다. 그래서 그는 백성들이 자신들을 지금 있는 그대로가 아닌 다른 사람들이라고 믿게 만들어서 그들이 언젠가 될 수도 있었을 그런 국민이 되는 것을 막아버렸다. 프랑스의 선생들이 어릴 때는 눈에 띄게 좋은 성적을 거두다가 그 이후에는 보잘것없는 인간이 되어버리도록 학생을 교육하는 것도 그런 경우다. 러시아제국은 유럽을 정복하고 싶겠지만 오히려 정복당하고 말 것이다. 러시아제국의 속국이라고도 할 수 있고 인접국이라고도 할 수 있는 타타르국 사람들이 러시아국 국민과 우리의 주인이 될 것이다. 이 같은 변화는 반드시 일어날 것 같다. 유럽의 모든 왕이 힘을 합쳐 이러한 변화를 촉진하려고 애쓰고 있기 때문이다.

9. 국민에 관하여(계속)

자연이 정상인의 키에 기준을 정한 다음 그 기준에서 벗어나는 사람은 거인 또는 난쟁이로 만들어버리듯 한 국가의 가장 이상적인 구조에서도 그 국가가 가질 수 있는 크기에 한계가 있는데, 그것은 국가가 너무 커서 잘 다스릴 수 없거나 너무 작아서 유지되지 못하는 일이 없도록 하기 위해서다. 어느 정치체에나 그것이 초과할 수 없는 힘의 최대치가 있는데, 국가가 커지다 보면 흔히 이 최대치를 넘어서게 된다. 사회적 유대란 그 범위가 확대되면 확대될수록 더 느슨해진다. 그리하여 보통 소국은 대국보다 상대적으로 강하다.

  이 원리를 증명해주는 근거는 수도 없이 많다. 먼저 지렛대의 길이가 길면 길수록 그 끝에 올려놓은 물체의 무게가 더 많이 나가는 것처럼 행정도 거리가 멀면 멀수록 더 힘들어진다. 행정은 또 그 단계가 많아지면 많아질수록 비용도 더 늘어난다. 왜냐하면 각 도시에는 먼저 주민들이 비용을 지급해야 하는 그 도시의 행정기관이 있기 때문이다. 그리고 각 도에는 또 도민들이 비용을 내야 하는 행정기관이 있다. 그러고 나서 주州가 있고, 태수령太守領이 있고, 총독령總督領이 있는데, 위로 올라가면 올라갈수록 항상 불쌍한 국민이 더 많은 돈을 부담해야 한다. 마지막으로 모든 것을 무겁게 짓누르는 최고 행정기관이 있다. 국민은 이처럼 엄청난 부담으로 끊임없이 허덕인다. 국민은 이처럼 여러 단계의 행정기관에 의해 더 잘 다스려지는 것이 아니며, 오히려 그들 위에 행정기관이 단 하나뿐일 때보다 잘못 다스려진다. 그러는 동안 유사시에 동원할 수 있는 물적 자원은 거의 고갈되어 막상 그 자원을 사용해야 할 때 국가는 항상 파멸 직전에 있다.

그뿐만이 아니다. 정부는 법을 지키게 하고, 누가 남을 괴롭히지 못하도록 하고, 악습을 폐지하게 하고, 멀리 떨어진 곳에서 일어날 수도 있는 반란을 방지하기 위해 발휘해야 하는 강력한 힘과 신속성을 동원할 수 없다. 게다가 국민은 도대체 얼굴을 구경할 수가 없는 통치자들이나, 엄청나게 넓어 보이는 조국과 대부분 낯선 외국인처럼 보이는 동포들에 대한 애정이 줄어들게 마련이다. 풍습도 다르고, 기후도 전혀 다르고, 동일한 형태의 정부를 받아들일 수도 없는 그 수많은 서로 다른 지방에 대해 똑같은 법을 적용할 수는 없는 법이다. 한편 서로 다른 법은 같은 통치자들 밑에서 끊임없이 소통하고 살면서 서로 섞이기도 하고 결혼도 하며 다른 풍습을 따르다 보면 과연 자기들의 문화적·정신적 유산이 정말 자기네 것인지 아닌지 모르는 민족들에게 오직 혼란과 동요만 불러일으킬 뿐이다. 서로 알지 못하는 수많은 사람이 최고 행정기관 소재지 한 곳으로만 모여들다 보면 재능은 계발되지 못한 채 묻혀버리고, 덕행은 알려지지 않으며, 악행은 처벌받지 않을 것이다. 통치자들은 일에 치여 아무것도 직접 확인하지 못하고 행정 관리들이 나라를 다스리게 된다. 결국 중앙정부의 권위를 유지하려고 여러 가지 조처를 하지만 멀리 떨어진 곳에서 일하는 수많은 관리는 그 권위에서 벗어나려 하거나 속이려고만 할 뿐 공공 업무에는 신경을 쓰지 않는다. 그리하여 국민들을 행복하게 만들어줄 여력이 소진되고, 필요할 때 국민들을 지켜줄 힘도 거의 남지 않게 된다. 결국 크기만 하고 체질은 허약한 몸은 자기 체중에 짓눌려 조금씩 쇠약해지다가 마침내 죽어버리고 만다.

한편 국가는 지속성을 유지하면서 언젠가는 겪게 될 혼란에 맞서고 자신을 유지하기 위해 기울여야만 하는 노력을 감당하기 위해 일정한 기반을 갖추고 있어야 한다. 왜냐하면 모든 국민은 일종의 원심력을 갖고 있어서 마치 데카르트의 와동설渦動說처럼 끊임없이 서로 적대적으로 작용하고 이웃을 희생시키며 커져나가는 경향을 보여주기 때문이다. 그리하여 약자들은 곧 먹혀버릴 위험이 있다. 그러므로 국민 각자는 다른 모든 국민과 함께 일종의 균형 상태를 유지해 사방에서 밀려오는 압박의 힘이 거의 같아지게 해야만 자신을 보전할 수가 있다.

여기서 우리는 국가를 확대할 이유도 있고 축소할 이유도 있다는 것을 알 수 있다. 그러기에 크고 작은 비율들 가운데 국가를 보존하는 데 가장 유리한 비율을 찾아내는 일은 정치가의 재능에서 결코 가장 하찮은 것이 아니다. 일반적으로 국가가 확대되어야 할 이유는 단순히 대외적이고 상대적일 뿐이므로 대내적이고 절대적인 국가 축소의 이유에 종속되어야 한다고 말할 수 있다. 가장 먼저 추구해야 할 것은 건전하고 강력한 국가 구조다. 그리고 광활한 국토가 제공하는 자원보다는 좋은 정부가 불러일으키는 활력에 더 기대를 걸어야 한다.

또한 우리는 정복의 필요성이 그들의 법 자체에 이미 포함되어 자신을 유지하려면 계속 커질 수밖에 없는 국가들을 보았다. 어쩌면 그들 국가는 그 다행스러운 필연성에 대해 만족스럽게 생각했을지 모르지만, 이러한 필연성은 그런 국가가 더는 확대되지 못하면서 어쩔 수 없이 몰락하는 순간이 찾아오는 것을 그들에게 보여주었다.

10. 국민에 관하여(계속)

정치체는 두 가지 방법으로, 즉 영토의 크기와 국민의 숫자로 측정할 수 있다. 그런데 이 두 가지 측정 방법 사이에는 국가가 가장 알맞은 규모를 갖도록 해주는 비율이 있다. 국가를 이루는 것은 사람들이고, 사람들을 먹여 살리는 것은 땅이다. 그러므로 땅이 그곳 주민들을 충분히 부양하고 주민은 땅이 먹여 살릴 수 있을 만큼이어야 비율이 적당해진다. 일정한 숫자의 국민이 갖는 힘의 최대치는 바로 이 비율 속에서 얻어진다. 왜냐하면 땅이 지나치게 넓을 때 관리하는 데 비용이 많이 들고, 경작도 만족스러운 수준으로 할 수가 없으며, 생산은 과잉 상태가 되기 때문이다. 그리하여 머지않아 방어 전쟁이 일어나게 된다. 반면에 땅이 너무 좁으면 국가는 부족한 식량을 보충하느라 이웃 국가들에 매달리게 되어 머지않아 공격 전쟁을 벌이게 된다. 처한 상황 때문에 교역 아니면 전쟁 둘 중 하나를 선택해야 하는 국민은 그 자체로서 허약하다. 그 국민은 이웃 나라 국민들과 정세 변화에 의지하게 된다. 그러므로 이런 국민의 삶은 불안정하고 짧을 수밖에 없다. 그들은 정복해 상황을 변화시키든지, 아니면 정복당해 멸망해버린다. 아주 작든지, 아니면 아주 크든지 해야만 자유롭게 존립할 수가 있다.

  서로를 충족시켜주는 땅의 크기와 주민 수 사이의 고정된 비율은 숫자로 표시할 수 없는데, 토질과 비옥한 정도, 생산물의 성질, 기후 영향 등이 다르고, 그곳에 사는 사람들의 체질에도 차이가 있기 때문이다(기름진 토양에 살면서도 별로 안 먹는 사람이 있는가 하면 척박한 땅에 살면서도 많이 먹는 사람들이 있다). 또 여성들의 가장 높은 출산율과 가장 낮은 출산율, 그 나라에서 인구 증가에 기여하거나 저해할 수 있는 조건, 그리고 입법자가 입법을 통해 행사하고자 하는 영향력 등도 고려해야 한다. 그러므로 입법자는 당장 눈앞에 보이는 것이 아니라 예측에 기초해 판단을 내려야 하며, 국민이 현재 처한 상황보다는 그들이 필연적으로 도달하게 될 상황에 더 주의를 기울여야 한다. 마지막으로 지역의 특수한 환경 때문에 필요해 보이는 것보다 더 넓은 땅을 갖도록 국민이 요구하거나 국가가 허용하는 경우가 많이 있다. 예를 들어 삼림이나 방목장 등이 있는 산악 지역에서는 자연 산물을 얻을 수 있어 일을 덜 해도 되고, 경험상 여성들의 출산율이 평야보다 더 높다. 그리고 식물들을 키울 수 있는 곳은 오직 넓은 경사지의 평평한 기슭뿐이라 사람들이 넓게 퍼져 살 것이다. 반면에 해안 지대에서는 경작이 불가능한 바위산이나 모래밭에서라도 비좁게 살아갈 수 있는데, 그곳에서는 어업이 땅에서 얻는 생산물의 부족분을 상당량 보충해줄 수 있는 데다가 해적들을 물리치려면 함께 모여 살아야 하고 과잉 인구를 식민지로 이주시키기가 더 수월하기 때문이다.

  국민에게 법을 제정해주는 데는 이러한 조건들 말고 또 다른 조건이 필요한데, 이 조건은 다른 어떤 조건도 대신할 수 없으나 이 조건이 없으면 다른 모든 조건이 무용지물이 된다. 그것은 바로 사람들이 풍요와 평화를 누려야 한다는 조건이다. 왜냐하면 한 국가가 형성되는 시기는 마치 군부대가 편성될 때처럼 정치체의 저항력이 제일 약해서 가장 파괴되기 쉽기 때문이다. 저마다 자신의 지위에만 신경 쓸 뿐 위험에 대해서는 관심을 두지 않는 동요의 시기보다는 오히려 완전히 무질서한 시기에 더 잘 저항할 수 있다. 만일 이 위기 시기에 전쟁이나 반란이 일어나거나 기아가 발생하면 국가는 여지없이 전복되고 말 것이다.

그렇다고 해서 이러한 격동기에 수립된 정부가 많지 않다는 것은 아니다. 하지만 이런 경우 국가를 파괴하는 것은 바로 이들 정부 자체다. 권력 찬탈자는 그러한 혼란을 조성하거나 틈타 대중의 공포심을 이용함으로써 그들이 냉정을 유지하고 있을 때라면 절대 채택하지 않을 파괴적인 법을 통과시킨다. 법이 언제 제정되었는가 하는 것이야말로 그 법을 입법자가 제정했는지, 아니면 폭군이 제정했는지를 구별할 수 있는 가장 확실한 특징 가운데 하나다.

그렇다면 어떤 국민이 입법에 적합한가? 기원과 이해관계 또는 관습의 일치를 통해 이미 결합해 있으면서도 아직 법의 참된 속박을 당해보지 않은 국민, 뿌리가 매우 깊은 관습이나 미신에 젖어 있지 않은 국민이다. 또 느닷없이 침략당해도 고통을 두려워하지 않고 인접 국가들끼리의 분쟁에 끼어들지 않으면서도 혼자 힘으로 그들 국가 중 하나와 싸울 수 있거나 한 국가의 도움을 받아 다른 한 국가를 격퇴할 수 있는 국민, 구성원 각자가 모두에게 알려져 있고 한 사람이 감당할 수 있는 것 이상의 부담을 누군가에게 지울 필요가 없는 국민, 다른 국민에게 도움을 받거나 도움을 주지 않고도 살아갈 수 있는 국민,²⁵ 부유하지도 않고 가난하지도 않으며 자급자족할 수 있는 국민, 마지막으로 옛 국민의 응집력과 새로운 국민의 온순함을 함께 갖춘 국민이다. 입법 작업을 할 때는 제정하는 일보다 파괴하는 일이 더 어렵다. 입법이 성공하는 경우가 매우 드문 것은 사회의 욕구와 결합한 자연의 단순성을 발견할 수가 없기 때문이다. 사실 이 모든 조건이 합쳐지는 것은 어려운 일이다. 그래서 잘 구성된 국가를 좀처럼 보기가 힘들다.

　유럽에는 입법이 가능한 나라가 아직 있다. 바로 코르시카섬이다. 그 용감한 국민이 자유를 회복하고 수호하기 위해 용기와 불굴의 정신을 발휘한 것을 볼 때, 어떤 현자가 있다면 그들에게 그 자유를 간직하는 법을 가르쳐주어도 좋을 것이다. 언젠가는 그 작은 섬이 유럽을 깜짝 놀라게 할 것 같다는 느낌이 든다.²⁶

25　만일 서로 붙어 있는 두 국민 중 한 국민이 다른 쪽 도움 없이는 살아갈 수 없다면, 전자에게는 아주 힘든 상황이고 후자에게는 아주 위험한 상황일 것이다. 현명한 국민이라면 이런 경우 주저하지 않고 그 인접 국가의 국민이 의존성에서 벗어나도록 애쓸 것이다. 멕시코 제국에 둘러싸여 있던 틀락스칼라 공화국은 소금을 멕시코에서 사 오거나 공짜로 얻기보다는 차라리 소금을 안 먹고 사는 쪽을 택했다. 현명한 틀락스칼라인들은 멕시코인들의 그 관대함 뒤에 숨어 있는 계략을 파악한 터였다. 그렇게 하여 그들은 자신들의 자유를 지켜냈다. 대제국에 둘러싸여 있던 이 작은 나라는 결국 그 제국을 멸망시키는 도구가 되었다.(원주)
26　코르시카가 파올리의 지휘 아래 제네바 공화국에 격렬히 저항하는 것을 보며 볼테르를 비롯한 많은 철학자가 감동했다.

11. 여러 입법 체계에 관하여

모든 입법 체계의 목적이 되어야 하는 만인의 가장 큰 행복이 과연 무엇인지를 알아보면, 자유와 평등이라는 두 가지 주요한 대상으로 귀착된다는 사실을 발견하게 된다. 자유가 목적인 것은 모든 개인적 예속이 그만큼 국가라는 정치체의 힘을 약화하기 때문이고, 평등이 목적인 것은 자유가 평등 없이는 존속할 수 없기 때문이다.

나는 앞서 시민적 자유가 무엇인지 말했다.[27] 평등이라는 단어를 모든 사람이 똑같은 정도의 권력과 부를 가져야 한다는 뜻으로 이해해서는 안 된다. 권력은 어떤 경우에든 폭력으로 변질되어서는 안 되고 오직 지위와 법을 통해서만 행사되어야 한다. 부로 말하자면, 어떤 시민도 다른 시민을 매수할 수 있을 만큼 부유해서는 안 되며 누구도 자신을 팔아야 할 만큼 가난하지 않아야 한다. 이를테면 강자들은 부와 권세를 절제해야 하고, 약자들은 인색함과 탐욕을 절제해야 한다.[28]

이 같은 평등은 실제로는 존재할 수 없는 이론적 공론에 불과하다

---

[27] 1부 8장

고 그들은 말한다.²⁹ 하지만 오류가 불가피하다고 해서 규제조차 하지 말아야 한단 말인가? 바로 사물의 추이가 항상 평등을 무너뜨리는 경향이 있기 때문에 입법의 힘은 항상 그것을 유지하는 방향으로 나가야 한다.

그러나 모든 훌륭한 제도의 그 일반적 목적은 각 나라 고유의 상황과 주민들의 성격에서 기인하는 관계에 따라 수정되어야 한다. 그러므로 바로 이 관계들에 기초하여, 그 자체로서가 아니라 그것이 적용되는 국가에 최상의 것이 될 고유한 제도 체계를 각 국민에게 마련해주어야 한다. 예를 들어 땅이 척박하거나 국민 수에 비해 너무 좁은가? 그러면 공업과 수공업 쪽으로 눈을 돌려 그 생산물을 부족한 식료품과 교환하라. 반대로 비옥한 평야와 기름진 야산을 차지하고 있는가? 땅은 좋은데 주민 수가 적은가? 인구를 늘리는 농업에 온갖 정성을 쏟되 얼마 안 되는 주민을 몇몇 지역에 모여 살게 해서 인구를 감소시킬 뿐인 수공업은 피하라.³⁰ 넓고 편리한 해안 지대를 차지하고 있는가? 배로 바다를 뒤덮고 무역과 항해술을 개발하라. 짧지만 유복한 삶을 살 수 있을 것이다. 해안 지대가 거의 접근이 불가

28 국가가 튼튼해지기를 바라는가? 그렇다면 두 극단을 최대한 좁혀라. 부자도 없고 거지도 없게 해야 한다. 자연 상태에서는 따로 떼어내 생각할 수 없는 이 두 신분은 똑같이 공공의 이익에 극히 해롭다. 한편에서는 폭정의 옹호자가 나오고, 다른 한편에서는 폭군이 나온다. 공적 자유를 사고파는 일은 항상 이 두 신분 사이에서 이루어진다. 한쪽은 자유를 사고 다른 한쪽은 자유를 파는 것이다.(원주)
29 볼테르를 비롯한 계몽주의 철학자들이 주로 부의 불공평함을 주장한다.
30 다르장송 후작은 다음과 같이 말한다. "대외무역의 어떤 부문은 왕국 전체에 허위 이익밖에 가져다주지 않는다. 그 이익은 몇몇 개인을, 그리고 잘되면 몇몇 도시를 부유하게 할 수 있다. 하지만 전체 국민은 그것으로 아무 이득도 보지 못한다. 그러므로 국민 생활이 대외무역 덕분에 나아지는 건 전혀 없다."(원주)

능한 바위로 둘러싸여 있는가? 그렇다면 차라리 야만 상태에서 물고기를 잡아먹으며 살아라. 그러면 더 평화롭고, 어쩌면 더 좋으며, 분명히 더 행복한 삶을 살 수 있을 것이다. 말하자면 모두에게 공통되는 이런 원칙들 외에 각 국민은 이 원칙들을 특이한 방식으로 받아들여 입법을 그들 고유의 것으로 만드는 어떤 원인을 자신들 속에 지니고 있다. 그래서 옛날에는 유대인들이, 그리고 근래에는 아랍인들이 종교를 주된 목표로 삼았고, 아테네인들은 문학을, 카르타고와 티레인들은 무역을, 로도스인들은 항해술을, 스파르타는 전쟁을, 그리고 로마는 덕행을 각기 주요한 목표로 삼았다. 《법의 정신》의 저자는 많은 예를 들어가며 입법자가 어떤 기술을 발휘해 이 제도를 각각의 목표에 맞게 인도해갔는가를 보여주었다.[31]

국가 구조가 지속적이고 매우 견고해지는 것은 관습이 철저히 준수되어 자연적 관계와 법이 같은 문제에 대해 항상 일치하고, 법이 이를테면 자연적 관계를 보장하고 함께하며, 다른 법을 수정할 때다. 그러나 만일 입법자가 그 목표를 착각해 사물의 본질에서 나오는 원칙이 아닌 다른 원칙을 택한다면, 다시 말해 전자는 예속을 지향하는 데 반해 후자는 자유를 지향하고, 전자는 부를 지향하는 데 반해 후자는 주민을 지향하고, 전자는 평화를 지향하는 데 반해 후자는 정복을 지향한다면, 법이 모르는 사이에 약화하고 그 구조가 바뀌어 국가는 끊임없이 동요하다가 결국에는 멸망하거나 변질되어 무적의 자연이 다시 지배하게 될 것이다.

---

31 《법의 정신》 11부 5장. 몽테스키외는 로마의 목표가 덕행이 아니라 확장이라고 생각한다.

12. 법의 분류

 전체에 질서를 확립하려면, 또는 공적인 일에 가능한 최상의 형태를 부여하려면 여러 관계를 고려해야만 한다. 첫 번째로 전체 조직체가 그 자신에 대해 행하는 작용, 말하자면 전체에 대한 전체의 관계 또는 국가에 대한 주권자의 관계가 있는데, 뒤에 가서 설명하겠지만 이 관계는 중간 항목들의 관계로 구성된다.

이 관계를 규정하는 법은 정치법이라는 이름을 가지며 기본법이라고도 불린다. 이 법이 현명하게 만들어졌다면 이렇게 불릴 만하다. 만일 질서를 확립하는 훌륭한 방법이 각 나라에 오직 하나씩밖에 없다면 그 방법을 찾아낸 국민은 그것을 충실히 이행해야 하기 때문이다. 그러나 만일 확립된 질서가 좋지 못하다면, 그 질서가 좋은 것이 되지 못하도록 방해하는 법을 왜 기본법으로 간주해야 한단 말인가? 어쨌든 국민은 설령 자신들의 법이 최상의 법이라 할지라도 언제든 바꿀 수 있다. 설사 국민이 자신들의 불행을 자초한다고 해도 그것을 막을 권리는 누구에게도 없다.

두 번째 관계는 구성원 상호 간의 관계 또는 구성원과 전체 조직의 관계다. 이 관계는 전자는 가능한 한 최소의 관계여야 하고, 후자는 가능한 한 최대의 관계여야 한다. 그래야 각 시민이 다른 모든 시민에게서 완전히 독립하고 국가에 지나칠 정도로 의존하게 된다. 이것은 항상 같은 방식으로 이루어진다. 왜냐하면 국가의 힘만이 구성원들의 자유를 보장해주기 때문이다. 민법이 탄생하는 것은 바로 이 두 번째 관계에서다.

세 번째 관계로는 인간과 법의 관계를 생각해볼 수 있는데, 바로 형刑에 대한 불복종의 관계이다. 그리하여 이 관계는 형법을 제정하게 하는 원인이 되는데, 이 법은 사실 하나의 특수한 법이라기보다는 다른 모든 법을 준수시키려는 징계 규정이라고 할 수 있다.

이 세 종류의 법에 모든 법 가운데 제일 중요한 네 번째 법이 추가된다. 이 네 번째 법은 대리석이나 동판에 새겨진 것이 아니라 시민의 가슴에 새겨져 있으며, 진정한 국가 구조를 만들고 날마다 새로운 힘을 얻어 다른 법들이 낡거나 쇠퇴할 때 되살리거나 대체한다. 또 이 법은 국민이 그 제도의 정신을 유지하도록 하고, 권위의 힘을 어느새 습관의 힘으로 바꿔놓는다. 나는 지금 풍습과 관습, 특히 여론에 대해 말하고 있다. 우리 시대의 정치가들은 잘 모르지만, 사실 다른 모든 법이 성공하느냐 못하느냐는 바로 이 법에 달려 있다. 훌륭한 입법자는 특정한 법 제정(이 특정한 법은 궁륭의 아치일 뿐이며, 도덕은 형성되는 데 오랜 시간이 걸리지만 결국은 이 아치를 단단히 지탱하는 굳건한 들보 받침대로 사용된다)에만 신경을 쓰는 듯 보이지만, 사실은 이 부분에 대해서도 은근히 마음을 쓴다.

이처럼 여러 부류의 법 가운데 내가 다루는 주제와 관련 있는 것은 오직 정부 형태를 구성하는 정치법뿐이다.

3부 정부의 이론적 연구

여러 가지 정부 형태에 관해 말하기 전에 먼저 아직 제대로 설명된 적 없는 이 말의 정확한 의미부터 정의해보자.

1. 정부 일반에 관하여

이 장은 차분히 읽어야 한다는 것과, 주의를 기울이지 않는 사람들에게 명료하게 설명하는 기술이 내게는 없다는 것을 미리 밝혀두고 싶다.

모든 자유 행위는 두 가지 원인이 협력해 이루어진다. 그중 하나는 정신적인 것으로 이를테면 행위를 결정짓는 의사이며, 다른 하나는 육체적인 것으로 말하자면 그 행위를 실행에 옮기는 힘이다. 내가 어떤 목표를 향해 걸어갈 때, 먼저 그곳으로 가고 싶어 해야 하고 다음으로 내 발이 나를 그곳으로 데려가야 한다. 중풍에 걸린 사람은 아무리 뛰어가고 싶어도 제자리에 머물 수밖에 없고, 민첩한 사람 역시 달리고 싶은 생각이 없으면 제자리에 머물러 있게 된다. 정치체도 똑같은 원동력을 갖고 있는데, 여기서도 역시 힘과 의사를 구분한다. 의사는 입법권이라 부르고, 힘은 집행권이라 부른다. 이 두 가지가 서로 협력하지 않으면 아무것도 행해질 수 없으며 또 행해져서도 안 된다.

우리는 입법권이 국민에게 속한다는 사실을, 오직 국민에게만 속할 수 있다는 사실을 알게 되었다. 반대로 앞에서 확립된 원리를 통해 집행권은 입법자나 주권자로서 국민 일반에는 속할 수 없다는 사실을 알기란 쉬운 일이다. 왜냐하면 집행권은 법의 관할 안에도, 따라서 주권자(그의 모든 행위는 법이 될 수밖에 없다)의 관할 안에도 있지 않은 개별적 행위로만 성립하기 때문이다.

그러므로 공공의 힘에는 전체 의사가 이끄는 대로 그 힘을 통합하고 실행하며, 국가와 주권자를 연결하고, 어떻게 보면 인간의 영혼과 육체를 연결하는 것 같은 역할을 공공 인격체에서 수행하는 적당한 대행자가 필요하다. 이것이 바로 주권자로 오인받기도 하지만 사실은 주권자의 집행자에 지나지 않는 정부가 존재해야 할 이유다.

도대체 정부란 무엇인가? 백성과 주권자를 연결하기 위해 설치한 일종의 매개체로, 법 집행과 시민적·정치적 자유를 유지하는 책임을 맡고 있다.

이 조직의 구성원들은 행정관이나 왕, 즉 총독이라고 불리며, 이 조직 전체를 군주라고 부른다.[1] 따라서 국민이 자기 자신을 군주에게 복종시키는 행위는 결코 계약이 아니라고 주장하는 사람들의 말은 매우 타당하다. 그 행위는 결단코 위임이나 고용일 뿐이다. 그들은 한낱 주권자의 관리로서 주권자에게 위임받은 권력을 주권자의 이름으로 행사한다. 그러므로 주권자는 그 권력을 자기 마음대로 제한하고 수정하며 다시 회수할 수 있다. 이러한 권리 양도는 사회체의 본질에 부합하지 않고 연합체의 목적에도 어긋난다.

그래서 나는 집행권의 합법적 행사를 정부나 최고 행정기관이라

---

1 그래서 베네치아에서는 총독이 그 모임에 참석하지 않을 때도 정부 회의를 '국왕 폐하'라고 부른다.(원주)

고 부르며, 이 행정을 책임지는 사람이나 집단을 군주 또는 행정관이라고 부른다.

　정부 내에는 중개하는 여러 힘이 존재하는데, 이들의 관계가 전체와 전체의 관계 또는 국가와 주권자의 관계를 형성한다. 후자의 관계를 연비례의 외항 관계로 표현할 수 있다면, 그것의 비례중항이 곧 정부다. 정부는 주권자로부터 명령을 받아 국민에게 전달한다. 그러므로 국가가 적절한 균형 상태를 유지하도록 하려면 모든 것을 감안하여 한편으로는 주권자이고 다른 한편으로는 통치받는 국민인 시민들의 힘이 동등해야만 한다.

　그뿐만 아니라 그들 세 항 가운데 어느 하나만이라도 바뀌면 이 같은 비례는 즉각 깨져버릴 것이다. 만일 주권자가 통치하려 한다거나 행정관이 법을 제정하려 한다거나 백성이 복종하기를 거부한다면, 규칙이 무시되고 무질서가 판을 치며 힘과 의사는 제각기 따로따로 놀 것이다. 그리하여 결국 국가는 와해되어 전제나 무정부 상태로 굴러떨어진다. 요컨대 각 관계 사이에는 비례중항이 하나밖에 없는 것처럼 국가 내에도 좋은 정부는 하나밖에 있을 수가 없다. 그러나 국민의 관계란 수많은 상황에 따라 달라질 수 있기 때문에, 국민에 따라 훌륭한 정부가 있을 수 있을 뿐만 아니라 같은 국민일 경우라도 시대에 따라 달라질 수 있다.

　그들 두 외항 사이에 존재할 수 있는 여러 관계를 이해할 수 있도록 좀 더 설명하기 쉬운 관계로서 국민의 수를 예로 들어보겠다.

　어떤 국가가 시민 만 명으로 이루어져 있다고 가정해보자. 이때 주권자는 집합적으로, 그리고 조직체로서 고려할 수밖에 없다. 그러나 통치받는 국민으로서 각 개별적 존재는 개인으로 간주한다. 따라서 주권자와 국민의 관계는 이 경우 만 대 1이 된다. 다시 말해 국가의 각 구성원은 설사 주권적 권위에 전적으로 복종한다 하더라도 자기 몫으로는 이 권위의 만 분의 1밖에 갖지 못한다. 국민의 숫자가 10만 명이라 할지라도 국민의 신분에는 아무런 변화가 없어 각자는 똑같이 법의 지배를 받는다. 반면 각 개인이 가진 투표권은 10만 분의 1로 줄어들어 법률 제정에 미칠 수 있는 영향력은 10분의 1로 축소된다. 그래서 백성은 언제나 하나로 남아 있는 만큼 주권자와의 비율은 시민 수에 비례해 증가한다. 따라서 국가가 커지면 커질수록 자유는 더 감소한다는 결론이 나온다.

그 비율이 증가한다면 그것은 곧 등식에서 멀어지는 것을 뜻한다. 그리하여 그 비율은 기하학적 의미에서 커지면 커질수록 보통의 의미에서는 오히려 더 줄어든다. 기하학적 의미에서는 비율을 양에 따라 고려하기 때문에 지수로 측정하지만, 보통의 의미에서는 일치에 따라 고려하기 때문에 서로의 유사성에 따라 측정한다.

그런데 개별 의사가 전체 의사와 덜 일치할수록, 다시 말해 개인 행동이 법과 덜 일치할수록 억압하는 힘은 점점 더 증가하게 된다. 그러므로 좋은 정부가 되려면 국민 수가 증가함에 따라 정부도 상대적으로 더 강해져야 한다.

다른 한편 국가가 커지면 공공의 힘을 위탁받은 사람은 자기들의 권력을 남용하고 싶은 유혹을 더 많이 느끼고 그렇게 할 수 있는 수단도 더 많아지기 때문에, 정부가 국민을 제어하기 위한 힘을 더 많이 가질수록 주권자도 정부를 견제하기 위해 더 큰 힘을 가져야만 한다. 내가 지금 말하는 것은 절대적 힘이 아니라 국가를 이루는 여러 부분의 상대적 권한이다.

그 이중의 관계에서 당연히 주권자와 군주와 국민 간의 연비례는 임의적 발상이 아니라 정치체의 본질에서 비롯된 필연적 결과라는 결론이 나온다. 또한 당연히 외항 가운데 하나인, 말하자면 피통치자로서 국민은 항상 고정되어 단위로 대표되므로 복비複比가 증가하거나 감소할 때마다 단비單比도 마찬가지로 증가하거나 감소하며, 따라서 비례중항도 변한다는 결론이 나온다. 이로써 우리는 유일하고 절대적인 정부는 없으며, 크기가 서로 다른 국가가 있을 수 있는 만큼 본질이 서로 다른 정부도 있을 수 있다는 사실을 알게 된다.

이 같은 주장을 비웃으면서 그 비례중항을 찾아 정부를 구성하기 위해서는 인구수의 제곱근을 구하기만 하면 되지 않느냐고 말할 사람이 있을지도 모른다. 그러면 나는 이렇게 대답할 것이다. 나는 여기서 국민의 수를 그냥 한 예로 들었을 뿐이며, 내가 말하는 비율은 단지 인구수로만 측정되는 것이 아니라 일반적으로 무수한 원인으로 이루어지는 노동량으로도 측정된다고. 또한 더 간결하게 설명하려고 잠시 기하학 용어를 빌려 썼지만, 그렇다고 해서 내가 기하학적 정확성이 정신적 질량을 계산하는 데는 적용되지 못한다는 사실을 모르지 않는다고.

정부는 축소형인 데 반해 그것을 포함하고 있는 정치체는 확대형이다. 그것은 일정한 기능을 갖춘 정신적 인격체로서 주권자처럼 능동적이고 국가처럼 수동적이다. 우리는 이 정신적 인격체를 유사한 다른 관계들로 분해해볼 수 있으며, 그 결과 새로운 비례관계가 나타나고, 행정관청의 등급에 따라 이 새로운 비례관계 안에 또 다른 비례관계가 생겨난다. 그러다 보면 마침내 분할할 수 없는 비례중항, 즉 단 한 명의 우두머리 또는 최고 행정관에 이르게 되는데, 우리는 이 최고 행정관을 비례급수의 중앙에 위치하며 분수급수와 정수급수 사이에 있는 1이라는 숫자로 표시할 수 있다.

그러나 우리는 그런 식으로 번거롭게 항을 늘리지 말고, 그냥 정부를 국민이나 주권자와 구별되면서도 이 둘 사이를 매개해주는 국가 안의 새로운 단체로 간주하고 말자.

국가는 그 자체로 존재하며 정부는 오직 주권자에 의해서만 존재한다는 본질적 차이가 이 두 단체 사이에 존재한다. 따라서 군주를 지배하는 의사는 오직 전체 의사나 법이고, 또 당연히 그래야 한다. 그의 힘은 그의 안에 집중된 공공의 힘일 따름이다. 그러므로 그가 자기 자신으로부터 어떤 절대적이고 독단적인 행동을 끌어내려고 하면 곧바로 전체의 유대 관계가 느슨해지기 시작한다. 마침내 군주가 주권자의 의사보다 더 강력한 개인 의사를 갖고, 그 개인 의사에 따르려고 자신이 가진 공공의 힘을 사용함으로써 말하자면 두 주권자, 즉 법적인 주권자와 사실상의 주권자를 갖게 되면 그 즉시 사회적 결합은 와해되고 정치체는 붕괴되어버릴 것이다.

그러나 정부라는 단체가 국가라는 단체와 구별되는 실체를, 실재하는 생명을 가지려면, 또한 정부의 모든 구성원이 일치단결해 행동함으로써 그 설립 목적에 부응할 수 있으려면 하나의 개인적 자아와 구성원들에게 공통된 감정, 힘, 자기 보존을 추구하는 그 자신의 의지를 가져야 한다. 이 개별적 존재는 총회와 위원회, 심의 의결권, 여러 가지 권리와 지위, 그리고 오로지 군주에게만 속하며 그 직무를 수행하기가 힘들기 때문에 더 명예로운 특권들을 필요조건으로 한다. 어려운 점은 정부라는 이 종속된 전체를 어떻게 국가라는 전체 속에 조직하느냐 하는 데 있다. 그렇게 해서 정부는 자신의 체제를 확립하면서도 전체 체제를 훼손시키지 않고, 자기 보존을 위한 개별적 힘과 국가 보존을 위한 공공의 힘을 구분하게 된다. 요컨대 정부를 위해 국민을 희생시키는 것이 아니라 국민을 위해 정부를 희생시킬 준비가 항상 되어 있어야 한다.

그뿐만 아니라 정부라는 인위적 단체를 비록 또 다른 인위적 단체(국가)가 만들었다고 할지라도, 그리고 어떻게 보면 바로 그 국가에서 빌리고 국가에 종속된 생명을 가졌을 뿐이라 할지라도, 정부가 어느 정도 활기 있고 민첩하게 행동하며 정상적인 건강을 누릴 수 없는 것은 아니다. 결국 정부는 그 설립 목적에서 완전히 벗어나지만 않는다면 그것이 구성되는 방식에 따라 어느 정도는 벗어날 수도 있다.

바로 이 모든 차이점에서 정부가 바로 이 국가를 변화시키는 우발적이고 특수한 관계에 따라 국가라는 단체와 갖게 되는 다양한 형태의 관계가 생겨난다. 왜냐하면 흔히 그 자체로는 최상의 정부라 할지라도 그것이 속하는 정치체의 결함에 대응해 그 관계를 수정해나가지 않는다면 가장 불완전한 정부가 되고 말 것이기 때문이다.

2. 다양한 정부 형태를 구성하는 원칙

 이러한 차이를 만들어내는 일반적 원인을 설명하려면 앞에서 국가와 주권자를 구별했던 것처럼 군주와 정부를 구별해야 한다.[2]

 행정기관은 더 많거나 더 적은 숫자의 구성원들로 이루어질 수 있다. 우리는 국민 수가 많으면 많을수록 주권자와 국민의 비율이 더 커진다고 말했다. 그리고 우리는 명백한 유추를 통해 정부와 행정관들에 대해서도 똑같이 말할 수 있다.

 그런데 정부의 총력總力은 절대 변하지 않는다. 정부의 총력은 항상 국가의 총력이기도 하기 때문이다. 그러므로 정부가 구성원들에 대해 힘을 더 많이 쓸수록 주권자에 대해 작용하는 힘은 그만큼 덜 남게 된다.

 따라서 행정관의 숫자가 많으면 많을수록 정부는 더한층 약해진다. 이 공식은 기본적인 것이므로 좀 더 명백하게 밝혀보도록 하자.

 우리는 행정관이라는 인격체에서 본질적으로 다른 세 가지 의사를 구별할 수 있다. 첫 번째는 자신의 사적 이익만을 노리는 개인의

---

[2] 정부는 하나의 기능이고, 군주는 이 기능을 행사할 책임을 맡은 한 개인이나 기관이다.

의사이고, 두 번째는 오직 군주의 이익에만 부합하는 행정관들의 공통된 의사다. 단체 의사라고도 부를 수 있는 이 두 번째 의사는 정부에 대해서는 전체적이고 정부가 속한 국가에 대해서는 개별적이다. 세 번째로 국민의 의사 또는 주권자의 의사가 있는데, 전체로 간주하는 국가에 대해서나 전체 중 일부로 간주하는 정부에 대해서 모두 전체 의사가 된다.

완벽한 입법에는 개별적이거나 개인적인 의사가 전혀 반영되지 않아야 한다. 또 정부의 고유한 집단 의사도 완전히 종속되어야 한다. 따라서 전체 의사나 주권자의 의사는 항상 다른 모든 의사를 주도하는 유일한 규칙이 되어야 한다.

이와 반대로 자연의 질서에 따르면 이러한 여러 의지는 서로 집중되면서 더욱 능동적으로 변한다. 따라서 전체 의사는 언제나 가장 약하고, 단체 의사는 두 번째 자리를 차지하며, 개별 의사는 모든 의사 가운데 으뜸간다. 그 결과 정부 내에서 각 구성원은 첫째가 자기 자신이고, 둘째가 행정관이며, 마지막이 시민이다. 사회질서가 요구하는 것과는 완전히 반대되는 단계다.

정부 전체가 단 한 사람의 수중에 있다고 가정해본다면, 개별 의사와 단체 의사는 일치하고, 그 결과 단체 의사는 발휘할 수 있는 가장 큰 힘을 발휘하게 된다. 그런데 힘의 행사는 의사의 정도에 좌우되고 정부가 가진 절대적 힘은 전혀 변하지 않으므로, 1인 정부가 가장 활동적이라는 결론이 나온다.

반대로 정부에 입법권을 준다고 생각해보자. 주권자를 군주로 삼고 시민 모두를 행정관으로 삼는다고 해보자. 그럴 경우 단체 의사는 전체 의사와 뒤섞여 전체 의사 이상의 활동력을 갖지 못하게 되고,

그 결과 개별 의사가 남아 가진 힘을 전부 다 발휘하게 된다. 그러므로 정부의 절대적 힘은 여전히 변함없으나 상대적 힘 또는 활동력은 최소한으로 떨어질 것이다.

  이러한 관계는 이론의 여지가 없지만, 또 다른 고찰을 해보면 그 관계를 확인하는 데 도움이 될 것이다. 예를 들어 우리는 각 행정관이 자신의 단체에서 하는 활동이 각 시민이 자신의 단체에서 하는 활동보다 더 적극적이라는 것을, 따라서 개별 의사는 주권자의 행동보다는 정부의 행동에 대해 훨씬 더 큰 영향력을 발휘한다는 것을 알 수 있다. 왜냐하면 각 시민은 단독으로는 주권의 기능을 전혀 담당하지 못하지만, 각 행정관은 거의 언제나 정부의 어떤 기능을 담당하기 때문이다. 한편 국가가 커지면 커질수록 실제적 힘도 커진다(그 크기에 비례해 커지지는 않지만). 하지만 국가는 여전히 같은 상태로 머물러 있으므로 행정관 수가 아무리 늘어난다고 해도 정부가 더 큰 힘을 갖는 것은 아니다. 왜냐하면 그 힘은 곧 국가의 힘이며, 그 크기는 언제나 일정하기 때문이다. 따라서 정부의 전체적 힘 또는 실제적 힘은 증가하지 않은 채 상대적 힘이나 활동력만 줄어든다.

  더 많은 사람이 업무를 담당함에 따라 업무 처리 속도가 느려진다는 것은 확실하다. 그리고 지나치게 신중을 기하다 보면 일을 원만히 진행하지 못해 좋은 기회를 놓쳐버리고, 너무 심사숙고하다 보면 성과를 거두지 못하는 것 또한 확실한 사실이다.

  나는 행정관의 수가 늘어나면 늘어날수록 정부의 힘이 더 약해진다는 것을 방금 증명해 보였다. 그리고 그보다 더 앞에서는 국민의 수가 많으면 많을수록 국민을 억압하는 힘도 증가하게 마련이라는 사실도 증명했다. 따라서 정부와 행정관의 비율은 주권자와 국민의 비율과 역逆이 되어야 한다. 즉 국가가 커지면 커질수록 정부는 축소되어야 한다. 그래서 정부 책임자들의 수는 국민의 수가 증가하는 것에 비례하여 줄어든다.

그런데 지금 나는 정부의 공정성이 아니라 정부의 상대적 힘에 대해서만 말할 뿐이다. 왜냐하면 한 사람의 행정관 아래에서는 내가 이미 말한 것처럼 단체 의사는 개별 의사에 불과하지만 행정관 수가 많으면 많을수록 단체 의사는 전체 의사에 더 가까워지기 때문이다. 이처럼 이익을 보는 쪽이 있으면 손해를 보는 쪽도 있으며, 입법자의 기술은 바로 항상 서로 비례를 이루는 정부의 힘과 의사가 국가에 가장 유익한 비례로 조합되는 지점을 정하는 데 있다.

3.   정부 분류[3]

앞 장에서 우리는 정부의 다양한 종류나 형태가 왜 그 구성원 수에 따라 구분되는지 보았다. 이제 남은 것은 이 장에서 정부 분류가 어떻게 이루어지는지를 살피는 일이다.

먼저 주권자는 정부를 국민 모두 또는 최대 다수의 국민에게 위임하여 단순한 개별적 시민보다 행정관을 맡은 시민이 더 많아지게 할 수 있다. 이러한 정부 형태를 '민주정치'라고 부른다.

아니면 주권자는 정부를 소수의 손에 맡겨 행정관보다 단순한 시민이 더 많도록 할 수 있다. 이 형태는 '귀족정치'라는 이름을 갖는다.

마지막으로 주권자는 정부 전체를 단 한 명의 행정관에게 집중시키고 다른 모든 사람은 그에게서 권력을 얻게 할 수 있다. 이 세 번째

---

[3]   플라톤은《공화국》에서 정부 형태를 다섯 가지로 구분한다. 루소의 정부 형태 구분법은 가장 고전적이라고 알려진 아리스토텔레스의 3분법에 제일 가깝다. 르네상스기의 정치가들, 특히 마키아벨리는 이 아리스토텔레스의 구분법을 채택한다. 반면 몽테스키외의 구분법은 이와 약간 다르다. 여기서 루소가 독창적인 것은 주권자와 정부를 구분한다는 점이다. 그러므로 그 이후의 구분은 주권자의 의사를 적용하는 책임을 맡은 행정관들의 숫자와만 관련된다.

형태가 가장 흔한 것으로, '군주정치' 또는 '왕정'이라고 불린다.

이 모든 형태는, 아니 적어도 첫 번째와 두 번째 형태는 정도의 차이가 있을 수 있고, 그 차이가 꽤 넓을 수도 있다는 사실에 유의해야 한다. 왜냐하면 민주정치는 주권자를 포함할 수도 있고, 아니면 그 절반으로까지 제한할 수도 있기 때문이다. 귀족정치도 국민 절반에서부터 최소한의 숫자(정확히 정할 수는 없지만)로까지 제한할 수 있다. 심지어는 왕정도 분할할 수 있다. 스파르타는 국법에 따라 계속 왕이 두 명이었다. 그리고 로마제국에는 황제가 한꺼번에 여덟 명까지 있었지만, 그렇다고 제국이 분할되었다고 말할 수는 없다. 그러므로 각 정부 형태는 바로 다음 정부 형태와 겹치는 지점이 있고, 우리는 정부가 명칭은 세 가지뿐이지만 실제로는 국가가 갖는 시민의 숫자만큼이나 다양한 형태를 가질 수 있다는 사실을 알 수 있다.

그뿐만이 아니다. 같은 정부라도 어느 점에서는 다른 부분들로 더 세분할 수 있고, 또 각 부분마다 다른 식으로 통치할 수 있으므로 이 세 가지 형태를 조합해 수많은 혼합 형태를 만들어낼 수 있다. 그리고 그 혼합 형태 하나하나는 모든 단일 형태에 의해 증가할 수 있다.

시대를 막론하고 최상의 정부 형태에 대한 논쟁이 수없이 있어왔지만, 각 정부 형태가 어느 경우에는 최상일 수 있고 또 다른 경우에는 최악일 수 있다는 사실은 고려되지 않았다.

만일 여러 국가에서 최고 행정관의 수가 시민의 수에 반비례해야 한다면, 일반적으로 민주정치는 작은 나라에 알맞고 귀족정치는 중간 정도의 나라에 알맞으며 군주정치는 큰 나라에 알맞다는 결론이 얻어진다. 이 규칙은 앞서 말한 원리에서 바로 나온다. 하지만 예외를 이루는 수많은 상황을 어찌 다 헤아릴 수 있겠는가.

4. 민주정치에 관하여

법을 만드는 사람은 법이 어떻게 집행되고 해석되어야 하는지를 누구보다 더 잘 알고 있다. 그러므로 행정권이 입법권과 결합한 것보다 더 나은 체제는 있을 수 없는 것 같다. 그러나 바로 이 점이 이 정부를 어떤 점에서는 불충분한 것으로 만든다. 왜냐하면 구분되어야 할 것들이 구분되지 않고 군주와 주권자가 같은 사람이 됨으로써 이를테면 정부 없는 정부가 만들어질 뿐이기 때문이다.

법을 만드는 사람이 그것을 집행한다거나, 국민 집단이 일반적 목적에서 개별적 목적으로 관심을 돌리는 것은 바람직하지 않다. 공공의 일에서 개인적 이해관계가 영향을 미치는 것보다 더 위험한 일은 없으며, 정부가 법을 남용하는 것도 개인적 관심에 반드시 수반되는 입법자의 부패보다는 나은 편이다. 그때 국가는 본질적으로 부패해버리기 때문에 어떠한 개혁도 불가능해진다. 정부를 절대 악용하지 않을 국민은 자유도 악용하지 않을 것이며, 항상 잘 다스리는 국민은 다스림을 받을 필요도 없을 것이다.

엄밀한 의미에서 볼 때 진정한 민주정치는 지금까지 단 한 번도 존재한 적이 없고, 앞으로도 결코 존재하지 않을 것이다. 다수가 지배하고 소수가 지배받는 것은 자연의 이치에 어긋나는 일이다. 공공의 일을 처리하기 위해 국민이 계속 집합해 있어야 한다는 것은 상상할 수 없는 일이다. 그리하여 국민이 위원회 등을 만들게 되면 행정의 형태가 바뀌리라는 것을 쉽게 알 수 있다.

실제로 나는 정부 기능이 몇몇 행정 부서에 분할되면 인원이 가장 적은 행정 부서가 조만간 가장 큰 권한을 획득한다는 점을 원리로 삼을 수 있다고 생각한다. 물론 일 처리의 용이함 덕에 당연히 그렇게 될 수밖에 없지만 말이다.

게다가 이런 정부는 얼마나 많은 난제를 동시에 해결해야 하는가? 첫째, 나라가 아주 작아서 국민이 쉽게 모이고 각 국민이 다른 모든 국민을 쉽게 알 수 있어야 한다.[4] 둘째, 풍속이 아주 순박해서 까다로운 사건과 논란거리가 빈번히 발생하는 것을 미리 방지할 수 있어야 한다. 셋째, 지위와 재산이 상당히 평등해야 한다. 안 그러면 권리와 권위의 평등은 오래 지속될 수 없을 것이다. 마지막으로 사치가 거의 없거나 전혀 없어야 한다. 왜냐하면 사치는 부의 결과이거나 부를 필요로 하기 때문이다. 사치는 부자와 빈자 모두를 타락시키는데, 부자는 소유 때문에, 빈자는 선망 때문에 타락한다. 사치는 조국을 나태와 허영에 내맡기며, 국가에게서 모든 시민을 빼앗아 서로에게 예속되도록 하고 모두를 세론世論의 노예로 만든다.[5]

---

[4] 이러한 사상은《법의 정신》2권 2부에서 더 상세히 전개된다.
[5] 세론 개념은 루소의 사상에서 큰 역할을 해낸다.《제1론》에서부터 그는 자신이 사는 시대의 사회생활과 떼려야 뗄 수 없는 관계를 맺고 있는 도덕적 퇴폐의 가장 눈에 띄는 양상은 바로 타인의 견해가 개인의 행동을 결정짓는 요소라는 주장을 견지했다.

바로 한 유명한 저자[6]가 덕을 공화국의 원칙으로 삼았던 이유다. 왜냐하면 이 모든 조건은 덕이 없으면 존재할 수 없기 때문이다. 그러나 이 위대한 천재도 필요한 구분을 하지 않아서 정확성을 자주 결여했고, 때로는 명료성을 결여하기도 했다. 그리하여 주권은 어디서나 같으므로 잘 조직된 모든 국가에 같은 원칙이 적용되어야 한다(정부 형태에 따라 정도의 차이는 있지만)는 사실을 깨닫지 못했다.

민주정부나 국민정부만큼 내전과 소요에 휘말리기 쉬운 정부도 없다는 사실을 덧붙여두자. 이런 정부만큼 강력하고 지속적으로 정체政體의 변화를 지향하는 정부도 없고, 또 이런 정부만큼 정체 유지에 경계와 용기를 요구하는 정부도 없기 때문이다. 특히 이런 체제에서 각 시민은 힘과 끈기로 무장해야 하며, 한 덕망 높은 폴란드 주지사[7]가 의회에서 했던 "나는 굴종으로 얻은 평화보다는 위험한 자유를 택할 것이다"라는 말을 날마다 마음속에서 되풀이해야 한다.

만일 신의 국민이 있다면, 그들은 자신을 민주적으로 다스릴 것이다. 그러나 그토록 완전한 정부는 인간들에게 적합하지 않다.

---

6   몽테스키외, 《법의 정신》 3권 3부
7   포즈난 주지사. 폴란드 왕의 아버지인 로렌 공작이다. (원주)

5. 귀족정치에 관하여

귀족정치에는 매우 뚜렷이 구분되는 두 정신적 인격, 즉 정부와 주권자가 있다. 따라서 전체 의사가 둘인데, 하나는 모든 시민에 대해서이고 다른 하나는 오직 행정부 구성원에 대해서이다. 그러므로 정부는 비록 국내 정책을 원하는 대로 조절할 수 있다고 할지라도 오직 주권자의 이름으로, 즉 국민 자신의 이름으로서만 국민에게 말을 할 수가 있다. 이 사실을 절대 잊어서는 안 된다.

초기 사회는 귀족정치의 형태로 다스려졌다. 가장들이 자기들끼리 모여 공적인 일에 대해 협의했다. 젊은이들은 경험이 부여하는 권위에 기꺼이 복종했다. 여기서 사제라든가 족장, 원로원, 원로 같은 말들이 생겨났다. 북아메리카의 미개인들은 오늘날에도 여전히 이런 식으로 다스려지고 있으며, 매우 잘 통치되고 있다.[8]

하지만 제도에 따른 불평등이 타고난 불평등보다 우세해짐에 따라 부와 권력을[9] 연령보다 우선시했고,[10] 귀족정치는 선거를 통한

---

[8] 아메리카 부족들의 군사적 민주주의에 대해서는 엥겔스의 《가족의 기원》을 읽어보라.

정치가 되었다. 마침내 권력은 아버지의 재산과 함께 자식들에게 계승되어 가문을 특권 있는 세습 귀족으로 만들어서 정부도 세습화했고, 스무 살짜리 원로원 의원들이 생겨났다.

이렇듯 귀족정치에는 세 종류가 있는데, 바로 자연적 귀족정치와 선거를 통한 귀족정치, 그리고 세습적 귀족정치이다. 첫 번째는 단순한 국민에게만 적합하고, 세 번째는 모든 정부 가운데 최악이다.[11] 두 번째가 최상의 정부인데, 바로 본래적 의미에서 귀족정치이다.

귀족정치는 두 권력으로 나뉘어 있다는 장점 말고도 그 구성원들을 선출한다는 장점을 가지고 있다. 왜냐하면 국민정부에서는 모든 시민이 태어나면서부터 행정관이지만, 귀족정치에서는 행정관이 소수로 제한되며 오직 선거를 통해서만 되기 때문이다.[12] 이 선거라는 수단을 통해서 성실함과 견식, 경험, 그리고 대중에게서 사랑과 존경을 받을 만한 이유들은 국민이 슬기롭게 다스려질 수 있으리라는 것을 새로이 보증하게 된다.

그뿐만 아니라 회의는 더 쉽게 진행되고, 공적인 일은 더 잘 논의

---

9 고대인들이 쓴 'Optimates'라는 단어는 최상이 아니라 최강이라는 뜻이었음이 분명하다.(원주)

10 이러한 구분에 대해서는 《인간 불평등 기원론》 앞부분을 보라. 루소 이전에 이미 파스칼은 제도에 따른 영예와 타고난 영예를 구분했다.

11 세습적 귀족정치를 최악의 정부로 규정함으로써 루소는 세습 귀족들이 정치 생활에서 중요한 역할을 해내야 한다고 판단한 몽테스키외와 대립된다.

12 행정관 선출 방법을 법으로 정하는 일은 매우 중요하다. 왜냐하면 이 일을 군주의 의사에 맡겨버릴 경우 베네치아 공화국과 베른 공화국에서 그랬던 것처럼 세습적 귀족정치 체제로 빠져버리는 것을 피할 수 없기 때문이다. 그래서 베네치아 공화국은 이미 오래전에 붕괴해버렸다. 그러나 베른 공화국은 매우 현명한 원로원을 아직도 유지하고 있는데, 매우 명예롭지만 몹시 위험한 예외다.(원주)

되어 더한층 질서 있고 신속하게 처리된다. 외국에 대한 국가 신용도 역시 정체불명의 보잘것없는 일반 대중보다는 존경할 만한 원로원 의원들이 다스릴 때 더 잘 유지된다.

  요컨대 가장 지혜로운 자들이 일반 대중을 다스리는 것이 가장 좋고 자연스러운 일이다. 그들이 자신의 이익이 아니라 대중의 이익을 위해 다스리는 것이 틀림없을 때 말이다. 그러니 쓸데없이 행정기관을 늘릴 필요도 없고, 선출된 사람 백 명이 훨씬 더 잘할 수 있는 일을 굳이 2만 명이나 되는 사람들이 할 필요도 없다. 그러나 유의해야 할 것은, 집단의 이해관계가 전체 의사의 규칙에 따라 공공의 힘을 통제하는 일이 점점 더 소홀해지기 시작하고, 그렇게 되면 또 하나의 불가피한 경향으로 행정권 일부가 법에서 제거된다는 사실이다.

  개인적으로 바람직한 것에 대해 말하자면, 법 집행이 훌륭한 민주정치에서처럼 공공의 의사를 직접 따라야 할 만큼 국가가 너무 작거나 국민이 지나치게 단순하고 강직해서는 안 된다. 또한 통치하기 위해 여기저기 흩어져 있는 우두머리들이 자기 관할 지역에서 주권자인 척하여 독립함으로써 마침내 지배자가 되어버릴 만큼 나라가 너무 커도 안 된다.

  그러나 귀족정치는 국민정부보다는 덜하지만 어쨌든 부자들에게는 절제, 가난한 자들에게는 만족 등 고유한 몇 가지 미덕을 요구한다. 왜냐하면 귀족정치에서는 완전한 평등이 걸맞지 않아 보이기 때문이다. 완전 평등은 심지어 스파르타에서조차 실현되지 않았다.

  게다가 이 정부 형태가 어느 정도 부富의 불평등을 내포하는 이유는 일반적으로 공적 업무의 관리가 거기에 자신의 모든 시간을 가장 잘 바칠 수 있는 사람들에게 맡겨지게 하기 위해서이지, 아리스토텔레스가 주장하듯[13] 부자들이 항상 선호되게 하려는 것은 아니다. 반대로 가난한 사람들이 선출되면 국민은 돈이 많아서가 아니라 자질을 갖추었기 때문에 선호된다는 사실을 이따금 알게 된다.

---

13 그러나 실제로 아리스토텔레스는 귀족정치에서 부자들이 선호되는 것이 아니라 귀족정치에서 파생된 과두정치에서 부자들이 선호된다고 주장한다.

6. 군주정치에 관하여[14]

지금까지 우리는 군주를 법의 힘으로 통합된 정신적이고 집합적인 인격체인 동시에 국가에서 행정권을 집행하는 자로 간주해왔다. 이제 우리는 자연인이자 실재인實在人인 한 인간의 손에 집중된 이 행정권을 고찰해볼 필요가 있는데, 그는 법에 따라 이 권한을 행사할 권리를 가진 유일한 사람이다. 우리는 바로 그를 군주나 왕이라고 부른다.

한 집단 존재가 한 개인을 대표하는 다른 행정 체제와 달리 이 체제에서는 한 개인이 집단 존재를 대표한다. 따라서 군주를 형성하는 정신적 단위는 동시에 육체적 단위이며, 정신적 단위에서는 법으로 매우 힘들게 결합하는 모든 기능이 육체적 단위에서는 자연스럽게 결합해 있다.

그리하여 국민의 의사와 군주의 의사, 국가의 공적인 힘, 정부의 개별적인 힘 등 모든 것이 동일한 원동력에 반응하고, 국가조직의 모든 권한은 한 사람의 손 안에 있으며, 모든 것은 같은 목표를 향해 움

---

14 공화주의적 군주정치, 즉 법으로 통치되는 군주정치를 말한다.

직인다. 서로를 파괴하는 대립적인 움직임도 전혀 없다. 그러므로 더 작은 노력으로 더 큰 효과를 거두는 다른 체제는 상상할 수 없다. 바닷가에 조용히 앉아 바다 위의 큰 배를 힘 안 들이고 조종하는 아르키메데스는 자신의 집무실에서 꼼짝하지 않고 있는 듯 보이면서도 모든 것을 움직이게 하며 넓은 나라를 다스리는 능란한 군주를 연상시킨다.

그렇지만 이보다 더 강력한 정부도 없지만, 또한 개별 의사가 이보다 더 큰 지배력을 갖고 이렇게 쉽게 다른 의사들을 제압하는 정부도 없다. 모든 것이 같은 목표를 향해 움직이는 것은 사실이지만, 이 목표는 대중의 행복이 아니다. 그리하여 행정의 힘 자체가 끊임없이 국가를 해치게 된다.

왕들은 절대군주가 되기를 원한다. 그리고 사람들은 그렇게 될 수 있는 가장 좋은 방법은 국민에게 사랑을 받는 것이라고 멀리서 왕들에게 외친다. 이 원칙은 매우 훌륭하며, 어떤 면에서는 상당히 진실하기까지 하다. 하지만 불행하게도 궁중에서는 이 원칙을 항상 비웃기만 할 것이다. 확실히 국민의 사랑에서 비롯되는 권력이 가장 강하다. 하지만 그 권리는 불확실한 데다 조건부이므로 군주들은 절대로 거기 만족하지 않을 것이다. 아무리 훌륭한 왕일지라도 자기가 내킬 때는 악랄하게 행동하면서도 계속 지배자로 남을 수 있기를 원한다. 정치를 논하는 설교자들[15]이 국민의 힘이 곧 그들의 힘이므로 국민이 번영하고 그 수가 많아지며 강력해지는 것이 그들에게 가장 큰 이익이라고 왕들에게 아무리 말해보았자 소용이 없다. 왕들은 그것

---

15   홉스나 생피에르 신부로 추정된다.

이 사실이 아님을 너무나 잘 알고 있기 때문이다. 그들의 개인적 이익은 무엇보다도 국민이 힘없고 가난해서 자신들에게 전혀 저항할 수 없는 데서 얻어진다. 고백하건대 국민이 언제나 군말 없이 복종한다고 가정하면, 군주의 이익은 국민이 강력해지고 그 힘이 바로 자신의 힘이 되어 이웃 나라들에 두려움을 불러일으킨다. 하지만 이 이익은 부차적이고 종속적일 뿐이고 이 두 가정은 양립할 수 없으므로 군주들이 스스로에게 당장 도움이 되는 원칙을 언제나 더 선호하는 것은 당연하다. 사무엘이 히브리 사람들에게 강력하게 환기했으며, 마키아벨리가 명백하게 보여주었다. 그는 왕들을 가르치는 척하면서 사실은 국민에게 큰 가르침을 주었다. 마키아벨리의 《군주론》은 공화주의자들의 책이다.[16]

　우리는 전반적인 관계로 보아 군주정치는 큰 국가에만 어울린다는 사실을 알게 되었다. 그런데 군주정치 그 자체를 검토해봐도 그렇다는 사실을 다시 한번 확인할 수 있다. 공공 행정기관이 많으면 많을수록 국민에 대한 군주의 비율은 더 줄어들어 대등 관계에 가까워지다가 민주정치에서는 그 비율이 완전한 대등 관계, 즉 1 대 1의 비율이 된다. 그 비율은 정부가 축소되어감에 따라 커지며, 정부가 한

---

[16] 마키아벨리는 정직한 인간이고 선량한 시민이었다. 그러나 메디치 가문과 가까이 지냈기 때문에 조국에 가해지는 압제 아래에서 자유에 대한 사랑을 숨겨야만 했다. 혐오스러운 영웅을 선택한 것만 보아도 그의 비밀스러운 의도가 충분히 드러난다. 그의 저서 《군주론》의 교훈이 역시 그가 쓴 《티투스 리비우스에 관하여》와 《피렌체의 역사》에 등장하는 교훈들과 모순되는 것은 곧 깊이를 갖춘 이 정치사상가가 이제까지 피상적이고 타락한 독자들에게만 읽혔다는 것을 나타낸다. 로마 궁정은 그의 저서를 가혹하게 금지했다. 나는 그렇게 믿고 있다. 그가 가장 명확하게 묘사한 것이 바로 로마 궁정이었다.(원주)

사람의 손 안에 들어가면 최대치에 도달한다. 그렇게 되면 군주와 국민 사이가 너무 멀어져 국가의 결합이 느슨해진다. 그러므로 군주와 국민을 연결하려면 중간 계층이 필요하다. 즉 이 계층을 채우기 위해 제후와 영주, 귀족이 필요하다. 그런데 이 모든 계층이 국가를 파멸시켜버리므로 그들 중 어느 하나도 작은 국가에는 적합하지 않다.[17]

큰 나라를 잘 다스리는 것도 어려운 일이지만, 한 사람이 다스리는 것은 더욱더 어려운 일이다. 더욱이 왕이 대리인을 둘 때 무슨 일이 일어나는가는 우리 모두가 잘 알고 있다.[18]

공화정치에서는 여론이 현명하고 능력 있는 사람이 아니면 절대 최고 직위에 앉혀주지 않는 반면, 군주정치에서 그런 자리에 오르는 사람들은 거의 대부분 멍청하고 교활하며 음모를 잘 꾸미는 보잘것없는 인간들이라는 점이 항상 군주정치를 공화정치보다 못하게 만드는 근본적이고 불가피한 결함이다. 그들은 하찮은 재주를 발휘해 궁중에서 높은 직위에 오르지만, 그런 자리에 오르자마자 자신들의 무능함을 대중에게 드러낼 뿐 아무 쓸모도 없다. 국민은 이 선택에서 군주보다 실수를 훨씬 적게 한다. 공화정부의 우두머리들 가운데 바보를 찾기 힘든 것처럼 군주정치의 행정관 중에서 정말 재능 있는 사람을 찾기도 힘들다. 그리하여 매우 다행스러운 우연으로 통치 능력을 타고난 사람이 수많은 무능한 행정관들 탓에 거의 망하기 일보 직전인 군주국에서 국정을 운영하면 사람들은 그의 수완에 크게 놀라고, 한 나라에서 새 시대가 열리게 된다.

---

17 여기서 루소는 몽테스키외와 의견을 같이한다.《법의 정신》2부 4장 참조
18 리슐리외나 마자랭 등 강력한 권한을 가졌던 총리대신을 빗대어 하는 말이다.

군주국을 제대로 다스리려면 인구와 영토가 그 나라를 다스리는 사람의 능력에 걸맞아야 한다. 정복하는 것은 통치하는 것보다 더 쉽다. 넉넉한 지렛대 하나만 있으면 손가락 하나로도 지구를 움직일 수 있으리라. 하지만 지구를 떠받치려면 헤라클레스의 어깨가 필요할 것이다. 어떤 나라가 조금이라도 크면 그 군주는 거의 언제나 너무 작다. 반대로 아주 드문 일이지만 나라가 군주의 능력에 비해 너무 작을 때가 있는데, 이때도 역시 그 나라는 잘 다스려지지 않는다. 왜냐하면 그 군주는 항상 자신의 넓은 시야만을 따르는 탓에 국민의 이익을 망각하게 되고, 무능한 군주가 능력이 없어서 국민을 불행하게 만들듯 너무 많은 재능을 잘못 사용함으로써 국민을 불행하게 만들기 때문이다. 말하자면 왕국은 각각의 통치 때마다 군주의 역량에 따라 영토를 넓히거나 좁혀야만 한다. 반면에 원로원은 더 안정적인 능력을 갖추고 있어서 국가는 지속적인 국경을 유지할 수 있고 행정도 잘못되지 않는다.

1인 통치의 가장 큰 단점이라면, 다른 두 정체에서는 통치자의 승계가 끊이지 않고 계속해서 이루어지는 데 반해 그렇지 못하다는 것이다. 왕이 죽으면 다음 왕이 필요하다. 그런데 새 왕을 선출하려면 위험한 공백기가 생기고 파란이 인다. 그리하여 시민들이 공정함과 청렴함(군주정치에서는 이러한 덕목을 거의 찾아볼 수가 없다)을 갖추지 않는 한 음모와 부패가 판을 친다. 국가를 매수한 자가 그 국가를 되팔고 강자들이 자신에게서 갈취해 간 돈을 약자들에게서 벌충하지 않기는 어려운 일이다. 이런 행정부 밑에서는 얼마 지나지 않아 모든 것이 돈에 따라 움직이게 되고, 왕들 밑에서 누리는 평화는 통치 공백기의 무질서보다도 더 해롭다.

이런 폐단을 막기 위해 어떻게 했던가? 몇몇 가문에 왕위 계승권을 주었다.[19] 그리하여 왕이 죽었을 때 분쟁이 일어나는 것을 방지해 줄 수 있는 계승 서열을 정했다. 말하자면 선거를 치르면서 겪는 불편함보다는 차라리 섭정제의 불편함을 택함으로써 현명한 행정보다는 표면적인 안정을 선호했으며, 훌륭한 왕을 선출하기 위해 싸우기보다는 아이들이나 잔인한 인간들, 바보들을 우두머리로 삼는 위험을 무릅쓰기를 더 좋아했다. 그리하여 사람들은 이와 같은 대안의 위험[20]에 자신을 노출하다 보면 거의 모든 기회가 자신에게 불리해진다는 생각을 하지 못했다. 그의 수치스러운 행동을 꾸짖으면서 아버지가 "내가 네게 그런 본을 보였더냐?"라고 묻자 "할아버지는 왕이 아니셨잖아요!"라고 대답한 젊은 드니의 말은 이치에 딱 들어맞았다.

다른 사람들에게 명령을 내리도록 키워진 사람은 공정함과 이성을 잃을 위험이 매우 크다. 들리는 바로는 어린 군주들에게 통치술을 가르치기 위해 상당히 애쓴다고 한다. 하지만 그런 교육이 그들에게 도움이 되는 것 같지는 않다. 차라리 그들에게 복종하는 법부터 가르치는 편이 더 나을 것이다. 역사상 가장 위대했던 왕들은 통치하기 위해 길러지지 않았다. 통치술은 많이 배우면 배울수록 오히려 덜 얻어지고, 명령할 때보다는 복종할 때 더 잘 얻어지는 기술이다.

"선과 악을 구분할 수 있는 가장 좋은 방법은 만일 다른 사람이 왕이 되었다면 내가 무엇을 원하고 무엇을 원하지 않았을지 생각해보

---

19 루소는 여기서 프랑스 군주국을 직접 겨냥하고 있다.
20 좋은 왕을 나쁜 왕으로 바꾸는 것

는 일이다."²¹

 이 같은 일관성 부재에서 비롯되는 결과는 왕정의 불안정성으로서, 왕정에서는 통치하는 군주나 군주를 대신해 통치하는 사람들의 성격에 따라 때로는 이런 계획을 따르고 또 때로는 저런 계획을 따르는 바람에 고정된 목표나 일관성 있는 정책을 오랫동안 추진할 수가 없기 때문이다. 그리하여 원칙이 바뀌고 계획이 달라지면서 국가는 항상 동요하는데, 이러한 변동은 군주가 항상 같은 사람인 다른 정부에서는 일어나지 않는다. 그래서 일반적으로 만일 궁정에서 책략이 더 많이 이루어진다면 원로원은 현명한 정책을 더 많이 추진하고, 공화국들은 더 지속적이고 확고한 계획에 따라 목표를 향해 나아간다. 반면에 군주국의 내각에서는 혁명이 일어날 때마다 국가에서도 혁명이 일어나는데, 모든 대신과 거의 모든 왕에게 공통되는 원칙은 모든 일에서 전임자들과 반대되는 길로 나아가는 것이기 때문이다.

 바로 이 영속성의 부재로부터 왕정주의자들이 아주 습관적으로 늘어놓는 궤변에 대한 답이 나온다. 나라의 정치를 가족의 정치에, 군주를 가장에 비유(이 오류는 이미 내가 반박한 적이 있다²²)할 뿐만 아니라 너그럽게도 이 군주가 그에게 필요한 모든 덕목을 갖추고 있어서 이상적 군주라고 너그러이 믿게 만드는 그 궤변 말이다. 이 같은 가정대로라면 왕정은 분명히 다른 어떤 정부보다 더 선호될 텐데, 왕정이 이론의 여지가 없이 가장 강력하고 또 전체 의사와 잘 일치

21   타키투스의 《역사》에서.(원주)
22   1부 2장

하는 정부 의사만 있으면 가장 좋은 정부가 될 수 있기 때문이다.

 그런데 플라톤이 말하듯이[23] 만일 타고난 왕이 매우 드문 사람이라면 그가 왕위에 오르기 위해서는 천성과 행운이 적절하게 결합해야 한다. 왕의 교육이 그 교육을 받은 사람을 필연적으로 타락시킨다면 통치하도록 길러진 사람들에게 무엇을 기대해야 하는가? 그러므로 군주정치를 현명한 왕의 정치와 혼동하는 것은 정녕 자신을 속이고 싶어 하는 것이 된다. 군주정치가 그 자체로 어떤 것인지를 알려면 머리가 나쁘거나 악독한 군주들 치하의 정치를 고찰해야 한다. 왜냐하면 그들은 그런 상태로 왕위에 오르거나, 아니면 왕위가 그들을 그런 사람들로 만들기 때문이다.

 우리 저술가들이 이런 어려움을 몰랐던 것은 아니었다. 그러나 그들은 그것에 전혀 신경을 쓰지 않는다. 군말 없이 복종하는 것이 해결책이라고 그들은 말한다. 신이 분노해 나쁜 왕을 내려주신 것이니 하늘의 벌로 알고 참아내야 한다고 말한다.[24] 이런 견해는 나름대로 근거가 있지만, 정치학 책보다 설교단에 더 잘 어울릴지 그것은 나도 잘 모르겠다. 기적이 일어나리라고 약속하면서도 환자에게는 참으라고 권하는 것이 고작인 의사에 대해 도대체 무슨 말을 할 수 있단 말인가? 잘 알다시피, 나쁜 정부를 가졌을 때는 참고 견뎌야 한다. 문제는 좋은 정부를 찾아내는 일이다.

---

23 플라톤의 《정치론》에서.(원주)
24 보쉬에의 이론이다.

7.   혼합 정부에 관하여

 엄밀하게 말해서 단일 정부라는 것은 없다. 한 사람의 우두머리에게도 부하 행정관들이 필요하고, 국민정부에도 한 사람의 우두머리가 필요하다. 그래서 행정권을 분배할 때는 항상 다수에서 소수에 이르기까지 여러 단계가 있는데, 다만 때로는 다수가 소수에 종속되고 또 때로는 소수가 다수에 종속된다는 차이가 있다.

 이따금 영국 정부에서처럼 정부를 구성하는 부분들이 상호 의존적이거나 폴란드에서처럼 각 부분의 권한이 독립되어 있지만 불완전할 때는 행정권이 균등하게 분배된다. 후자의 형태는 정부에 통일성이 없고 국가는 결속력을 잃기 때문에 좋지 않다.

 단일 정부와 혼합 정부 가운데 어느 것이 더 나을까? 정치학자들 사이에서 이견이 분분한 문제다.[25] 나는 앞에서 모든 정부 형태에 대해 했던 것[26]과 똑같은 답변을 해야만 한다.

 단일 정부는 단일하다는 사실만으로도 그 자체로 최상이다. 하지

---

25   플라톤과 아리스토텔레스 이후로 거의 모든 정치이론가들이 이 문제를 다루었다.
26   3부 3장

만 행정권이 입법권에 충분히 의존하지 않을 때는, 즉 군주와 국민의 관계보다 군주와 주권자의 관계가 더 가까울 때는 정부를 분할해 이러한 불균형을 시정해야 한다. 이렇게 하면 정부의 모든 부분이 국민들에게 행사하는 권위는 똑같은 반면 주권자에게 행사하는 권위는 약화되기 때문이다.

또 중간 역할을 하는 행정관직을 신설함으로써 이 같은 결함을 예방할 수도 있다. 이들은 정부는 그냥 그대로 놓아둔 채 집행권과 입법권의 균형을 맞추고 이 두 권력이 원래의 권리를 유지할 수 있도록 한다. 그때 정부는 혼합 정부가 아니라 완화된 정부다.

이것과 반대되는 결함도 같은 방법으로 개선할 수 있다. 정부가 지나치게 이완되어 있을 때는 위원회를 두어 정부의 힘을 집중시킬 수 있다. 이 방법은 모든 민주국가에서 사용되고 있다. 첫 번째 경우는 정부의 힘을 약화하기 위해 분할하고, 두 번째 경우는 정부의 힘을 강화하기 위해 분할한다. 단일 정부에서는 힘과 무력의 최대치가 똑같은 반면 혼합 정부의 힘은 중간 정도이기 때문이다.

8. 어떤 정부 형태든 모든 나라에 적합한 것은 아니다

자유는 어떤 풍토에서건 다 맺을 수 있는 열매가 아니다. 그러므로 모든 국민이 다 얻을 수 있는 것은 아니다. 몽테스키외가 확립한[27] 이 원칙을 깊이 생각해볼수록 그 진실이 더 잘 느껴진다. 이 원칙에 이의를 제기할수록 새로운 증거들을 통해 원칙을 더 확증하게 된다.

세상의 모든 정부에서 공적公的 인간은 소비만 할 뿐 생산은 전혀 하지 않는다. 그렇다면 그들이 소비하는 물건은 도대체 어디서 생기는가? 그 구성원들이 노동해서 만들어낸다. 공중의 필수품을 생산하는 것은 개인들의 잉여다. 따라서 시민 국가는 사람들이 일해서 자신들에게 필요한 것 이상을 생산하는 한에서만 존속할 수 있다.[28] 마르크스는 파리코뮌이 남긴 업적 중 하나는 싼값에 정부를 실현했다는

---

[27] 몽테스키외의 《법의 정신》 17장 2절을 참고하라. 이 장에 나오는 방법론의 변화에 대해서는 서장을 참조하라. 보수주의적 의미가 명백히 드러나는 몽테스키외의 지리적 결정론은 18세기에 엘베시우스와 마블리가 수립했는데, 특히 마블리는 이렇게 쓴다. "입법자는 온도계보다는 차라리 우리 마음의 감정을 살펴봐야 하지 않을까?"

[28] 모든 국가는 인민이 노동해서 만들어낸 산물의 일부를 소비해야만 존속할 수 있다. 마르크스는 부르주아 국가를 '기생충'으로 규정한다(《프랑스 내란》, Editions Sociales, p. 54).

사실[29]이라고 말했다.

그런데 이 잉여의 양이 세상 모든 나라에서 다 똑같은 것은 아니다. 어떤 나라에서는 엄청나게 많고, 어떤 나라에서는 보통이며, 어떤 나라에서는 아예 없고, 또 어떤 나라에서는 부족하다. 이 비율은 기후에 따른 땅의 비옥함과 땅이 요구하는 노동의 종류, 거기서 생산되는 산물의 성격, 거기 사는 주민들의 힘, 그들이 필요로 하는 소비물의 많고 적음, 그리고 그것을 구성하는 유사한 다른 여러 가지 비율에 좌우된다.

다른 한편, 모든 정부가 다 같은 성질을 갖지는 않는다. 정도 차이는 있지만 탐욕스러운 정부도 있으며, 그 차이는 공공의 분담이 그 원천에서 멀어질수록 더 커진다는 또 다른 원칙에 기초한다. 이 부담금은 세금 액수에 기초해서 측정하는 것이 아니라, 세금이 그것을 낸 사람의 손으로 되돌아가기 위해 거쳐야만 하는 거리에 기초해서 측정해야 한다. 이 순환이 신속하게 잘 이루어지기만 하면 세금을 많이 내고 적게 내고는 중요하지 않다. 국민은 항상 부유하고 재정은 언제나 건전한 상태를 유지한다. 반대로 국민이 아무리 적게 내더라도 이 적은 액수가 국민에게 되돌아오지 않으면 국민은 계속 내기만 하다가 얼마 지나지 않아 빈털터리가 되어버릴 것이다. 그래서 국민은 절대 부유해지지 못하고 늘 거지 신세에서 벗어나지 못한다.

따라서 정부와 국민의 거리가 멀면 멀수록 조세 부담은 더 커진다. 그래서 국민은 민주정치에서 부담이 가장 덜하고, 귀족정치에서는 그보다 커지며, 군주정치에서는 부담이 가장 커진다. 그러므로 군주

---

29 앞의 책, p. 55. 나중에 루소는 민주주의 정부가 돈이 가장 덜 들어간다고 주장한다.

정치는 부유한 나라에 알맞고, 귀족정치는 부(富)나 규모가 중간 정도인 나라에 적합하며, 민주정치는 작고 가난한 나라에 걸맞다.

사실 이 문제에 대해 생각해보면 볼수록 다음과 같은 점에서 자유국가와 군주국가 사이에 차이가 존재한다는 사실을 알 수 있다. 즉 전자는 모든 것이 공익을 위해 사용되며, 후자는 공공의 힘과 개인의 힘이 상호 관계를 이루고 있어서 한쪽이 커지면 다른 쪽은 약해지는 것이다. 결국 군주정치는 국민을 행복하게 해주기 위해 다스리는 것이 아니라 그들을 다스리기 위해 불행하게 만든다.

따라서 각각의 풍토에는 자연적인 원인들이 있어 그 원인들에 따라 풍토의 힘에 영향을 받은 정부 형태를 부여할 수 있으며, 심지어는 그 풍토에 어떤 종류의 거주자가 살아야 하는지까지도 말할 수 있다. 일한 만큼 거둘 수 없는 척박하고 메마른 지역은 경작하지 않고 그냥 내버려두거나 원시인들만 살게 해야 한다. 사람들이 일을 해도 사는 데 정확히 필요한 만큼만 생산되는 지역에서는 야만인들이 살아야 하므로 그 어떤 정치조직도 불가능하다. 노동을 통해 얻는 생산 과잉분이 보잘것없이 적은 지역에서는 자유로운 국민이 살기에 적합하다. 땅이 풍요롭고 기름져서 조금만 일해도 많은 수확을 거둘 수 있는 지역은 국민의 과도한 잉여분을 군주가 사치를 부려 써버리도록 군주가 통치해야 한다. 왜냐하면 이 잉여는 개인들이 탕진하기보다는 정부가 흡수하는 편이 더 낫기 때문이다. 나는 이러한 원리에 예외들이 있다는 사실을 알고 있다. 그러나 이 예외들조차 조만간 사물을 자연 질서로 되돌려놓는 변혁을 일으킨다는 점에서 이 원리를 확증해준다.

일반적인 법칙과, 그 결과를 변화시킬 수 있는 특수한 원인을 항상 구별하도록 하자. 남방南方은 모두 공화국들로 들어차고 북방은 모두 전제국가들로 들어찬다 해도, 기후의 영향으로 전제정치는 더운 나라에, 야만 상태는 추운 나라에, 그리고 좋은 정치는 그 중간 지역에 있는 나라들에 적합하다는 것은 여전히 사실이다. 그러나 나는 한편으로는 이 원칙을 인정하면서도 그 적용에서는 논쟁이 벌어질 수도 있다는 사실을 알고 있다. 즉 추운 나라지만 매우 비옥할 수도 있고 남쪽 나라지만 아주 척박할 수도 있다는 말이 나올지도 모른다. 그러나 그것은 문제를 모든 측면에서 검토하지 않는 사람들만 부딪치는 어려움이다. 이미 내가 말한 것처럼 노동과 체력, 소비 등의 측면을 고려해야 한다.

크기가 같은 땅이 두 곳에 있는데 그중 하나는 5를 생산하고 다른 하나는 10을 생산한다고 가정해보자. 만일 전자의 땅에 사는 주민이 4를 소비하고 후자의 땅에 사는 주민이 9를 소비한다면, 전자의 잉여 생산은 5분의 1이 되고 후자의 잉여 생산은 10분의 1이 될 것이다. 따라서 이 두 곳의 잉여 비례는 생산 비례의 반대가 되므로 5를 생산하는 땅에서는 10을 생산하는 땅보다 두 배의 잉여가 생긴다.

그러나 문제는 두 배의 생산이 아니다. 또 추운 나라의 땅이 더운 나라의 땅처럼 기름지다고 감히 생각할 사람은 없을 것이다. 그렇지만 두 나라의 땅이 똑같이 기름지다고 가정해보자. 괜찮다면 영국이 시칠리아와 똑같이 비옥하고, 폴란드가 이집트와 똑같이 비옥하다고 해보자. 남쪽으로 더 내려가면 아프리카와 인도가 있지만, 북쪽으로는 더 아무것도 없다. 하지만 같은 양을 생산하려면 전혀 다른 방식으로 경작해야 한다. 시칠리아에서는 땅을 살짝 갈아엎기만 하면 된다. 영국에서는 세심한 주의를 기울여가며 땅을 갈아야 한다! 같은 양을 생산하는 데 더 많은 일손을 필요로 하는 곳에서는 잉여가 필연적으로 더 적어질 수밖에 없다.

그 밖에도 같은 수의 사람이라도 더운 나라에서는 소비를 훨씬 덜 한다는 사실을 고려해야 한다. 그런 나라의 기후는 건강을 위해 절식할 것을 요구한다. 유럽 사람들이 그곳에서도 자기 나라에서처럼 살려고 하면 모두 이질이나 소화불량으로 죽고 말 것이다. 샤르댕은 이렇게 말한다.

"우리는 아시아인들과 비교하면 늑대 같은 육식동물이나 다름없다. 어떤 사람들은 페르시아 사람들이 절식하는 것에 대해 그 나라에서 경작이 덜 이루어졌기 때문이라고 생각하지만, 나는 반대로 그들이 덜 필요로 하므로 식료품이 덜 풍부한 것이라고 생각한다."

그는 계속해서 말한다.

"만일 그들이 소박하게 식사하는 것이 그 나라에 식량이 부족해서라면 가난한 사람들만 적게 먹을 텐데, 실제로는 모두가 다 소박하고 적게 먹는다. 그리고 또 각 지방마다 땅이 기름지냐 아니냐에 따라 많이 먹기도 하고 적게 먹기도 할 텐데, 실제로는 어디를 가나 똑같이 식사량을 절제한다. 그들은 자신들의 생활 방식을 몹시 자랑스러워하면서, 그 방식이 기독교도들의 방식보다 얼마나 더 훌륭한가를 알아보기 위해서는 자신들의 안색만 보면 된다고 말한다. 실제로 페르시아 사람들의 안색은 모두 한결같아 피부는 아름답고 섬세하며 윤이 난다. 반면 그들의 속국이면서 유럽식으로 사는 아르메니아 사람들은 안색이 거칠고 붉은 반점이 있으며, 몸은 비대하고 묵직해 보인다."[30]

적도에 가까워지면 가까워질수록 사람들은 더 적게 먹는다. 고기는 거의 먹지 않는다. 쌀과 옥수수, 쿠스쿠스, 조, 카사바가 그들의 일상적인 식량이다. 하루 식비가 1수도 채 안 되는 사람이 인도에는 몇백만 명이나 있다. 유럽에서조차 북유럽 사람들과 남유럽 사람들은 식욕에서 상당한 차이를 보인다. 에스파냐 사람은 독일 사람 한 명의 한 끼 저녁 식사 비용으로 8일은 먹을 수 있을 것이다. 사람들이 더 포식하는 나라들에서는 식사도 사치스럽게 한다. 영국에서는 그 사치스러움이 고기가 푸짐하게 차려진 식탁에서 나타나고, 이탈리아에서는 식탁을 꽃으로 장식하고 설탕을 넉넉하게 제공하는 것으로 나타난다.

의복의 사치도 이와 유사한 차이를 보여준다. 계절 변화가 갑작스럽고 급격하게 이루어지는 기후에서는 더 좋고 단순한 옷을 입는다. 또 오직 몸치장을 위해서만 옷을 입는 기후에서는 유용성보다 화려함을 추구하기 때문에 의복 그 자체가 사치다. 나폴리에 가면 매일 금빛 상의를 입은 남자들이 양말도 안 신은 채 포실리포 공원에서 산책하는 모습을 볼 수 있다. 건물에 대해서도 마찬가지다. 날씨 때문에 훼손될 위험이 전혀 없을 때는 온 힘을 기울여 건물을 화려하게 만든다. 파리와 런던에서는 따뜻하고 편안한 집에서 살기를 원한다. 마드리드에는 훌륭한 응접실이 있지만 가려주는 창문이 전혀 없어 더러운 헛간 같은 데서 잠을 잔다.

더운 나라의 음식은 훨씬 더 영양분이 풍부하고 맛도 좋다. 이것이 세 번째 차이인데, 이 차이는 두 번째 차이에 영향을 미치지 않을 수가 없다. 이탈리아에서는 왜 그렇게 채소를 많이 먹을까? 품질이 뛰

---

30 샤르댕, 《페르시아 여행》 3권, p. 76

어나 영양이 풍부하며 맛이 좋기 때문이다. 프랑스에서는 채소가 물만 먹고 자라기 때문에 영양분이 많지 않아 식탁에서 대접을 받지 못한다. 그렇지만 이 채소를 기른다고 해서 땅이나 수고가 덜 필요한 것은 아니다. 경험에 따르면 바르바리아 지방의 밀은 프랑스의 밀보다 질은 떨어지지만 가루는 훨씬 더 많이 만들어내고, 프랑스의 밀은 북부 유럽의 밀보다 더 많은 밀가루를 만들어낸다. 따라서 적도에서 북극 쪽으로 따라가면 일반적으로 같은 단계가 관찰된다는 결론을 얻을 수 있다. 그런데 같은 생산물에서 더 적은 양의 식량밖에 얻지 못한다면 그것은 분명 불리하잖은가?

나는 이 여러 가지 고찰에 한 가지를 덧붙여 더한층 공고하게 만들 수 있다. 즉 더운 나라에서는 추운 나라에서보다 주민이 덜 필요하므로 더 많은 주민을 먹여 살릴 수 있다. 그렇게 하면 두 배의 잉여가 생겨 항상 전제정치에 유리해진다. 같은 수의 주민이 넓은 구역을 차지할수록 반란을 일으키기는 어려워진다. 왜냐하면 신속하고 은밀하게 공모할 수 없고, 정부는 언제 어느 때라도 별다른 어려움 없이 반란 계획을 밝혀내고 서로의 연락을 차단시킬 수 있기 때문이다. 그러나 많은 사람이 밀집해 살수록 정부는 주권자의 권리를 침해하기가 어려워진다. 군주가 각의에서 안전하게 상의할 수 있듯이 반란의 주모자들도 그들 방에서 안전하게 모의할 수 있으며, 군대가 병영에 즉시 집합하는 것처럼 군중도 광장에 신속히 집결할 수 있다. 그러므로 전제 정부의 이점은 아주 먼 거리에서 지배하는 데 있다. 전제 정부의 힘은 꼭 지렛대처럼 멀리 떨어져 있을 때 더 커지는데, 자기가 마련한 거점들의 도움을 받기 때문이다.[31] 반대로 국민의 힘은 집중될 때만 발휘될 수 있다. 마치 땅에 흩뿌려지면 한 알씩밖에 불이 안 붙는 화약처럼 멀리 흩어지면 증발해 사라져버린다. 그러므로 인구가 제일 적은 나라가 전제정치에 가장 적합하다. 맹수는 황야에서만 군림하는 법이다.

31 내가 앞(2부 9장—옮긴이 주)에서 큰 나라의 불리한 점들에 관해 한 이야기와 모순되지 않는다. 왜냐하면 거기서는 정부가 그 구성원에게 발휘하는 권위에 관해 이야기했고, 여기서는 정부가 그 신민들에게 가지는 힘에 관해 이야기하기 때문이다. 여기저기 흩어져 있는 정부의 구성원들은 정부가 국민을 멀리서 통치하는 지렛대의 받침점으로 이용되지만, 바로 그 구성원들에게 직접 작용하려고 할 때는 이 받침점이 없다. 따라서 한쪽의 경우에는 지렛대 길이가 힘을 약화하는 반면, 다른 쪽에서는 힘을 강화한다.(원주)

9.   좋은 정부의 특징에 관하여

그래서 누가 어떤 정부가 가장 좋으냐고 단적으로 묻는다고 치자. 이 질문은 막연하므로 대답할 수가 없다. 그렇지만 꼭 원한다면 국민의 절대적 위치와 상대적 위치의 조합과 같은 수만큼 좋은 대답들이 있을 것이다.

그런데 만일 누가 어떤 국민이 제대로 통치되고 있는지 아닌지를 뭘 보고 알 수 있느냐고 묻는다면 그것은 또 다른 문제이며, 사실과 관련된 문제는 해결될 수도 있다.

그렇지만 사실과 관련된 이 문제도 풀리지 못한다. 저마다 자기 방식대로 해결하려 들기 때문이다. 군주국가의 신민은 공공의 평화를 찬양하고, 민주국가의 시민은 개인의 자유를 찬양한다. 전자는 재산의 안전을 선호하고, 후자는 개인의 안전을 선호한다. 전자는 가장 엄격한 정부가 최상의 정부라고 주장하며, 후자는 가장 온화한 정부가 최상의 정부라고 주장한다. 전자는 범죄를 처벌하기를 원하지만, 후자는 범죄를 예방하기를 원한다. 전자는 이웃 나라들이 자기 나라 정부를 두려워하기를 바라지만, 후자는 자기 나라 정부가 이웃 나라들에 알려지는 것을 좋아하지 않는다. 전자는 돈이 돌 때 만족스러워하고, 후자는 국민이 빵을 갖기를 요구한다. 이런 점들이나 또 다른 비슷한 점들에 대해 사람들이 동의한다고 치자. 그렇다고 해서 문제 해결에 진전이 있었다고 말할 수 있을까? 정신의 질량을 정확히 측정하기란 불가능한 일이다. 그렇기에 어떤 징후[32]에 대해서 동의한다고 어떻게 실제적 평가에도 동의할 수 있단 말인가?

나는 사람들이 이렇게 간단한 징후를 알아보지 못하거나 고의로 인정하지 않는 것을 보고 항상 놀란다. 정치조직의 목적은 무엇인가? 그것은 그 구성원의 보존과 번영이다. 그렇다면 구성원들이 보존되고 번영한다는 것을 보여주는 가장 확실한 징후는 무엇인가? 그것은 곧 구성원의 수, 즉 인구다. 그러니 그토록 이론異論이 분분한 그 징후를 다른 데서 찾지 마라. 다른 모든 점이 같을 때 외국의 도움이나 귀화, 식민에 의하지 않고도 시민이 더 많이 살고 증가하는 정부가 결단코 가장 좋은 정부다.[33] 국민이 줄고 쇠퇴해가는 정부는 최악의 정부다. 계산하는 사람들이여, 이제는 당신들이 나설 차례다. 세고, 측정하고, 비교하라.[34]

---

32 예를 들면 자유나 물질적 번영 등 공중이 행복하다는 것을 보여주는 징후

33 '인구'에 관한 논쟁은 18세기에 아주 빈번하게 이루어졌다. 루소는 이 문제에 대해 자주 언급한다. 그는 정치체제가 잘 기능하고 있다는 것을 보여주는 징후인 인구 증가가 농촌 생활과 자유라는 두 가지 주요한 요인에 좌우된다고 주장한다. 그는 도시와 독재자들은 인구가 줄어들게 한다고 주장한다. 그의 시대에는 인구야말로 번영의 확실한 징후라는 생각이 널리 퍼져 있었다. 이 같은 생각은 프레데리크 2세나 콩도르세도 공유했다. 그러다가 맬서스에 이르러 이러한 생각이 바뀐다. 그러나 오늘날에는 최빈국의 인구가 급증하면서 맬서스의 이론은 유효하지 않게 되었다.

34 인류 번영을 위해 마땅히 선택되어야 할 세기들을 이와 똑같은 원칙에 입각해 판단해야 한다. 사람들은 문화의 숨은 목적이 무엇인지 알지도 못한 채, 그 치명적인 결과에 대해 고찰해보지도 않은 채 문학과 예술을 꽃피운 세기들을 지나칠 정도로 찬미했다. "어리석은 자들은 노예 상태의 시초에 불과했던 것을 문화라고 불렀다."(타키투스, 《아그리콜라》) 우리는 책에 나오는 교훈을 읽으면서 저자가 혹시 비열한 이해관계 때문에 그렇게 썼다는 생각이 절대 들지 않을 것인가? 안 들 것이다. 그들이 거기에 대해 무슨 얘기를 하든, 나라는 융성해지는데 인구가 줄어든다면 모든 게 다 잘되어가고 있다는 것은 사실이 아니다. 어느 시인이 연금을 10만 리브르씩이나 받는다고 해서(볼테르를 빗대어 말하고 있다―옮긴이 주) 그 세기가 최상의 세기라고 말할 수는 없다. 외관상의 안정이나 우두머리들의 평안함에 신경을 쓰기보다는 주권자의 행복에 더 신경 써야 하고, 인구가 아주 많은 국가의 행복에 대해서는 더더욱 신경을 써야 한다. 우박이 몇몇 지역을 휩쓴다고 해서 나라 전체가 기근에 빠지는 일은 거의 없다. 폭동과 내란이 일어나면 지배자들은 잔뜩 겁을 먹지만 국민이 큰 불행에 빠지지는 않는데, 누군가가 폭군이 되려고 싸우는 동안 휴식을 취할 수 있기 때문이다. 국민이 실제로 번영하느냐 아니면 재앙을 맞느냐는 바로 그들의 항구적인 상태에서 비롯된다. 모든 것이 속박에 억눌려 있으면 모든 것이 쇠퇴한다. 그때 지배자들은 모든 걸 자기들 마음대로 파괴하며, "세상을 적막하게 만들어놓고는 평화라고 부른다."(타키투스, 《아그리콜라》) 귀족들이 난동을 일으켜 프랑스 왕국을 뒤흔들어놓고 파리 주교(드 레츠 주교를 말한다―옮긴이 주)가 호주머니에 칼을 넣고 의회에 들어갔지만, 프랑스 국민은 여전히 성실하고 자유롭고 넉넉하게 살면서 인구도 늘어났다. 옛날에 그리스는 참혹하기 짝이 없는 전쟁이 벌어지는 동안에도 번창했다. 온 나라에 피가 철철 흘렀지만 나라 전체는 사람들로 뒤덮였다. 마키아벨리의 말에 따르면 《피렌체의 역사》 서문―옮긴이 주) "우리 공화국은 암살과 추방, 내란 속에서 더욱 강해진 것 같다. 시민들의 덕행과 풍습, 독립심이 내분 때문에 국가가 약화하는 것 이상으로 나라를 더 튼튼하게 만드는 데 큰 효과를 발휘했다." 어느 정도의 혼란은 정신에 힘을 불어넣는다. 그리고 진실로 인류를 번영시키는 것은 평화라기보다 자유다.(원주)

10.   정부의 월권과 타락하는 경향에 관하여

개별 의사가 끊임없이 전체 의사에 역행하듯 정부는 계속하여 주권에 대항하려고 애쓴다. 이 노력이 커지면 커질수록 정체는 더한층 변질되어간다. 또한 군주의 의사에 저항함으로써 그와 균형을 이루게 하는 다른 단체 의사가 없으므로 조만간 군주는 주권자를 억압하거나 사회계약을 파기하게 된다. 바로 이것이야말로 내재적이고 불가피한 악습으로서, 이 악습은 정치제도가 생겨났을 때부터 마치 노쇠와 죽음이 인간 육체를 파괴하는 것처럼 이를 끊임없이 파괴하려는 경향이 있다.

정부가 타락하는 길은 보통 두 가지가 있다. 하나는 정부가 죄어들 때고, 다른 하나는 국가가 느슨해질 때다.

정부는 다수에서 소수로, 즉 민주정치에서 귀족정치로, 귀족정치에서 왕정으로 옮아갈 때 죄어든다. 그것은 자연적인 경향이다.[35] 만일 정부가 소수에서 다수로 되돌아간다면 정부가 느슨해진다고 말할 수 있을 것이다. 하지만 이처럼 역방향으로 진행되는 것은 불가능한 일이다.

사실 정부 형태는 정부를 움직이는 태엽이 낡아 너무 약해짐으로

써 그 형태를 보존할 수 없을 때만 바뀐다. 그런데 만일 정부가 확대
되면서 더한층 느슨해지면 그 힘은 완전히 소멸되어 존재하기가 더
더욱 어려워질 것이다. 따라서 태엽이 느슨해지면 다시 조립해 감아
주어야 한다. 그렇게 해주지 않으면 정부가 받쳐주고 있는 국가는 몰
락해버리고 말 것이다.

국가 해체는 두 가지 방식으로 일어날 수 있다.

먼저 군주가 국가를 더는 법에 따라 다스리지 않거나 주권을 부당
하게 가로챌 때다. 그때는 주목할 만한 변화가 일어난다. 즉 정부가

---

35 베네치아 공화국이 석호潟湖에서 느리게 형성되어 발전해나간 과정은 이러한 계승
을 보여주는 아주 좋은 예다. 그런데 1,200년이나 지난 지금도 여전히 베네치아 사
람들이 평의회 폐쇄에서 시작된 두 번째 단계에 머물러 있는 듯 보인다는 것은 매우
놀라운 일이다. 《베네치아의 자유사》(1612년에 황제들이 베네치아 공화국에 대한
권리를 갖고 있다고 주장하기 위해 쓴 저자 미상의 책—옮긴이 주)를 쓴 저자가 뭐
라고 얘기하든, 비난받는 옛 총독들이 베네치아 사람들의 군주가 아니었다는 것은
이미 증명되었다.

사람들은 분명히 로마 공화국을 예로 들면서 내게 반론을 제기할 것이다. 사람들의
말에 따르면, 로마 공화국은 왕정에서 귀족정치로, 귀족정치에서 민주정치로 이행하
며 정반대의 과정을 밟아왔다고 한다. 그러나 나는 전혀 그렇게 생각하지 않는다.

로물루스의 최초 로마는 혼합 정부로서 급속하게 전제정치로 변질되었다. 갓난아
이가 어른이 되기도 전에 죽는 것처럼 국가도 여러 특수한 원인으로 때 이르게 멸망
한다. 타르퀴니우스 왕족(로마 초기의 왕족—옮긴이 주)이 추방되면서 진정한 의
미의 공화국이 탄생했다. 그러나 귀족계급을 없애지 않아 과업을 절반밖에는 성공
시키지 못했으므로 처음에 공화국은 지속적인 형태를 갖추지 못했다. 이렇게 되면
서 모든 합법적 행정 체제 가운데 최악의 것인 세습귀족정치는 민주정치와 갈등을
일으켰으며, 여전히 불확실하고 가변적인 정부 형태는 마키아벨리가 지적한 것처
럼(《티투스 리비우스에 관하여》 1부 2장과 3장—옮긴이 주) 오직 호민관 제도가 확
립되고 나서야 겨우 정착되었다. 이때 비로소 정부다운 정부와 민주정치다운 민주
정치가 태어났다. 실제로 당시 국민은 주권자였을 뿐만 아니라 행정관이자 재판관
이기도 했다. 원로원은 정부의 힘을 조절하거나 집중시키는 하부 기관에 지나지 않
았으며, 집정관은 그가 귀족계급이든 최고 행정관이든 전쟁에서 절대 권력을 갖게
된 장군이든 로마제국에서는 국민의 지도자일 뿐이었다.

아니라 국가의 통제가 강화되는 것이다. 말하자면 큰 국가가 분해된 뒤 정부 구성원들로만 이루어진 새로운 국가가 그 안에 만들어진다는 것인데, 이런 정부는 다른 모든 국민에게는 지배자이자 폭군일 따름이다. 그래서 정부가 주권을 찬탈하는 순간 사회계약은 파기되어 버린다. 그리고 모든 일반 시민은 당연한 권리로 자신들의 천부적 자유를 되찾으며, 의무적으로 복종하는 것이 아니라 강제로 복종해야만 한다.

정부 구성원들이 단체로 행사해야 하는 권력을 개별적으로 찬탈할 때도 똑같은 일이 일어난다. 이것은 결코 가벼운 정도의 범법 행위가 아니며 더 큰 혼란을 일으킨다. 그때는 군주의 숫자가 행정관의 수만큼 많아지게 된다. 그리고 국가도 정부 못지않게 분열해 멸망하거나 형태가 달라져버린다.

국가가 와해되면 정부의 권력 남용은 그것이 어떤 식으로 이루어지든 모두 '무정부'라는 공통된 이름으로 불린다. 구분하자면 민주정치는 '중우정치'로, 귀족정치는 '과두정치'로 변질된다. 덧붙이자면 왕정은 '참주정치'로 변질되는데, 이 참주정치라는 단어는 애매모호

> 이때부터 정부는 자연적인 흐름에 따라 급격히 귀족정치로 바뀌어갔다. 귀족계급은 자연적으로 폐지되었으므로 귀족정치는 베네치아나 제노바에서와는 달리 귀족집단 내에서 이루어지지 않고 실제적인 권력을 가로채기 시작한 호민관 집단 내에서 이루어지게 되었다. 말은 사물에 대해 아무 힘도 갖지 못한다. 국민이 그들을 대신해 통치하는 지배자들을 가질 때, 이 지배자들이 어떤 이름으로 불리든 상관없이 여전히 귀족정치이다.
> 귀족정치의 폐해로 내란이 일어나고 삼두정치가 태어났다. 술라와 카이사르, 아우구스투스는 사실상 군주가 되었다. 그리고 결국 티베리우스의 전제정치 아래서 국가는 분해되었다. 로마 역사는 내 원칙에 반하지 않고 오히려 타당성을 확인시켜준다.(원주)

해서 설명이 필요하다.

일반적 의미에서 참주는 정의와 법을 무시하고 폭력으로 다스리는 왕을 가리킨다. 그런데 정확한 의미로 볼 때 참주는 가질 권리가 없는데도 왕권을 가로챈 개인을 가리킨다. 그리스인들은 참주라는 말을 이렇게 이해했다. 그들은 좋은 왕이든 나쁜 왕이든 정당하지 않은 왕권을 가진 왕들을 그렇게 불렀다.[36] 따라서 '참주'와 '왕위 찬탈자'는 완전한 동의어다.

서로 다른 것들에 다른 이름을 붙여주기 위해 나는 왕권 찬탈자를 '참주'라 부르고 주권 찬탈자를 '독재자'라고 부르겠다. 참주는 법을 어기고 왕권을 찬탈한 뒤 다시 법에 따라 통치하는 자이고, 독재자는 법 위에 군림하는 자다. 따라서 참주는 독재자가 아닐 수도 있으나, 독재자는 언제나 참주이다.

---

[36] "참주란 이제까지 자유로웠던 국가에서 영구히 권력을 행사하는 자다."(코르넬리우스 네포스, 《밀티아데스전》 8장) 사실 아리스토텔레스도 《니코마코스 윤리학》(8권 10장)에서 폭군과 왕을 구별하는데, 전자는 자기 자신의 이익을 위해 다스리고 후자는 자기 신민들의 이익을 위해서만 다스린다. 하지만 일반적으로 모든 그리스인 저자들은 특히 크세노폰의 《히에론》에서처럼 참주라는 단어를 다른 뜻으로 사용했다. 그뿐만 아니라 아리스토텔레스의 구별에 따르면 이 세상이 생겨난 이래 왕이 단 한 명도 존재하지 않았을 것이라는 결과가 나온다.(원주)

11.   정치체의 멸망에 관하여

바로 이것이야말로 가장 잘 구성된 정부의 자연적이고 불가피한 경향이다. 스파르타나 로마조차 멸망했는데 어떻게 국가가 영원히 존속하기를 바랄 수 있겠는가? 그러니 지속 가능한 제도를 만들고 싶다면 제도를 영원한 것으로 만들 생각은 아예 하지 말자. 성공하려면 불가능한 일을 시도해서도 안 되고, 인간이 하는 일에 인간사가 갖지 않은 견고함을 부여할 수 있을지도 모른다는 기대를 품어서도 안 된다.

  정치체는 인간의 몸과 마찬가지로 태어나는 순간부터 바로 죽어가기 시작하며, 그 자체에 자기 파괴의 원인을 지니고 있다. 그러나 이 둘은 상당 기간 자신을 보존하기에 적합할 만큼 튼튼한 체질을 가질 수 있다. 인간의 체질은 자연의 산물이지만, 국가의 체질은 기교의 산물이다. 인간은 자기 마음대로 자신의 수명을 연장할 수 없지만, 국가가 갖출 수 있는 최상의 체질을 국가에 부여해 국가의 수명을 최대한 연장할 수는 있다. 가장 잘 구성된 국가라 할지라도 언젠가는 종말을 맞겠지만, 어떤 불의의 사고가 그 운명을 재촉하지 않는 한은 다른 국가보다 좀 더 오래갈 것이다.

정치 생활의 원리는 주권에 있다. 입법권은 국가의 심장이며, 행정권은 모든 부분을 움직이게 만드는 두뇌다. 두뇌가 마비될 수도 있지만, 그래도 개인은 계속 살아갈 수 있다. 바보가 되어도 살아간다. 그러나 심장이 활동을 멈추면 동물은 바로 죽는다.

국가가 존속하는 것은 법을 통해서가 아니라 입법권을 통해서다. 어제의 법은 오늘을 구속하지 않는다. 그러나 침묵은 암묵적 동의를 의미하며, 주권자가 어떤 법을 폐지할 수 있음에도 그렇게 하지 않는다면 그 법을 계속 인정하는 것으로 간주한다. 주권자가 한 번 원한다고 말한 모든 것은 그 자신이 취소하지 않는 한 계속해서 원하는 것으로 간주한다.

그렇다면 사람들은 도대체 왜 옛 법을 그토록 존중하는 것일까? 바로 옛 법이기 때문이다. 사람들은 옛날의 의사가 탁월했기 때문에 옛 법이 그토록 오랫동안 유지될 수 있었다고 믿을 것이다. 만일 주권자가 그 법이 유용하다고 계속 인정하지 않았다면 몇 번이고 폐지되었을 것이다. 그러므로 잘 구성된 국가의 경우 법은 약화하기는커녕 계속 새로운 힘을 갖게 된다. 옛것이 좋다고 생각하다 보면 옛 법은 날이 갈수록 더욱더 존중해야 마땅하다고 여겨진다. 반면에 법이 오래되어 약화하는 곳 어디서든 그러한 생각은 입법권이 더는 존재하지 않는다는 것을, 국가가 더는 살아 있지 않다는 것을 증명한다.

12.   주권은 어떻게 유지되는가

주권자는 입법권 이외의 다른 힘을 갖지 않기 때문에 오직 법에 따라서 행동하며, 법은 오직 전체 의사의 정당한 행위에 지나지 않으므로 주권자는 국민이 집합했을 때만 행동할 수 있을 것이다. 국민이 집합한다고? 이 얼마나 터무니없는 환상인가! 오늘날에는 이런 일이 환상일 뿐이지만, 2,000년 전에는 그렇지 않았다. 그렇다면 인간 본성이 바뀌었다는 말인가?

정신적인 일에서 가능한 것의 한계는 우리가 생각하는 만큼 그렇게까지 좁지는 않다. 그 한계를 좁히는 것은 우리의 무력함과 악습, 그리고 우리의 편견이다. 저속한 영혼을 가진 자들은 위대한 인간을 믿지 않는다. 비천한 노예들은 '자유'라는 말을 들으면 빈정거리는 듯한 표정을 지으며 웃는다.

이루어질 수 있는 것을 이미 이루어진 것에 비추어 생각해보자. 옛 그리스의 공화국들에 대해서는 말하지 않으련다. 그러나 로마 공화국은 큰 국가였고 로마라는 도시도 큰 도시였던 것 같다. 마지막 호구조사에는 로마에서 무기를 들 수 있는 사람이 40만이라고 기록되어 있으며, 제국에서 마지막으로 실시된 인구조사 결과 식민지 주민과 외국인, 여자, 아이, 노예를 제외한 시민만 모두 400만 명이었다.

  로마와 그 주변의 엄청나게 많은 주민을 빈번히 소집하는 일이 얼마나 어려웠겠는가? 그렇지만 로마 국민은 거의 매주, 그것도 한 주일에 여러 번씩 집합했다. 그들은 주권자의 권리뿐 아니라 정부 권한의 일부도 행사했다. 그들은 몇 가지 업무를 취급하고 소송사건에 대한 판결도 내렸는데, 그들 모두가 이 광장에서는 시민이자 행정관이었다.

  국가 초창기로 거슬러 올라가 보면 옛 정부들(심지어는 마케도니아나 프랑크족 정부 같은 군주 체제에서도) 대부분에는 이와 유사한 자문회가 있었다는 사실을 알게 된다. 어쨌든 부인할 수 없는 이 사실 하나만으로도 모든 어려움에 대처할 수 있다. 실재하는 것에서 가능한 것을 이끌어내는 것이야말로 좋은 귀결인 듯하다.

13. 주권은 어떻게 유지되는가(계속)

한자리에 모인 국민이 어떤 법전을 승인함으로써 국가 구조를 단 한 번 결정하는 것으로는 충분하지가 않다. 즉 국민이 영속적인 정부를 세우거나 오직 한 번 행정관들을 선출하는 것만으로는 충분하지가 않다는 것이다. 예상치 못했던 사건들 때문에 요청되는 비상 회의 말고도 무슨 일이 있어도 취소되거나 연기되지 못하는 고정적이고 정기적인 회의가 열려야 한다. 그래서 정식 소환장을 보내지 않아도 국민은 법에 따라 정해진 날이 되면 합법적으로 모여야 한다.

그러나 담당 행정관이 정해진 절차에 따라 소집하지 않는 모든 국민 회의는 날짜가 정해져 있다는 사실만으로도 비합법적인 것으로 간주해야 하고(합법적인 총회 외에는), 그곳에서 결정되는 모든 사항 역시 무효로 간주해야 한다. 왜냐하면 회의에 참석하라는 명령 자체는 법에 의거해야 하기 때문이다.

합법적인 국민 회의를 얼마나 자주 열어야 하는가에 대해서는 아주 많은 사항을 고려해야 하므로 이에 관한 명확한 규정을 제시하는 것이 불가능하다. 다만, 정부가 강력할수록 주권자는 더 자주 모습을 나타내야 한다는 말 정도는 일반적으로 할 수 있다.

누군가가 내게 말할 것이다.

"단 하나의 도시에 대해서는 이게 좋을 수도 있습니다. 그런데 국가가 여러 개의 도시로 이루어져 있을 때는 어떻게 할 겁니까? 주권을 분할해야 하나요? 아니면 주권을 오직 하나의 도시에만 집중시키고 나머지 도시들은 예속시켜야 하나요?"

나는 어느 것도 해서는 안 된다고 대답한다. 첫째, 주권은 단일하므로 나누면 파괴된다. 둘째, 국가와 마찬가지로 도시도 다른 도시에 예속되는 것은 합법적이지 않다.[37] 왜냐하면 정치체의 본질은 복종과 자유의 조화에 있으며, '백성'과 '주권자'라는 두 단어는 그 개념이 시민이라는 오직 하나의 단어로 결합하는 동일한 상관관계를 이루기 때문이다.

나는 또 여러 도시를 단 하나의 국가도시로 결합하는 것은 언제나 좋지 않은 일이며, 이렇게 결합하면 자연적 장애를 피할 수 있다고 자신만만해서는 안 된다고 대답하겠다. 작은 나라만을 원하는 사람에게 큰 나라의 폐단을 내세우며 반대해서는 안 된다. 그러나 큰 나라에 저항할 만큼의 힘을 어떻게 작은 나라에 부여할 것인가? 옛날에 그리스 도시들이 대왕에게 저항했고, 최근 네덜란드와 스위스가 오스트리아 왕가에 저항했던 것처럼 말이다.

그렇지만 만일 국가를 적절한 크기로 축소할 수 없다면 아직 한 가지 수단이 남아 있다. 즉 수도를 절대 허용하지 말고 정부를 각 도시에 번갈아 자리 잡게 하며, 그 나라의 신분을 대표하는 모든 의원을 정부가 자리 잡은 그 도시로 소집한다.

---

37 지롱드파 당원들은 이러한 원칙에 따라 그들이 파리의 독재라고 부르는 것과 싸웠다.

영토에 골고루 사람들이 살게 하고, 어디서나 똑같은 권리를 누리도록 하며, 곳곳에 풍요와 활기를 나눠주라. 그렇게 하면 국가는 최대한 강력하고 가장 잘 다스려지게 될 것이다. 도시 성벽은 오직 시골집들의 잔해만으로 이루어진다는 점을 명심하라.[38] 수도에 궁궐이 세워지는 것을 볼 때마다 나라 전체가 오두막으로 변하는 것을 보는 듯하다.

---

38 루소가 살던 시대에는 주민들 대부분이 농민들로 구성되어 있었다. 루소는 빈자들과 부자들의 대립은 시골과 도시의 대립으로 귀결한다고 주장한다. 즉 도시는 한 나라의 부를 소비하기만 한다. 이러한 주장은 오직 토지만이 부를 생산해낼 수 있다고 주장한 중농주의자들의 이론에 가깝다.

14. 주권은 어떻게 유지되는가(계속)

국민이 주권의 주체로서 합법적으로 소집되는 순간, 정부의 모든 권한은 중지되고 행정권은 정지되며 가장 미천한 시민의 신분도 최고 행정관의 신분과 마찬가지로 신성불가침한 것이 된다. 왜냐하면 대표된 자가 있는 곳에는 더는 대표하는 자가 없기 때문이다. 로마 민회에서 일어났던 소란의 대부분은 이러한 규칙을 몰랐거나 무시한 데서 연유했다. 그때 집정관들은 국민의 의장일 뿐이었고, 호민관들은 단순한 대변자에 지나지 않았으며,[39] 원로원은 완전히 무의미한 존재였다.

'군주'가 실제적인 상급자를 인정하거나 인정해야 하는 이 정지 기간은 그에게 항상 끔찍했으며, 정치체의 방패이자 정부의 견제 장치인 국민 회의는 어느 시대에나 지도자들에게 혐오의 대상이었다. 그래서 그들은 시민들이 국민 회의에 참석하지 못하도록 엄청난 노력

---

39 영국 의회에서 이 이름에 부여하는 뜻과 거의 비슷하다. 하는 일이 이렇게 비슷하기 때문에 심지어는 모든 권한이 정지되었을 때도 집정관과 호민관은 갈등을 벌였다.(원주)

을 기울이고 격렬한 반론을 제기하며, 온갖 어려움을 견뎌내고 갖가지 약속을 남발했다. 시민들이 탐욕스럽고 비굴하고 소심하고 자유보다는 휴식을 더 좋아하면, 정부의 거듭되는 그 점점 커지는 노력에 오래 버티지 못한다. 그러다 보면 정부의 저항력은 계속 커져 마침내 주권은 사라지고, 대부분의 나라는 때 이르게 무너져 멸망해버리고 만다.

그러나 주권과 독단적인 정부 사이에 때때로 중간 권력이 끼어들기도 하는데, 이제 여기에 대해서 말할 필요가 있다.

15. 대의원이나 대표자들에 관하여

공적 활동이 더는 시민들의 주요한 관심사가 아니고 그들이 직접 나서서 그런 활동을 하기보다 돈으로 때우기를 더 좋아하면 나라는 머지않아 멸망한다. 전쟁터에 나가 싸워야 하나? 돈으로 군인들을 고용해 그냥 집에 남아 있는다. 회의에 참석해야 하나? 대의원을 지명하고 그냥 집에 남아 있는다. 태만과 돈 때문에 그들은 군인들을 고용하여 조국을 예속시키고 대표자를 대신 세워 조국을 팔아넘긴다.

상업과 기술에 대한 근심 걱정과 이득에 대한 탐욕, 나태와 안락에 대한 애착은 곧 개인적 봉사를 돈으로 바꾼다. 사람들은 자기 마음대로 이익을 늘리기 위해 그중 일부를 양보한다. 그러나 돈을 주다 보면 얼마 안 있어 속박당하게 될 것이다. 이 '금전'이라는 단어는 노예의 말로서, 시민 국가에는 알려지지 않았다. 진짜 자유로운 국가에서는 시민들이 모든 것을 자기 두 손으로 하지 절대 돈으로 해결하지 않는다. 그들은 의무를 면제받으려고 돈을 내기는커녕 오히려 직접 의무를 수행하기 위해 돈을 지급할 것이다. 내 생각은 일반적인 것과는 거리가 멀다. 나는 고된 노동이 세금보다 자유를 덜 침해한다고 믿는다.[40]

국가가 더 잘 구성될수록 시민들의 정신에서는 공적인 것이 사적인 것보다 우선시된다. 그들의 정신에서 사적인 것은 그 수가 훨씬 적다. 왜냐하면 전체 행복의 총합이 각 개인 행복의 총합보다 훨씬 더 큰 몫을 제공하므로 시민들이 개별적인 것을 덜 추구하게 되기 때문이다. 잘 이끌어가는 나라에서는 각자가 기꺼이 국민 회의를 하러 달려간다. 그러나 나쁜 정부에서는 누구도 거기 가기 위해 발걸음을 옮기는 것을 좋아하지 않는데, 아무도 거기서 일어나는 일에 관심이 없고, 다들 거기서는 전체 의사가 우세하지 않으리라고 예견하며, 결국은 각자 자기 일에만 몰두하기 때문이다. 훌륭한 법은 더 훌륭한 법을 만들게 하며, 나쁜 법은 더 나쁜 법이 만들어지게 한다. 누군가가 나랏일에 관해 "그게 나랑 뭔 상관이야?"라고 말하는 순간 그 나라는 끝장난 것으로 간주해야 한다.

조국애 약화, 개인적 이익을 추구하는 활동, 국가의 거대함, 정복, 정부의 권력 남용 등으로 대의원이나 국민의 대표자들이 국민 대신 국민 회의에 참석하는 방법이 고안되었다. 이것이 바로 몇몇 국가에서 감히 제3계층이라고 부르는 것이다.[41] 그래서 두 계층의 개별적 관심사가 1위와 2위에 놓였고, 공적 관심사는 겨우 3위에 놓였을 뿐이다.

주권은 양도할 수 없으며, 같은 이유에서 또한 대표할 수도 없다.

---

40 루소가 신봉하는 사회 이론의 유토피아적 특성이 여기서 분명히 드러난다. 그는 상업과 산업 발전에 반대하고 세금보다는 노동을 선호한다. 그는 이 같은 생각을 《코르시카를 위한 계획》에서 다시 전개했다.

41 물론 여기서 루소는 프랑스를 빗대어 말하고 있다. 루소는 이른바 제3신분은 일반 의사를 가진 국민이며, 다른 두 신분은 개별 의사에 고무되는 특권층이라고 했다.

그것은 본질적으로 전체 의사 속에 존재하며, 이 전체 의사는 대표할 수 없다. 주권은 그 자체이거나 다른 것이다. 그 중간은 없다. 따라서 국민의 의원들은 국민의 대표자가 아니고, 국민의 대표자가 될 수도 없다. 그들은 국민의 심부름꾼에 지나지 않는다. 그들은 그 무엇도 결정적으로 매듭지을 수 없다. 국민이 직접 비준하지 않은 법은 무효다. 그것은 법이 아니다. 영국 국민은 자기들이 자유롭다고 생각하는데, 상당히 잘못된 생각이다.[42] 그들이 자유로운 것은 오직 의원들을 선출할 때뿐이다. 의원들이 일단 선출되면 국민은 노예가 된다. 아무것도 아닌 존재가 되는 것이다. 자유를 누리는 짧은 기간 동안 그들이 그 자유를 어떻게 행사하는가를 보면 그들이 그것을 잃을 수밖에 없겠다는 생각이 절로 든다.

대표자 개념은 근대적이다. 그것은 그 안에서 인류가 타락하고 인간homme의 이름이 더럽혀진[43] 불공평하고 부조리한 봉건 정부에서 유래했다. 고대 공화국에서도, 심지어는 군주제에서도 국민은 대표자를 갖지 않았다. 사람들은 그런 이름을 알지 못했다. 호민관이 그처럼 신성시되었던 로마에서 이들이 국민의 권한을 침해할지도 모른다고 상상조차 하지 않았다는 것은, 그리고 그 많은 호민관 가운데 독자적으로 국민투표를 치르려고 시도한 사람이 단 한 명도 없었다는 것은 정말 이상한 일이다. 그 대신 군중에 의해 이따금 야기되

---

42 루소는 볼테르나 몽테스키외가 영국의 정치 생활에 부여했던 이미지를 거부한다. 자기가 살던 시대의 영국에 대한 그의 관점은 훨씬 더 현실에 가깝다.

43 hommage, 즉 신하가 되겠다는 서약에 빗댔다. 봉신은 그가 예속된 군주의 신하였다. 루소는 중세로 거슬러 올라가는 삼부회야말로 대의정치의 기원을 이룬다고 생각한다.

던 난처한 경우를, 예를 들면 그라쿠스[44]의 시대에 일부 시민들이 투표용지를 지붕 너머로 던지던 일 따위를 상상해보라.

권리와 자유가 전부인 곳에서는 불편한 일이 있어도 아무 문제가 안 된다. 이 현명한 국민의 경우에는 모든 것이 딱 맞게 조절된다. 그들은 호민관이 감히 하지 못하는 일을 릭터[45]들이 하도록 내버려두었다. 그리고 그들은 릭터들이 자기들을 대표하려는 것은 아닐까 걱정하지도 않았다.

그러나 호민관들이 어떻게 해서 이따금 국민을 대표하게 되었는지 그 이유를 설명하려면 정부가 어떻게 주권자를 대표하는가를 이해하는 것으로 충분하다. 법은 전체 의사의 선언에 다름 아닌 만큼, 입법권에서 국민이 대표될 수 없다는 것은 명백한 사실이다. 그러나 법에 적용되는 권한에 다름 아닌 행정권에서는 국민이 대표될 수도 있고 또한 대표되어야 한다. 이로 미루어 우리는 면밀히 고찰해보면 법을 가진 국민이 거의 없다는 사실을 알게 된다.[46] 어쨌든 호민관들은 행정권의 어느 부분도 갖지 않았기 때문에 그들이 맡은 임무의 당연한 권리가 아니라 오직 원로원의 권리를 침해함으로써만 로마 국민을 대표할 수 있었다는 것은 명백한 사실이다.

그리스인들의 경우 자기들이 해야 할 모든 일을 스스로 해냈다. 그리하여 광장에서 계속 집회를 했다. 그들은 온화한 기후에서 살았고 탐욕스럽지 않았다. 노예가 그들의 일을 했다. 그들의 가장 큰 관심

---

44 로마의 가문
45 집정관의 권위를 상징하는 권표를 단 도끼를 들고 다녔던 호위 병사
46 그리하여 구체제의 프랑스는 법을 갖지 못했는데, 국민이 법을 만들지 않았기 때문이다.

사는 자신들의 자유였다. 같은 이점들을 갖지 않았는데 어떻게 같은 권리를 보존할 수 있단 말인가? 기후가 더 혹독하면 필요한 게 더 많아지고,[47] 1년에 6개월은 광장을 사용할 수 없으며, 언어가 둔탁하면 야외에서 잘 들리지 않는다.[48] 자유를 얻으려 애쓰기보다는 돈 버는 일에 더 열중하고, 노예 상태보다 가난을 더 두려워하게 된다.

 뭐라고? 자유는 오직 노예제도를 통해서만 유지될 수 있다고? 그럴지도 모른다. 두 극단은 서로 맞닿는다. 자연 속에 있지 않은 모든 것은 그것만의 부정적 측면을 갖게 마련인데, 시민사회는 나머지 모든 것보다 더 그러하다. 타인의 자유를 희생시켜야만 자신의 자유를 보존할 수 있고, 노예가 극단적으로 노예일 때만 비로소 시민이 완전하게 자유로울 수 있는 그런 불행한 상황이 있다. 바로 스파르타의 상황이 그러했다. 현대의 국민인 당신들은 노예를 갖고 있지 않고 바로 당신들이 노예다. 당신들은 바로 당신들의 자유로써 그들의 자유에 대한 대가를 치르고 있다. 이 같은 선택을 자랑해봤자 아무 소용도 없다. 나는 거기서 인간다움보다는 오히려 비굴함을 본다.

 이렇게 말한다고 해서 내가 노예를 가져야 한다거나 노예를 가질 권리가 정당하다고 생각하는 것은 아니다. 왜냐하면 나는 그것과 반대되는 주장을 입증했기 때문이다. 나는 단지 왜 스스로 자유롭다고 믿는 현대의 국민이 대표자를 갖게 되었는지, 또 왜 옛 국민은 대표자를 갖지 않았는지 그 이유를 말할 뿐이다. 어쨌든 어떤 국민이 대

---

[47] 추운 나라에서 동방인들의 사치와 나태를 채택하는 것은 곧 그들의 속박에 스스로 얽매이기를 바라는 것이며, 그들보다 더 필연적으로 그 속박에 예속되는 것이다.(원주)
[48] 루소가 《언어 기원론》 11장과 20장, 그리고 음악에 관한 저술에서 전제하는 사상

표자를 갖게 되는 순간 그들은 자유롭지 않고 존재하지도 않는다.

모든 것을 면밀히 검토해볼 때 나는 국가가 아주 작지 않은 한 주권자가 우리 안에서 그의 권리를 계속 행사하는 것이 가능하다고는 생각하지 않는다. 그러나 만일 어떤 나라가 아주 작다면 그 나라는 집어삼켜질까? 아니다. 나는 앞으로[49] 어떻게 해야 그 숫자가 많은 국민의 외적 힘을 작은 나라의 용이한 통치 및 정연한 질서와 결합할 수 있는지를 보여줄 것이다.

---

[49] 이 책의 후속편에서 얘기하고자 했던 바로서, 그렇게 했더라면 대외관계를 다룰 때 나는 분명히 완전히 새로운 주제로서 그 원칙들을 앞으로 정해야 할 연방국가에 대해 논했을 것이다.(원주)

16. 정부 수립은 결코 계약이 아니다

일단 입법권이 확립되면 그와 마찬가지로 행정권 확립이 문제가 된다. 왜냐하면 오직 개별적 행위를 통해서만 수행되는 행정권은 입법권의 본질에 속해 있지 않아서 자연히 분리되기 때문이다. 만약 주권자가 그 자체로 간주해 행정권을 갖는 것이 가능하다면 법과 사실이 완전히 혼동되어 더는 법과 법이 아닌 것을 구분할 수 없게 된다. 그리고 이렇듯 변질된 정치체는 얼마 안 가 폭력의 먹이가 되고 말 것이다. 정치체는 폭력을 막으려고 만들어졌는데 말이다.

시민들은 사회계약을 통해 모두가 평등하므로 모두가 마땅히 해야 하는 일은 누구나 명할 수 있지만 그 누구도 자기가 직접 하지 않는 일을 남이 하도록 요구할 권리는 없다. 그런데 주권자가 정부를 수립함으로써 국가수반에 부여하는 것은 바로 정치체를 살리고 움직이게 하는 데 필요한 이 권리다.

이 정부 수립 행위는 국민과 그들이 정한 우두머리 간의 계약이라고 주장한 사람들이 여러 명[50] 있다. 그들은 한쪽은 명령을 내려야

---

[50] 루소가 생각하는 것은 특히 푸펜도르프다.

하고 다른 한쪽은 복종해야 하는 조건들을 서로 규정한 계약이라고 주장한다. 확신하건대, 이것이야말로 정말 이상한 계약 방식이라는 데 사람들은 동의할 것이다. 그러나 과연 이런 의견을 지지할 수 있는지를 검토해보자.

첫째로, 주권은 양도할 수 없고 변경할 수도 없다. 주권을 제한하는 것은 곧 주권을 파괴하는 것과 같다. 주권자가 자기보다 높은 사람을 두는 것은 부조리하고 모순된 일이다. 주권자가 어떤 지배자에게 복종하도록 자신을 구속하는 것은 곧 다시 완전한 자유로 돌아간다는 뜻이다.[51]

그뿐만 아니라 국민이 이런저런 사람들과 맺는 이 계약이 하나의 개별적 행위라는 것은 명백한 사실이다. 그러므로 이 계약은 법도 될 수 없고 주권 행위도 될 수 없으며, 따라서 불법적이다.

또한 계약 당사자들이 오직 자연법의 지배만 받을 뿐 상호 약속에 대한 보증인은 전혀 갖지 못한다는 것을 알 수 있는데, 이것은 어쨌든 시민적 상태와 배치된다. 힘 있는 자가 항상 행정을 주도하는 만큼 "당신이 원하는 만큼을 내게 돌려준다면 나는 당신에게 내가 가진 재산을 다 주겠다"라고 다른 사람들에게 말하는 사람의 행위에 계약이라는 이름을 붙이는 편이 차라리 나을 것이다.

국가에는 단 하나의 계약으로서 결사의 계약이 있으며, 오직 이 계약만 다른 모든 계약을 배제한다. 모든 공적 계약은 이 계약을 침해한다.[52]

---

51   계약이 깨졌기 때문에 자연적 자유로 돌아간다.
52   16장은 바로 왕정주의 이론에 대한 반박이라 할 수 있다.

17. 정부 수립에 관하여

그렇다면 정부가 수립되는 행위를 어떤 개념으로 이해해야 할까? 내가 우선 지적하고 싶은 것은, 이 행위가 복합적이거나 다른 두 행위, 즉 법의 제정과 집행이라는 행위로 구성된다는 사실이다.

첫 번째 행위를 통해 주권자는 어떤 정부 기관들이 특정한 형태로 수립될 것임을 규정한다. 이 행위가 곧 법이라는 것은 명백한 사실이다.

두 번째 행위를 통해 국민은 수립된 정부 기관들을 책임질 우두머리들을 임명한다. 그런데 이 임명은 개별적 행위이므로 제2의 법이 아니라 단지 첫 번째 법의 계속이자 정부의 한 가지 기능일 뿐이다.

문제는 정부가 존재하기 전에 어떻게 정부 행위를 가질 수 있는지, 그리고 주권자나 백성일 뿐인 국민이 어떤 상황에서 어떻게 국가수반이나 행정관이 될 수 있는지를 이해하는 데 있다.

여기서 다시 한번 표면상 모순되는 활동들을 조화시켜가는 정치체의 놀라운 속성을 발견할 수 있다. 왜냐하면 이 같은 활동은 주권행위에서 민주 체제로의 갑작스러운 전환을 통해 이루어지기 때문이다. 그러므로 어떤 특별한 변화 없이 다만 만인 대 만인이라는 새로운 관계에 의해 행정관이 된 시민은 전체적 행위에서 개별적 행위로, 그리고 법에서 행정으로 옮겨간다.

이러한 관계 변화는 실제로는 적용되지 않는 교묘한 공론이 절대 아니다. 그 변화는 영국 의회에서 매일같이 이뤄지고 있는데, 거기서는 경우에 따라 하원이 사건을 더 잘 검토하기 위해 대위원회로 바뀌고, 조금 전에는 종심재판소였다가 단순한 소위원회가 되기도 한다. 그리하여 하원은 대위원회로서 방금 결정지은 사항을 이번에는 시의회로서 하원에 보고하며, 다른 명목으로 이미 결론 내린 문제를 다시 한번 새로운 명목으로 토의하기도 한다.

단순한 전체 의사 행위를 통해 실제로 수립될 수 있다는 것이야말로 민주적 정부 특유의 이점이다. 그리고 나서 이 임시정부는 그대로 존속하거나(바로 그것이 채택된 형태라면), 아니면 법이 규정하는 정부를 주권자의 이름으로 수립한다. 이렇게 하면 모든 것이 다 규정에 맞는다. 다른 어떤 합법적인 방식으로, 그리고 앞서 제시한 원칙들을 포기하지 않은 채 정부를 수립하기란 불가능하다.

18. 정부의 월권을 방지하는 방법

이상의 설명에서 결론지을 수 있는 것(16장 내용을 다시 한번 확인해주는)은, 정부를 수립하는 행위는 계약이 아니라 법이라는 것, 행정권 수임자는 국민의 지배자가 아니라 그들의 관리라는 것, 국민은 자기들이 원할 때 관리들을 임명할 수도 있고 퇴임시킬 수도 있다는 것, 관리들은 계약을 맺는 것이 아니라 복종해야 한다는 것, 국가가 그들에게 위임한 책무를 맡음으로써 시민의 의무를 수행할 뿐 그 조건에 대해 따질 권리는 전연 없다는 것 등이다.

따라서 국민이 세습 정부를 세울 때(한 가문으로 이어지는 군주정치에서든, 아니면 어떤 한 시민 계층으로 이어지는 귀족정치에서든) 국민은 약속을 하는 것이 아니다. 국민이 행정부의 형태를 다르게 결정할 때까지 그것에 임시로 부여하는 형태다.

이 같은 변화가 항상 위험하며, 정부가 전체 이익에 부합되지 않을 때만 손을 대야 한다는 것은 사실이다. 그러나 이러한 신중함은 하나의 정치적 원칙일 뿐 법으로 정해진 규칙은 아니다. 그러므로 군사권을 장군들에게 맡겨서는 안 되듯 국가도 이제는 시민권을 행정관들에게 맡기지 말아야 한다.

또한 이런 경우에는 정당하고 합법적인 행위를 선동적인 소란과 구분하고, 온 국민의 의사를 어떤 정파의 요구와 구분하기 위해 요구되는 모든 형식을 매우 신중히 지켜야 한다는 것 역시 사실이다. 특히 해악을 끼칠 우려가 있는 권리에 대해서는 오직 법의 엄밀함 가운데 거부할 수 없는 것만을 인정해야 한다. 그리고 국가수반은 국민 의사를 무시한 채 자신의 권력을 보존하면서도 자기가 그것을 가로챘다는 말을 듣지 않기 위해 바로 이 의무를 유리하게 이용한다. 왜냐하면 자신의 권리만을 행사하는 듯 보임으로써 이 권리를 확대하는 것은 매우 쉬운 일이며, 공공의 안녕을 구실로 내세워 올바른 질서를 수립하려는 회합을 방해하는 것 역시 매우 쉬운 일이기 때문이다. 그리하여 그는 한편으로는 두려움 때문에 침묵하는 자들의 고백을 자기한테 유리하게 해석하고, 또 한편으로는 감히 입을 여는 자들을 벌하기 위해 침묵이 계속 이어지도록 하고 또 불법이 저질러지도록 내버려둔다. 그래서 처음에는 1년 임기로 선출되었던 10인 위원회의 위원들은 임기를 1년 더 연장했다가 마침내는 민회가 집회 갖는 것을 더는 허락하지 않음으로써 죽을 때까지 권력을 누리려고 시도했다. 이 세상의 모든 정부는 일단 공적인 힘을 위임받으면 얼마 안 있어 이런 쉬운 방법으로 주권을 가로챈다.

앞에서 언급한 정기적인 국민 회의는 이 같은 불행을 방지하거나 지연시키는 데 적합한데, 이 국민 회의가 형식적 소환이 필요하지 않을 때 특히 그렇다. 이때 국가수반은 자기가 법 위반자나 국가의 적이라고 공공연히 언명하지 않고는 국민 회의 개최를 방해할 수 없을 것이기 때문이다.

오직 사회계약 유지만을 목표로 내세우는 이 회의의 개최는 항상 결코 취소할 수 없고 따로따로 표결에 부치는 두 가지 제안으로 진행되어야 한다.

첫 번째는 "주권자는 현행 정부 형태를 계속 유지하기를 원하는가?"이다.

두 번째는 "국민은 현재 행정을 담당하는 사람들에게 계속 맡기기를 원하는가?"이다.

여기서 나는 내가 이미 논증했다고 믿는 것을 가정으로 내세운다. 즉 국가에 폐지할 수 없는 기본법은 없으며, 폐지할 수 없는 사회계약도 없다. 왜냐하면 모든 시민이 만장일치로 이 계약을 폐기하려고 모여 회의를 열었다면 그것은 곧 이 계약이 매우 합법적으로 폐기되었음을 확실히 의미하기 때문이다. 흐로티위스는 심지어 각 개인은 자기가 그 일원인 국가를 포기할 수 있으며, 나라 밖으로 나가[53] 자신의 타고난 자유와 재산을 다시 취할 수 있다는 생각까지 한다.[54] 그런데 한자리에 모인 모든 시민이 그들 각자가 따로 할 수 있는 일을 할 수 없다는 것은 불합리한 일이다.

---

53 물론 자신의 의무를 이행하지 않으려고, 그리고 조국이 우리를 필요로 할 때 조국에 대한 봉사를 모면하려고 떠나는 것은 아니다. 이런 식의 도피는 죄악이므로 당연히 벌을 받아야 한다. 그러한 도피는 퇴거가 아니라 탈영이다.(원주)
54 《전쟁과 평화의 법》2부, 5, 24 참조

4부 도시국가의 기능에 관한 실체적 연구 : 로마의 예

1. 전체 의사는 파괴될 수 없다

결합된 여러 사람이 그들 자신을 한 몸으로 생각하는 동안 그들은 공동의 보존 및 전체의 이익과 연관되는 단 하나의 의사만을 가질 뿐이다. 그때 모든 국가 기구는 강력하면서도 단순하고, 그 원칙들은 분명하고 명쾌하다. 뒤얽히고 모순된 이해관계는 있을 수 없다. 공동의 이익은 어디서나 명백하게 드러나므로 양식만 갖추고 있으면 인식할 수 있다. 평화와 단결, 평등은 정치적 능란함의 적이다. 강직하고 단순한 사람은 단순하므로 속이기가 어렵다. 술책이나 교묘한 구실 따위는 그들에게 먹혀들지 않는다. 그들은 속아 넘어갈 만큼 섬세하지 않다. 이 지상의 가장 행복한 백성[1]들의 경우 한 무리 농부들이 떡갈나무 아래서 국사를 결정하고 늘 현명하게 행동하는 것을 보면 온갖 의혹으로 악명을 떨치고 비참해진 다른 나라들의 지나친 기교를 멸시하지 않을 수가 없다.

이렇게 통치되는 국가에는 법이 거의 필요하지 않다. 그리고 새로운 법을 제정할 필요가 생기면 모든 사람이 그 필요성을 느낀다. 새

---

[1] 농촌에 사는 사람

법을 처음으로 제안하는 사람은 모두가 이미 느낀 것을 말한 데 지나지 않으며, 각자가 이미 그렇게 하기로 결심한(다른 사람들도 자기처럼 할 것이 분명하다는 생각이 드는 순간) 것을 법으로 통과시키기 위해 굳이 술책을 부리거나 열변을 토할 필요가 전혀 없다.

이론가들이 착각에 빠지는 것은, 그들이 처음부터 잘못 구성된 국가들만을 보아온 탓에 국가 안에 이러한 질서를 유지하는 것이 불가능하다는 사실에 충격을 받기 때문이다. 그들은 교묘한 협잡꾼이나 남을 잘 구슬리는 능변가가 파리나 런던 시민들까지도 설득할 수 있을 온갖 어리석은 수작들을 상상하며 비웃는다. 그러나 그들은 크롬웰[2]이 베른 시민들에게 경고를 받고, 보포르 백작[3]이 제네바 시민들에게 견책당할 수도 있었다는 사실을 알지 못한다.

그러나 사회적 유대가 느슨해지고 국가가 쇠약해지며, 개별적 이익이 추구되고 작은 집단들이 큰 집단에 영향을 미치기 시작하면, 공공의 이익은 변질되고 반대자들이 생겨난다. 투표를 해도 만장일치가 더는 이루어지지 않는다. 전체 의사는 더는 모든 사람의 의사가 아니다. 반대 의견이 제시되고 논쟁이 벌어진다. 가장 훌륭한 의견도 다툼 없이는 받아들여지지 않는다.

마침내 멸망 일보 직전인 국가가 오직 무용하고 공허한 형태로만 존속하고, 사회적 유대 관계가 모든 사람의 마음속에서 깨지며, 가장 비열한 사리사욕이 뻔뻔스럽게도 공익이라는 성스러운 이름으로 미화될 때 전체 의사는 침묵을 지키게 된다. 그리고 은밀한 동기에 따

2 영국의 정치가이자 혁명가
3 앙리 4세의 손자로서 프롱드 란의 주동자 중 한 명

라 행동하는 모든 사람은 마치 국가가 절대 존재하지 않기라도 하는 것처럼 더는 시민으로서 의견을 말하지 않는다. 그리하여 오직 개인의 이익만을 목표로 추구하는 부정한 법령을 법의 이름으로 부당하게 통과시킨다.

그 결과 전체 의사는 소멸하거나 손상되는 것일까? 그렇지 않다. 전체 의사는 항상 지속적이고 변질되지 않으며 순수하다. 다만 더 강력한 다른 의사들에 종속되어 있을 뿐이다. 각자 자신의 이익을 공동의 이익에서 분리할 때 사람들은 전자를 후자에서 완전히 분리할 수는 없다는 사실을 잘 알고 있다. 그러나 그가 공공의 손해에서 차지하고 있는 몫은 그가 자기 것이라고 주장하는 이익에 비추어보면 정말 조금밖에 안 되는 것처럼 보인다. 이 개별적 이익을 제외하면 그는 그 무엇에 못지않을 만큼 강력하게 자신의 이익을 위해 전체 이익을 바라고 있다. 심지어 돈을 받고 자기 표를 팔 때도 자기 안의 전체 의사를 피할 뿐 그것을 소멸시키지는 않는다. 그는 질문의 상태를 바꿔 사람들이 그에게 요구하는 것과 다른 답을 하는 과오를 범한다. 그리하여 그는 그의 투표를 통해 "내 투표가 국가에 유익하다"라고 말하는 대신 "이런저런 견해가 채택되는 것이 어떤 사람이나 어떤 특정한 정당에 유익하다"라고 말한다. 이렇듯 국민 회의에서는 거기서 전체 의사를 유지하는 것보다 오히려 전체 의사가 항상 질문을 받고 늘 대답하도록 하는 것이 공적 범주의 법이다.

여기서 나는 모든 주권 행사 행위에서 투표의 단순한 권리, 그 무슨 이유로도 시민들에게서 빼앗을 수 없는 권리, 그리고 의견을 밝히고 제안하고 구분하고 토론하는 권리(정부가 그 구성원들에게만 허용하려고 항상 신경 쓰는)에 대해 많은 고찰을 하고자 한다. 그러나 이 중요한 소재를 다루려면 따로 논문을 한 편 써야 할 것이다. 따라서 이 책에서는 모든 것을 다 논할 수가 없다.⁴

4 이 주제는 《산에서 보내는 편지》 7~9장에서 다룰 것이다.

2. 투표에 관하여

앞 장에서 우리는 국가의 공적인 일들을 다루는 방식이야말로 관습의 현재 상태와 정치체의 건전성에 관해 매우 확실한 지표를 제공해줄 수 있다는 사실을 알게 되었다. 국민 회의에서 합치가 더 잘 이루어질수록, 다시 말해 의견들이 만장일치에 접근할수록 전체 의사가 더 우세해진다. 그러나 기나긴 토론과 분열, 소란은 개별적 이익의 지배와 국가 몰락을 예고한다.

둘 또는 여러 계층이 정치체를 구성했을 때는 이러한 사실이 덜 명백해 보인다. 예를 들어 로마에는 귀족과 평민이 있었는데, 이들의 싸움은 로마 공화국의 전성시대에도 민회를 자주 혼란에 빠트렸다. 그러나 이런 예외는 실제적이라기보다 오히려 표면적이다. 왜냐하면 이 경우 정치체에 내재한 결함으로 한 국가 안에 두 국가가 있는 셈이 되기 때문이다. 양측 모두에 진실하지 않은 것이 각기 한쪽에 대해서는 진실하다. 실제로 가장 혼란스러웠던 시대에도 원로원이 관여만 안 하면 로마 평민회의 결의가 항상 평온하게 압도적인 절대다수로 진행되었다. 시민들이 오직 한 가지 이익만을 추구했기 때문에 국민은 오직 하나의 의사만을 가지고 있었다.

정반대되는 상황에서도 역시 만장일치가 이루어진다. 시민들이 노예 상태에 빠져 자유도, 의사도 행사할 수 없을 때다. 이때 두려움과 아첨은 투표를 갈채에 따른 만장일치로 바꾸어놓는다. 오직 찬양하거나 저주할 뿐 더는 토의가 이뤄지지 않는다. 바로 황제 통치 아래서 원로원이 의견을 제시하는 저열한 방식이었다. 이따금 이런 일은 우스꽝스러울 만큼 조심스럽게 이루어지기도 했다. 타키투스[5]는 전하기를, 오토 황제가 통치할 때 원로원 의원들은 비텔리우스[6]를 몹시 혐오하면서도 아주 시끄러운 소리를 내는 척했다고 한다. 혹시 그가 지배자가 되었을 때 자기네들이 무슨 말을 했는지 알지 못하도록 하기 위해서였다.

이런 여러 가지 고찰로부터 원칙들이 만들어지는데, 그 원칙을 바탕으로 표를 계산하고 의견들을 비교하는 방식을 정해야 한다. 전체 의사를 알기 쉬운가 어려운가, 그리고 국가가 얼마나 쇠퇴해가고 있는가에 따라서 말이다.

그 본질상 전원 일치의 동의를 요구하는 법은 단 하나밖에 없다. 바로 사회계약이다. 왜냐하면 시민적 결사는 이 세상에서 가장 자발적인 행동이기 때문이다. 모든 사람은 자유롭게 태어나 자기 자신의 주인이 되므로, 어떤 구실로든 그 누구도 본인의 동의 없이는 그를 예속시킬 수 없다. 노예의 아들이 노예로 태어나도록 결정짓는 것은 곧 그가 인간으로 태어나지 않도록 결정하는 것과 같다.

따라서 사회계약이 맺어질 때 반대자가 있으면 그들의 반대는 이

---

5 55~120, 로마 역사가
6 15~69, 방탕하고 잔악한 황제로 8개월 만에 황제 자리에서 쫓겨났다.

계약을 무효화하는 것이 아니라 다만 그들이 거기 포함되지 못하도록 방해할 뿐이다. 그들은 시민들 속의 이방인과도 같다. 국가가 구성되어 있을 때 거기 산다는 것은 곧 동의한다는 것을 의미한다. 영토 안에 거주한다는 것은 곧 주권에 복종한다는 뜻이다.[7]

이 원초적 계약을 제외하고는 절대다수의 의견이 항상 다른 모든 의견을 지배한다. 이것은 계약 자체의 결과다. 그러나 사람들은 어떻게 한 인간이 자유로운 동시에 자기 것이 아닌 의사에 복종하도록 강요당할 수도 있느냐고 묻는다. 반대자들은 어떻게 자유로운 동시에 자신들이 동의하지 않은 법에 복종하는가?

나는 문제가 잘못 제기되었다고 대답하겠다. 시민은 모든 법에 복종한다. 심지어는 자신의 의사에 반해서 채택된 법에도 복종하고, 위반할 때는 자신을 징벌하는 법에도 동의한다. 모든 국가 구성원의 영속적인 의사는 곧 전체 의사다. 그들이 시민이고 자유로운 것은 바로 이 전체 의사에 의해서다.[8] 국민 회의에서 어떤 법을 제안할 때 그들에게 묻는 것은 그들이 이 제안을 찬성하느냐 거부하느냐가 아니라 그것이 바로 그들의 것이기도 한 전체 의사에 합치되느냐 않느냐다. 각자는 자신의 표를 행사함으로써 그에 대한 의견을 말한다. 그리고

---

[7] 항상 자유국가에 한정되는 것으로 이해되어야 한다. 왜냐하면 가족과 재산, 피난처의 결여, 필요, 폭력은 어떤 거주자 자신의 뜻에 반하여 그를 그 나라에 붙잡아둘 수 있기 때문이다. 이 경우 그가 그 나라에 살고 있다는 사실만으로 그가 계약에 동의하거나 계약을 위반했다고 가정할 수는 없다.(원주)

[8] 제노바에서는 감옥 앞과 죄수의 쇠사슬에 '자유'라는 단어가 적혀 있는 것을 볼 수 있다. 이 금언을 이렇게 적어놓은 것은 정말 잘한 일이다. 사실 모든 국가에서 시민이 자유로워지는 것을 가로막는 것은 악인들뿐이다. 그들 모두가 갤리선에 보내지는 나라에서는 가장 완벽한 자유를 누릴 수 있을 것이다.(원주)

표를 계산해 전체 의사를 선언한다. 따라서 내 의견과 반대되는 의견이 승리했을 때 그것은 내 생각이 잘못이었다는 것, 그리고 내가 전체 의사라고 믿었던 것이 사실은 아니었다는 것만을 증명할 따름이다. 만약 내 개인적 의견이 승리했다면 나는 내가 원했던 것이 아닌 다른 일을 했을 것이다. 그때 나는 자유롭지 못했을 것이다.

사실상 이것은 전체 의사의 모든 특징이 여전히 복수성에 있다는 것을 전제로 한다. 이 특징이 복수성에 있지 않게 되면 그 어느 편에 가담하든지 간에 자유는 사라지고 만다.

앞서 나는 공개 심의를 할 때 어떻게 개별적 의사들이 전체 의사로 대치되는가를 보여줌으로써 이러한 오류를 예방할 수 있는 방법을 충분히 제시했다. 이제는 이 문제에 관해 얘기할까 한다. 나는 이 전체 의사를 선언하기 위한 투표 수의 비율에 관해서도 그것을 결정지을 수 있는 원리를 제시한 적이 있다. 단 한 표 차이는 동수同數를 깨뜨리고 단 한 명의 반대자는 만장일치를 무산시킨다. 그러나 만장일치와 찬반 동수 사이에는 여러 가지 불균등한 배분이 생기는데, 우리는 정치체의 상태 및 필요에 따라 이 수를 고정할 수 있다.

두 가지 일반 원칙이 이 관계를 규정하는 데 쓰일 수 있다. 그중 하나는, 토의가 더 중요하고 신중할수록 지배적 의견은 만장일치에 가까워야 한다는 것이고, 또 하나는, 시급한 일이 시간을 다툴수록 의견 분열에 나타난 차이를 좁혀야 한다는 것이다. 그 자리에서 당장 종결지어야 할 토의라면, 단 한 표라도 많은 것으로 충분하다. 첫 번째 원칙은 법 제정에 더 적합하고, 두 번째 원칙은 사건 처리에 더 적합하다. 어쨌든 이 두 가지를 적절하게 배합해야만 다수결 원칙을 인정할 수 있는 최선의 관계가 수립된다.

3. 선거에 관하여

내가 이미 말했던 것처럼 매우 복잡한 행위인 국가수반 및 관리 선출에 관해서는 두 가지 방법이 있는데, 바로 선출과 추첨이다. 이 두 가지 방법은 여러 공화국에서 사용되었는데, 현재도 베네치아 총독을 선출할 때 이 두 가지 방식을 매우 복잡하게 혼합하는 것을 볼 수 있다.[9]

"추첨을 통한 선거는 민주주의의 본질에 속한다"[10]라고 몽테스키외는 말했다. 나도 이 말에 동의한다. 그런데 어떻게 해서 그렇게 된단 말인가? 그는 계속해서 "추첨은 그 누구도 힘들지 않게 하는 선거 방식이다. 시민 각자에게 나라에 봉사할 수 있다는 합당한 희망을 안겨준다"라고 말한다. 그런데 그의 말은 이유가 되지 않는다.

나라의 우두머리들을 뽑는 선거는 주권 기능이 아니라 정부 기능이라는 사실에 유의한다면 어째서 추첨 방식이 민주주의의 본질에

---

[9] 13세기부터 베네치아 총독은 매우 복잡한 방식으로 선출되었는데, 투표나 제비뽑기 등 무려 열 가지 방식을 사용하기도 했다.
[10] 《법의 정신》 2부 2장

더 잘 부합하는가를 이해하게 될 텐데, 민주주의에서는 행정 행위가 덜 되풀이될수록 행정이 더 잘 이루어진다.

모든 진정한 민주주의에서 행정직은 특권이 아니라 보수를 받는 직책으로서, 어떤 특정인에게 그 직책을 정당하게 떠맡긴다는 것은 있을 수 없는 일이다. 오직 법만이 추첨을 통해 정해진 자에게 이 직책을 맡길 수 있다. 왜냐하면 그때 이 조건은 만인에게 동등하고 선출은 그 어떤 인간적 의사와도 관계없이 이루어지는 만큼, 법의 보편성을 해칠 만큼 편파적으로 적용되는 일은 없기 때문이다.

귀족정치에서 군주는 군주를 선출하고 정부는 그 자체로 존속하며, 여기서는 투표가 제대로 이루어진다.

베네치아 총독 선거의 예는 이러한 구분을 파기하기는커녕 오히려 확인해준다. 이 혼합 형식은 혼성 정부에 잘 맞는다. 왜냐하면 베네치아 정부를 진정한 귀족 체제로 간주하는 것은 잘못이기 때문이다. 만일 평민이 정부에 단 한 명도 가담하지 않는다면 거기서는 귀족이 평민이 되고 만다. 다수의 가난한 바르나보트[11] 사람들은 어떤 행정직에도 임명되지 못하고, 그들의 귀족 신분에서 남은 것은 오직 경卿이라는 칭호와 시의회에 참석할 권리뿐이다. 이 시의회는 제네바에 있는 우리 시의회만큼 의원 숫자가 많으므로 그 고명하신 의원들은 보통 제네바 시민이 누리는 만큼의 특권밖에 누리지 못한다. 이들 두 공화국의 극단적 차이를 제외하면 제네바 시민권자는 정확히 베네치아의 귀족에 해당하고, 제네바의 원주민과 거주자는 베네치아의 서민과 평민에 해당하며, 우리의 농민은 베네치아 주민에 해당

---

[11] 베네치아의 가난한 동네인 세인트 바르나베에 사는 귀족들

한다. 요컨대 이 공화국을 어떻게 간주하든 그 크기만 제외한다면 베네치아 정부가 우리 정부만큼 귀족적이지는 않다. 차이가 있다면 우리에게는 종신 수반이 없으므로 추첨할 필요가 없다는 점뿐이다.

추첨을 통한 선출은 참된 민주주의에서는 별 불편이 없을 텐데, 민주주의 정체에서는 풍습이나 재능뿐만 아니라 삶의 원리나 재산 등 모든 것이 동등한 만큼 거의 똑같은 선택이 이루어진다. 그러나 나는 참된 민주주의는 존재하지 않는다고 이미 말한 적이 있다.

선출과 추첨을 혼합할 때 전자는 가령 군직軍職처럼 고유한 재능이 필요한 자리를 채워야 하고, 후자는 양식과 공평함, 공명정대함만 갖춰도 되는 직책, 예컨대 사법관 같은 직책에 적합하다. 잘 구성된 국가에서는 모든 시민이 이런 자질을 갖추고 있기 때문이다.

군주 체제에서는 추첨도, 투표도 이뤄지지 않는다. 왕은 법적으로 유일한 국가수반이자 유일한 행정관인 만큼 자신의 대리인으로 누구를 선택할 것인지는 오직 그에게 달려 있다. 생 피에르 신부가 프랑스 국왕 자문회의를 늘리고 자문위원들을 투표로 선출하자고 제안했을 때 그는 자기가 정부 형태를 바꾸자는 제안을 하고 있다는 사실을 깨닫지 못했다.

이제 남은 일은 국민 회의를 할 때 어떻게 표를 던지고 거두어들일 것인지 그 방법에 관해 얘기하는 것이다. 그러나 어쩌면 이 점에 대해서는 로마의 정치조직에 관한 역사적 고찰이 내가 정하고자 하는 모든 규칙을 한결 명확하게 설명해줄 수 있을지도 모른다. 분별 있는 독자라면 20만 명으로 이루어진 의회에서 공적인 문제들과 개인적인 문제들이 어떻게 다루어졌는가를 상세히 고찰해야 마땅하다.

4.   로마 민회에 관하여[12]

우리는 로마 초기를 다룬 신뢰할 만한 자료를 단 한 가지도 갖고 있지 않다. 그뿐만 아니라 이 시대에 관해 사람들이 말하는 대부분의 이야기도 지어낸 터무니없는 내용일 가능성이 크며[13] 일반적으로 민족들의 연대기 가운데 가장 교훈적인 부분(민족들이 어떻게 국가를 창건했는지에 관한 역사이기도 한)은 또한 우리에게 가장 부족한 부분이기도 하다. 우리는 매일 경험을 통해 어떤 이유로 제국에서 혁명이 일어났는지를 알고 있다. 그러나 이제는 민족이 새로 형성되는 일이 없기 때문에 그 형성을 설명하려면 오직 추측을 할 수밖에 없다.

  확립된 관습은 적어도 이 관습에 어떤 기원이 있었다는 것을 증명한다. 이 기원에까지 거슬러 올라가는 전통, 가장 믿을 만한 권위가

---

[12] 루소가 4~7장에서 주로 참고하는 책은 시고니우스의《로마 시민들의 고대법》과 마키아벨리의《티투스 리비우스에 관하여》이다.

[13] '로물루스'에서 유래된 '로마'라는 이름은 그리스어로 '힘'을 의미한다. '누마'라는 이름도 그리스어로서 '법'을 의미한다(지금은 아무런 근거가 없는 것으로 밝혀졌다—옮긴이 주). 이 도시의 첫 두 왕이 그들이 이룩한 것과 깊이 관련된 이름을 처음부터 가졌다는 것은 결코 우연한 일이 아니지 않은가.(원주)

뒷받침하고 더욱 강력한 이유가 보장하는 전통은 가장 확실한 것으로 간주해야 할 것이다. 바로 내가 이 지상에서 가장 자유롭고 가장 강력했던 민족이 어떻게 최고 권력을 행사했는지를 탐구하며 내가 따르고자 했던 원칙이다.

로마가 건국된 이후로 신생 공화국, 즉 알바인과 사비나인과 외국인들로 구성된 건국자의 군대는 세 계층으로 나뉘었고, 이 세 계층은 이러한 분할로 3부족이라는 이름을 갖게 되었다. 이 3부족은 각기 열 개의 쿠리아로 분할되었고, 쿠리아는 다시 데쿠리아(10인조)로 분할되었는데, 쿠리아와 데쿠리아의 우두머리는 각각 쿠리아장長과 데쿠리아장으로 불렸다.

그 외에 각 부족에서 기병과 기사를 백 명씩 뽑아 백인대라는 것을 만들었는데, 이를 통해 마을에는 별로 필요하지 않은 이 같은 분할이 원래는 군사적인 것에 불과했다는 사실을 알 수 있다. 그러나 어떤 위대함의 본능이 로마라는 작은 도시에 미리부터 세계 수도에 합당한 정치제도를 부여하도록 만든 듯하다.

이 최초의 분할에서 이윽고 한 가지 부정적 측면이 야기되었다. 알바인 부족[14]과 사비나인 부족[15]은 계속 같은 상태에 머물러 있었던 반면, 외국인 부족[16]은 이들의 계속적인 원조로 끊임없이 증가해서 얼마 지나지 않아 다른 두 부족을 능가했다. 세르비우스[17]가 이 위험한 오류에 대한 대비책으로서 찾아낸 것은 분할 방식을 바꾸는 것이

---

14 라무넨세스
15 타티엔세스
16 루케레스
17 기원전 567~534, 로마 6대 황제

었는데, 부족에 따라 분할하지 않고 각 부족이 점령한 도시 지역에 따라 분할했다. 그는 세 부족 대신 네 부족을 만들었고, 각 부족은 로마의 구릉을 하나씩 차지해 그 이름으로 불렸다. 이렇게 현재의 불평등을 시정하면서 동시에 미래에 등장할지도 모를 불평등에 대한 대비책도 세웠다. 그리하여 단지 지역뿐만 아니라 사람까지도 분할하기 위해 한 지역의 주민들이 다른 지역으로 이사 가는 것을 금지시켰고, 그 결과 부족이 서로 뒤섞이지 않았다.[18]

그는 또한 세 개의 구舊 기병 백인대를 배로 늘리고 거기에 다른 백인대 열두 개를 추가했다. 그러나 여전히 백인대라는 이름을 썼다. 이것은 백성들의 불만 없이 기병대 조직[19]과 백성들의 조직을 구분하는 단순하고도 적절한 방법이었다.

세르비우스는 도시의 네 부족에 농촌 부족이라 불리는 부족 열다섯 개를 추가했는데, 이들이 열다섯 개 지역으로 나뉜 농촌 주민들로 이루어져 있었기 때문이다. 그 후에 다시 같은 수의 새 부족이 형성되었다. 그리하여 결국 로마 민족은 서른다섯 개 부족으로 분할되었는데, 이 숫자는 공화국이 종말을 맞을 때까지 바뀌지 않았다.

도시 부족과 농촌 부족의 이러한 구분에서 주목할 만한 결과가 나왔는데, 이런 예는 일찍이 없었으며 로마가 고유의 관습을 보존하고 제국을 확장할 수 있었던 것은 바로 그러한 구분 덕분이다. 도시 부족들이 얼마 안 있어 권력과 고위 관직을 가로채고 이윽고 농촌 부

---

18 엥겔스에 따르면 세르비우스의 개혁은 곧 부족 조직의 종말을 의미했다. 그 대신 토지 분배와 재산 차이에 근거한 조직이 새로이 자리 잡았다.
19 이 조직은 가장 부유한 시민들로 이루어졌다.

족들을 전락시켰다고 생각할지도 모른다. 그러나 사실은 정반대다. 초기 로마인들이 전원생활을 즐겼다는 것은 잘 알려진 사실이다. 이같은 기호는 현명한 창설자[20]에서 비롯된 것으로, 그는 농촌과 군대의 활동을 자유와 결합하는 한편 기술과 직업, 술책, 재산, 노예제도는 도시로 보내버렸다.

그리하여 로마의 저명한 인사들은 다들 전원에서 살며 땅을 일구었기 때문에 사람들은 공화국 지지자들을 오직 그곳에서만 찾는 데 익숙해졌다. 이 국가는 가장 존경할 만한 귀족들의 국가였으므로 모든 사람에게 존경받았다. 농촌 사람들의 소박하고 근면한 생활은 로마 도시 사람들의 한가하게 빈둥거리는 생활보다 더 선호되었다. 그리고 도시의 불행한 최하층민에 지나지 않았던 사람도 전원에서 농사를 지으면 존경받는 시민이 되었다. 바로[21]가 말하기를, 우리의 관대한 조상들이 전시에는 자기들을 지켜주고 평화로울 때는 자기들을 먹여주는 건장하고 용맹스러운 자들의 양성소를 농촌에 세운 것은 다 이유가 있다고 했다. 또 플리니우스는, 농촌 부족들은 그 구성원들 때문에 존경받았다고 말한다. 그리고 반대로 비겁한 사람을 전락시키고자 하면 도시 부족 양성소로 보내는 비열한 방법을 썼다고 명백히 말하고 있다. 로마에 와서 정착한 사비나족의 아피우스 클로디우스는 이 도시에서 온갖 권세를 누리고 농촌 부족에 편입되었으며, 이 부족은 그 뒤에 그의 가문 이름을 취했다. 끝으로 해방된 노예들은 전부 도시 부족에 들어갔을 뿐 농촌 부족에는 절대 들어가지

---

20 세르비우스를 가리킨다.
21 기원전 3세기경 로마 집정관. 시고니우스가 인용한 《농업론》을 썼다.

않았다. 그리고 공화국이 존속하는 동안 해방된 노예들은 시민은 되었어도 행정직을 맡은 사람은 단 한 명도 없었다.

훌륭한 원칙이었다. 그러나 너무 극단적으로 적용되는 바람에 결국에는 이 원칙에 변화가 일어나고 정치조직에도 오류가 생기고 말았다.

첫째로, 통제관들은 시민들을 한 부족에서 다른 부족으로 자기 마음대로 이동시킬 수 있는 권한을 오랫동안 누린 뒤에 시민들 대부분이 자신이 좋아하는 부족의 일원이 되는 것을 허락했다. 이런 식으로 허용했지만 통제관들은 전혀 아무 이익도 얻지 않았으며, 오히려 강력한 통제 수단 한 가지만 잃고 말았다. 게다가 귀족과 세력가는 모두 농촌 부족의 일원이 되고 해방되어 시민이 된 노예들은 하층민들과 함께 도시 부족에 머물렀으므로 부족들은 일반적으로 더는 장소나 지역을 갖지 못하게 되었다. 그리하여 모든 부족이 완전히 뒤섞인 나머지 각 부족의 구성원들을 분간하려면 등록부를 열람해봐야만 했다. 그 결과 부족이라는 단어 개념은 말하자면 실질적인 것에서 개인적인 것으로 옮아갔다. 아니, 공상적이 되었다고 말해야 할 것이다.

또한 도시 부족들은 더 쉽게 가입할 수 있었기 때문에 로마 민회에서 흔히 최강자가 되어 민회의 일원인 하층계급들의 표를 닥치는 대로 사들이는 자들에게 나라를 팔아먹는 일이 벌어지기도 했다.

창시자는 각 부족에 쿠리아 열 개를 두었다. 당시 도시 성벽 안에 갇혀 생활하던 모든 로마 민족은 쿠리아 서른 개로 구성되어 있었고, 각 쿠리아마다 별도의 사원과 신, 관리, 사제가 있었으며 나중에 농촌 부족들이 벌이게 될 파가날리아 축제와 흡사한 콤피탈리아라는 이름의 축제를 벌였다.

  세르비우스의 새로운 분할에서는 이 30이라는 숫자가 네 부족에 똑같이 나뉠 수가 없었으므로 그는 여기에 전혀 손을 대지 않으려 했다. 그래서 부족에서 독립한 쿠리아는 로마 거주민들의 또 다른 부분이 되었다. 그러나 농촌 부족이나 그 부족민들에게는 쿠리아가 아무 문제도 되지 않았다. 왜냐하면 부족은 완전한 민간 기구가 되고 새로운 군 징집 제도가 도입되어 로물루스의 군사 조직이 쓸모가 없어졌기 때문이다. 그리하여 모든 시민은 어떤 한 부족에 소속되었지만, 그렇다고 해서 전부가 쿠리아에 소속되는 것은 아니었다.

  세르비우스는 다시 세 번째 분할을 실행했는데, 앞서 두 차례의 분할과는 아무 관련도 없었지만 그 결과로 볼 때 세 차례의 분할 중 가장 중요한 것이 되었다. 모든 로마인을 지역이나 사람에 따르지 않고 재산에 따라 여섯 계층으로 나누었다. 그래서 상위 계층들은 부자들로 채워지고 하위 계층들은 가난한 자들로 채워졌으며, 중간 계층은 보잘것없는 부를 누리는 사람들로 채워졌다. 이 여섯 계층은 다시 백인대라 불리는 193개의 다른 집단들로 세분되었다. 그리고 이 집단들은 제1계층이 단독으로 반수 이상의 백인대를 차지하고, 최하 계층은 백인대를 단 하나만 차지하도록 나뉘었다. 그리하여 숫자가 가장 적은 계층이 백인대를 가장 많이 갖게 되고, 최하위 계층은 로마 인구의 절반이 넘는데도 군관구를 하나밖에 갖지 못했다.

  세르비우스는 이 마지막 형태의 중요성을 국민이 잘 알아차리지 못하도록 이 형태가 군대처럼 보이게 만들었다. 즉 제2계층에 무기 제조인 백인대 두 개를 추가하고, 제4계층에는 전쟁 무기 제조 백인대 두 개를 추가했다. 그는 최하위 계층을 제외한 계층마다 젊은이와 노인들을, 다시 말해 무기를 들어야만 하는 자들과 나이가 많아서 무기를 안 들어도 되는 자들을 구분했다. 이러한 구분은 국세 조사나 인구조사를 빈번히 재개해야 할 필요성이 재산에 따른 구분보다 더 커지게 했다. 마지막으로 그는 회의가 연병장에서 열리도록, 그리고 군 복무를 할 수 있는 연령의 사람들은 모두 무기를 들고 이곳으로 나오도록 정했다.

그는 최하위 계층에 대해서는 젊은이와 노인을 구분하지 않았는데, 이 계층을 구성하는 천민에게는 조국을 위해 무기를 드는 명예가 주어지지 않았기 때문이다. 고향을 지킬 권리를 가지려면 고향이 있어야만 했다. 그런데 오늘날 왕들의 군대가 자랑스레 거느리고 있는 수많은 불량배 가운데 만일 그들이 자유의 수호자였던 로마군의 대열에 끼어 있었더라면 멸시당하며 내쫓기지 않을 자가 아마 단 한 명도 없을 것이다.

그러나 최하위 계층에서는 다시 '천민'이라고 불렸던 자들과 무산자가 구분되었다. 후자는 적어도 국가에 시민들을 제공했을 뿐만 아니라 때로는 위급한 상황에서 군인을 보내기도 하여 깡그리 무시당하지는 않았다. 그러나 아무것도 가진 것이 없고 오직 머릿수로 헤아릴 뿐이었던 전자는 아무 쓸모가 없는 존재로 간주했다. 감히 이들을 처음으로 병적에 등록시킨 사람은 마리우스였다.

이 세 번째 분할이 과연 그 자체로 좋은 것인지 나쁜 것인지를 여기서 단정 지을 수는 없다. 그렇지만 그것을 가능하게 한 것은 초기 로마인들의 단순한 풍습과 그들의 공평무사, 농업에 대한 애착, 상업과 지나친 이익 추구에 대한 경멸뿐인 것 같다. 맹렬한 탐욕과 불안한 정신, 술책, 끊임없는 이동, 계속적인 재산 변동이 국가 전체를 전복시키지 않고 그런 제도를 20년간 존속할 수 있게 하는 국민이 현재 어디 있겠는가? 또한 이 제도보다 더 강력한 관습과 통제가 로마의 타락을 막았고, 자신의 부$_富$를 지나치게 과시하다가 빈민 계급으로 쫓겨난 부자가 있다는 사실 역시 마땅히 지적해야 할 것이다.

이 모든 것으로 미루어 우리는 왜 그가 실제로는 여섯 계층이 있었는데도 다섯 계층만 언급했는지 그 이유를 쉽사리 이해할 수 있다. 제6계층은 군대에 병사를 보낼 수도 없었고 연병장[22]에 투표자를 보낼 수도 없어 공화국에서는 거의 무용지물이나 다름없었으므로 중요한 존재로 여겨지는 일이 거의 없었다.

로마 국민은 이처럼 여러 가지 방법으로 분할되었다. 이제는 이 같은 분할이 국민 회의에서 어떤 결과를 낳았는가를 살펴보자. 법에 따라 소집된 이 회의는 '민회'라고 불렸다. 민회는 보통 로마의 광장[23]이나 연병장에서 열렸으며, 조직된 세 가지 형태에 따라 쿠리아 민회와 백인대 민회, 그리고 부족 민회로 구분되었다. 쿠리아 민회는 로물루스의 제도였고, 백인대 민회는 세르비우스의 제도였으며, 부족 민회는 호민관의 제도였다. 모든 법이 오직 민회에서만 승인을 받았으며, 행정직도 오직 민회에서만 선출되었다. 그리고 쿠리아나 백인대 또는 부족에 등록되어 있지 않은 시민은 단 한 명도 없었기 때문에 모든 시민이 투표권을 가지고 있어서 로마인은 법적으로나 실제적으로나 진정한 주권자였다.

---

22 내가 이렇게 말한 것은, 백인대 민회가 소집된 곳이 바로 연병장이었기 때문이다. 다른 두 형태의 경우 국민은 포럼이나 그 밖의 다른 곳에서 집회를 열었다. 그리고 이때 천민은 상류 시민이나 다름없는 영향력과 권위를 누렸다.(원주)

23 포럼

민회가 합법적으로 소집되고 거기서 결정된 사항이 법적 효력을 가지려면 세 가지 조건이 필요했다. 첫째로 민회를 소집하는 기관이나 행정관은 소집에 필요한 권한을 부여받은 사람이어야 하고, 둘째로 민회는 법이 허용하는 날에 개최해야 하며, 셋째로 점복관占卜官이 거기 동의해야 한다.

첫 번째 규정의 이유는 굳이 설명할 필요가 없다. 두 번째 규정은 절차상의 문제다. 예컨대 축제일과 장날에는 민회를 여는 것이 허용되지 않았는데, 이날 장사를 하러 로마에 오는 시골 사람들은 광장에서 하루를 보낼 만한 시간적 여유가 없었기 때문이다. 세 번째 규칙으로 원로원은 거만하고 활동이 너무 야단스러운 국민들을 견제하고 선동적인 호민관들의 열의를 적절하게 진정시켰다. 그러나 호민관들은 이 같은 속박에서 벗어날 여러 가지 방법을 찾아내곤 했다.

민회에서 법 제정과 우두머리 선출만 이루어진 것은 아니었다. 로마 국민은 정부의 가장 중요한 기능을 가로챘기 때문에 유럽의 운명이 이 회의에서 결정되었다고 말할 수 있다. 이 다양한 목적은 그들이 결정할 문제의 성격에 따라 이 의회로 하여금 다양한 형태를 하게 했다.

이 여러 가지 형태를 판단하려면 형태들을 서로 비교해보면 된다. 로물루스는 쿠리아를 설립하면서 원로원은 국민이, 국민은 원로원이 견제하도록 함으로써 모든 사람을 똑같이 지배하려고 했다. 그리하여 귀족들에게 허용했던 권력과 부富의 권위를 상쇄하려고 이러한 형태로써 국민에게 숫자의 권위를 부여했다. 그러나 군주 체제의 정신에 따라 그는 평민들이 투표의 다수결 원칙에 미치는 영향을 통해 귀족에게 더 많은 이점을 부여했다. 이 놀랄 만한 귀족과 피보호자 제도는 정치와 인간관계의 한 걸작으로서, 이것이 없었더라면 공화국 정신에 완전히 어긋나는 귀족 제도는 존속할 수 없었을 것이다. 오직 로마만이 영광스럽게도 이 탁월한 예를 세상에 남겼는데, 그로부터 폐단은 전혀 생기지 않았지만 그렇다고 해서 후세 사람들이 그 예를 따르지는 않았다.

이 같은 쿠리아의 형태는 세르비우스에 이르기까지 존속했고 마지막 타르퀴니우스의 통치는 합법적인 것으로 간주되지 않았기에 일반적으로 왕들이 만든 법률들은 쿠리아법이란 이름으로 구분되었다.

공화국 치하에서 쿠리아는 항상 도시 부족 네 개에 한정되어 있었고 오직 로마의 하층민만을 포함하고 있었으므로 귀족들로 구성된 원로원이나 비록 평민이지만 부유한 시민들을 거느리던 호민관에게는 적합한 것이 될 수 없었다. 그래서 쿠리아는 신뢰를 잃었고, 세력이 크게 약화되는 바람에 릭터 서른 명이 모여 원래는 쿠리아 민회에서 해야 할 일들을 하는 형편이 되었다.

백인대에 의한 분할은 귀족에게 매우 유리했는데, 도대체 어째서 원로원이 집정관과 통제관, 그 밖의 고위 행정관들이 선출되는 민회에서 항상 승리를 거두지는 못했는지 그 이유를 알 수가 없다. 사실 전체 로마인의 여섯 계급을 이루고 있는 193개 백인대 가운데 98개를 제1계층이 차지하고 표수는 오직 백인대로만 계산되었으므로 제1계층만으로도 표수에서는 다른 모든 계층을 이길 수 있었다. 이 계층의 모든 백인대가 합의했을 때는 아예 계속 표를 모을 필요조차 없었다. 가장 소수의 사람이 내린 결정을 다수의 결정으로 간주했다. 그래서 백인대 민회에서는 표의 많고 적음보다는 오히려 돈이 많고 적음에 따라 일이 처리되었다고 말할 수 있다.

그러나 이 극단의 권위는 두 가지 방법으로 완화되었다. 첫 번째, 일반적으로는 호민관들이, 그리고 늘 다수의 평민은 부자 계급 안에 있었으므로 이들이 이 제1계층에서 귀족들의 영향력을 조절했다.

두 번째 방법은 계급 순서에 따라 백인대 투표를 진행시키는 대신 (이렇게 하면 항상 제1계층에서부터 투표를 시작하게 마련이다) 추첨을 통해 그중 하나를 뽑아 이 계층만 투표하도록 하는 방식이었다.[24] 그런 다음 다른 날 계급 순서에 따라 모든 백인대를 소집해 똑같은 투표를 하도록 함으로써 첫 번째 선거를 확인하도록 했다. 이렇게 해서 민주주의 원칙에 따라 표본의 권위를 지위에서 빼앗아 추첨에 부여했다.

이 같은 관례는 또 다른 이점을 안겨주었다. 즉 농촌 시민들은 두 차례의 선거 사이에 시간 여유를 갖고 임시로 임명된 후보의 자질을 꼼꼼하게 따져볼 수 있어서 오직 확실한 지지 이유에 따라 한 표를 행사할 수 있었다. 그러나 신속을 기해야 한다는 핑계로 이 관례가 폐지되면서 두 차례의 선거는 같은 날 치러졌다.

부족 민회는 말 그대로 로마 국민의 회의였다. 오직 호민관들만 이 민회를 소집할 수 있었다. 호민관은 여기서 선출되었고, 그들은 여기서 평민회의 결의를 통과시켰다. 원로원은 이 민회에서 아무 지위도 차지하지 못했을 뿐만 아니라 민회에 참석할 권리조차 없었다. 그리하여 자기들은 투표도 할 수 없는 법에 어쩔 수 없이 복종해야 했던

---

24 추첨으로 선출된 이 백인대는 맨 처음 투표할 것을 요청받았다는 이유에서 Praerogativa라고 불렀는데, 특권prérogative이란 단어는 여기서 유래했다.(원주)

원로원 의원들은 이 점에서는 최하층 시민보다도 덜 자유로웠다. 이러한 불공평함은 몹시 안 좋게 받아들여졌으며, 이 사실 한 가지만으로 모든 구성원의 참여가 허용되지는 않은 기구의 법령을 무효화시켰다. 그러나 모든 귀족이 시민으로서 누리는 권리를 발휘해 이 민회에 참가했다고 할지라도 단순한 개인이 된 그들은 머릿수로 계산되는, 그래서 최하층 천민도 원로원 의장과 같은 힘을 가질 수 있는 투표 형태에 아무 영향도 미치지 못했을 것이다.

따라서 우리는, 이처럼 위대한 민족의 표를 수집하기 위한 여러 가지 분배 방식에서 연유하는 질서 외에도, 이 분배 방식들은 그 자체로 아무 관련도 없는 형태로 귀착되는 것이 아니며 하나하나의 방식은 그것을 선호하게 만드는 목적과 연관되는 결과를 가져왔다는 사실을 알 수 있다.

이 문제에 대해 더 상세히 논하지는 않겠다. 그래도 이상의 고찰을 통해 부족 민회는 인민정부에 더 적합하고, 백인대 민회는 귀족 체제에 더 적합했다는 결론이 나온다. 로마의 서민층만으로 절대다수를 이루었던 쿠리아 민회로 말하자면 오직 독재와 음모에단 적합했기 때문에 결국은 신뢰를 잃어버렸고, 선동자들도 자신들의 계획을 지나치게 노출하는 방식은 쓰지 않았다. 오직 백인대에서간(완벽한 제도는 오직 백인대뿐이었다) 로마 민족의 위대함이 나타났다는 것은 확실한 사실이다. 쿠리아 민회에는 농촌 부족들이, 부족 민회에는 원로원과 귀족들이 불참했기 때문이다.

표를 모으는 방식으로 말하자면 초대 로마인들의 경우 그들의 풍습만큼이나 간단했다(비록 스파르타보다는 덜 간단했지만). 각자 큰 소리로 자신의 의사를 표명하면 서기가 하나씩 기록해나가는 것이었다. 각 부족마다 절대다수표가 그 부족의 투표를 결정지었다. 그리고 부족들 간의 절대다수표가 국민의 의사를 결정지었다. 쿠리아 및 백인회의 경우에도 마찬가지였다. 이 같은 관례는 시민들이 정직하고 각자가 부당한 의견이나 자격 없는 사람에게 공개적으로 투표하는 것을 수치스럽게 여기는 동안에는 바람직했다. 그러나 국민이 타락하고 매표 행위가 이루어지자 표를 파는 자들을 못 믿게 되면서 그런 자들을 견제하고 사기꾼들에게는 배신자가 되지 않을 방법을 제공하기 위해 비밀투표로 바뀌었다.[25]

나는 키케로가 이러한 변화를 비난하고 공화국 멸망의 원인을 부분적으로 그 변화로 돌렸다는 사실을 알고 있다. 그러나 비록 키케로가 여기서 상당한 권위를 발휘한다 해도 나는 그와 의견을 함께할 수가 없다. 오히려 그와 반대로 나는 이러한 변화가 충분히 이루어지지 않았기 때문에 로마 공화국이 더 빨리 멸망했다고 생각한다. 건강한 사람들의 식이요법이 환자들에게는 적합하지 않은 것처럼 건전한 국민에게 어울리는 법으로 타락한 백성을 다스리려 해서는 안 된다. 이 원칙을 가장 잘 증명해주는 것이 바로 베네치아 공화국의 존속이다. 이 공화국의 기본 형태는 여전히 존재하는데, 이 나라의 법이 오직 해로운 사람들에게만 적합하기 때문이다.

그리하여 시민들에게는 각자 누구를 찍는지 다른 사람이 알 수 없도록 작은 판을 나누어주었다. 또한 작은 판의 수거와 표 계산, 득표수 비교 등을 위한 새로운 절차도 수립했다. 그렇지만 이 일을 맡

---

[25] 비밀투표는 기원전 2세기에 도입되었다. 비밀투표 도입은 매표 행위를 일삼던 귀족 계급에 치명타를 안겨주었다.(원주)

은 관리들[26]의 성실성이 의심받는 일이 이따금 일어나기도 했다. 끝으로 술책과 표 거래를 방지하기 위한 법령이 제정되었는데, 그 수가 많은 점으로 보아 그 법령들이 아무 쓸모 없었다는 사실을 알 수 있다.

  말기에는 법의 결함을 보충하기 위해 이런저런 특별 대책을 강구해야만 했다. 때로는 놀라울 정도로 엄청난 대책을 내놓기도 했다. 그러나 이 방법이 국민에게는 통할 수 있어도 국민을 통치하는 자들에게는 통하지 않았다. 때로는 후보자들이 술책을 부리기 전에 황급히 회의를 소집하기도 했다. 국민이 부당한 편으로 기울 기미가 보이면 회의가 끝날 때까지 계속 발언을 하며 시간을 보낼 때도 있었다. 그러나 결국 야심이 모든 것을 속였다. 그러므로 이 위대한 민족이 수많은 오류를 저지르면서도 그들의 오래된 규정에 따라 행정관들을 선출하고, 법을 통과시키고, 사건을 심판하고, 사적인 일이나 공적인 일들을 마치 원로원에서 하듯 손쉽게 처리했다는 사실은 정말 믿기가 힘들다.

---

26 Custodes(투표 감시인), Diribitores(투표지 배포인), Rogatores Suffragiorum(투표지 검수인)(원주)

5. 호민관직에 관하여

국가를 구성하는 요소 간의 균형을 정확히 잡을 수 없을 때, 또는 도저히 어쩔 수 없는 원인들이 그것들 간의 관계를 끊임없이 변질시킬 때 다른 기관들과 완전히 무관한 특수 행정관직을 신설하게 된다. 이 행정관직은 각 기관이 다시 본래의 관계를 유지하도록 하는 한편 군주와 국민 사이에서 또는 군주와 주권자 사이에서, 그리고 필요할 때는 양쪽 편 모두의 연락이나 중개 역할을 담당한다.

내가 호민관직이라고 부를 이 기관은 법과 입법권의 관리자다. 이 기관은 때로는 로마에서 호민관들이 했던 것처럼 정부에 대항해 주권자를 보호하기도 하고, 때로는 오늘날 베네치아에서 10인 위원회가 하는 것처럼 국민에 대항해 정부를 지지하기도 하며, 또 때로는 스파르타에서 민선장관들이 했던 것처럼 양쪽의 균형을 유지하기도 한다.

호민관직은 국가의 구성 요소도 아니고, 입법권이나 행정권을 가져서도 안 된다. 그러나 바로 이 점에서 호민관직의 힘은 더 강력하다. 왜냐하면 아무것도 할 수 없지만, 대신 모든 것을 제지할 수 있기 때문이다. 호민관직은 법의 수호자로서, 법을 집행하는 군주나 법을 만드는 주권자보다 더 신성하고 존경받는다. 항상 모든 국민을 경멸했던 오만한 귀족들이 새점鳥占도 칠 수 없고 재판권도 갖지 못했던 일개 국민의 관리 앞에 굴복하지 않을 수 없었을 때 우리는 그 같은 사실을 로마에서 명확히 확인했다.

적절하게 견제받는 호민관직은 훌륭한 국가조직의 가장 튼튼한 지주다. 그러나 권력을 조금만 과도하게 발휘할 때는 모든 것을 뒤엎고 만다. 호민관직은 원래 무력하지 않다. 그래서 어떤 일을 맡기만 하면 가진 능력을 충분히 발휘한다.

행정권을 견제만 해야 하는데 그 권리를 가로챌 때, 그리고 법을 보호해야 하는데 법을 자신이 만들어내려고 할 때 호민관직은 독재로 변질된다. 스파르타가 건전한 풍속을 유지하는 동안에는 민선장관의 막중한 권력이 아무 위험도 일으키지 않았지만, 그 후 부패하기 시작하면서 급격히 타락했다. 이 폭군들에게 희생된 아기스[27]의 복수는 그의 후계자를 통해 이루어졌다. 민선장관들의 범죄와 징벌 역시 공화국의 멸망을 재촉했다. 그리고 클레오메네스[28] 이후의 스파르타는 아무 쓸모도 없는 나라로 전락하고 말았다. 로마도 같은 경로로 멸망했다. 호민관들은 법령으로 권력을 가로챘고, 결국 이들의 과도한 권력은 자유를 위해 제정된 법의 도움을 받아 황제들을 보호하는 데 쓰였다. 그리고 이 황제들은 자유를 무너뜨렸다. 한편 베네치아의 10인 위원회는 귀족에게나 평민 모두에게 끔찍한 피의 법정이 되었으며, 이 법정은 법을 엄격히 보호하기는커녕 타락한 뒤로는 눈

---

27   스파르타 왕조의 마지막 왕. 이 사건은 기원전 3세기 말에 일어났다.
28   기원전 1226~1119. 스파르타의 왕

뜨고 볼 수 없는 행위를 어둠 속에서 자행하는 역할만을 했다.

호민관직은 정부와 마찬가지로 그 구성원 수가 늘어나다 보면 약해지게 되어 있다. 처음에는 두 명, 그러고 나서는 다섯 명이었던 로마의 호민관들이 이 숫자를 두 배로 늘리려고 했을 때 원로원은 그들이 서로 견제할 것이라고 굳게 믿고 그냥 내버려두었는데, 과연 그렇게 되고야 말았다.

이처럼 너무나 무시무시한 기구의 권리 침해를 예방하는 가장 좋은 방법(지금까지 그 어떤 정부도 이 방법을 생각해내지 못했다)은 이 기구를 상설 기구로 만드는 것이 아니라 그 기능이 정지되는 기간을 정한다. 오류가 확고히 자리 잡을 시간적 여유를 줄 정도로 길면 안 되는 이 기간은 필요할 경우 특별위원회를 구성해 쉽게 단축할 수 있도록 법으로 정할 수도 있다.

이 방법은 별문제가 없을 것으로 보이는데, 이미 말한 것처럼 호민관직은 국가 체제를 구성하는 요소가 아니므로 설사 폐지된다고 해도 국가 체제가 타격을 받지는 않을 것이기 때문이다. 또 새로 임명된 관리는 선임자가 누렸던 권력에서 출발하는 것이 아니라 법이 그에게 부여하는 권력에서 출발하기 때문에 이 방법은 효과를 발휘할 것이다.

6.   독재에 관하여[29]

법이 그때그때 상황에 맞게 적응하는 것을 가로막는 법의 경직성은 경우에 따라 법을 해로운 것으로 만들고, 그 때문에 위기에 처한 국가를 멸망시킬 수도 있다. 형식과 절차를 내세우다 보면 시간이 소요되어 이따금 상황에 적응하지 못할 때도 있다. 입법자가 미처 예상하지 못했던 수많은 경우가 발생할 수도 있다. 그러므로 전부 다 예견할 수는 없다고 느끼는 것은 꼭 필요한 선견지명이다.

그러므로 정치제도를 확립하려다가 그 효력을 정지시키는 권한마저 제거해버려서는 안 된다. 스파르타인들도 그들의 법을 잠재운 적이 있었다.[30]

그러나 공공질서를 해칠 위험을 상쇄할 수 있는 것은 오직 가장 큰 위험이 닥쳤을 때뿐이며, 국가가 풍전등화의 위기에 처해 있을 때만 법의 신성한 힘을 정지시켜야 한다. 이처럼 드물고 명백한 경우에만 공공 안전의 책무를 가장 합당한 사람에게 맡기는 특별 행위를

---

29   이 장은 마키아벨리에게 많은 영감을 받아 쓰였다.
30   혁명정부도 1793년 헌법 적용을 중단시켰다.

통해 그 위기에 대비해야 한다. 이 권한은 위험의 종류에 따라 두 가지 방식으로 위임할 수 있다.

통치 활동을 증가시키기만 해도 이러한 위험에 대처할 수 있을 때는 정부 구성원 한두 명이 집중적으로 통치하면 된다. 이러한 경우에는 법의 권위가 훼손되는 것이 아니라 단지 통치 형태만 변화를 겪는다. 만약 위험이 너무 커서 법 기구가 자신을 지켜내는 데 장애가 될 때는 최고 우두머리를 임명하여 모든 법률을 침묵시키고 주권 행사를 일시적으로 정지시켜야 한다. 이 경우 전체 의사는 명백하다. 국가가 멸망해서는 안 된다는 것이 국민의 으뜸가는 의사이다. 그러므로 입법권을 정지시킨다고 해서 입법권을 폐지하는 것은 아니다. 법을 침묵하게 하는 행정관은 법이 말하게 할 수 없다. 그는 법을 지배하되 법을 대리할 수는 없다, 다만 그는 법을 제외한 모든 것을 할 수 있다.

첫 번째 방법은 로마 원로원이 관례적인 절차에 따라 집정관들에게 공화국을 구원하는 일에 대비하라는 책임을 부여했을 때 사용되었다. 두 번째 방법은 두 집정관 중 한 사람이 독재 집정관[31]을 임명했을 때 사용되었는데, 알바[32]가 로마에 이와 같은 관행의 선례를 남겼다.

공화국 초기에는 독재에 빈번히 의존하곤 했는데, 국가가 그 조직이 스스로 지탱할 수 있을 만큼 확고한 기반을 갖고 있지 못했기 때

---

31 이런 식의 임명은 꼭 한 명의 인간을 법 위에 올려놓는 것이 수치스럽기라도 한 듯 한밤중에 은밀하게 이루어졌다.(원주)
32 이탈리아 피에몬테 주에 있는 도시

문이다. 그때 국민의 풍습이 다른 시대라면 필요했을지도 모를 많은 예방 조치들을 무용지물로 만들었으므로 독재 집정관이 자신의 권위를 남용하거나 정해진 기한이 지나서까지 행사할 것이라는 우려는 조금도 없었다. 그 반대로 대단히 막중한 이 권력은 그것을 가진 자에게 짐처럼 느껴지는 까닭에 그는 꼭 법을 대신하는 것이 너무나 고통스럽고 위태로운 일이기라도 한 듯 이 짐을 벗어 던지려고 서둘러대는 것 같았다.

그러므로 내가 초기에 이 최고 권력이 함부로 사용되었다고 비난하는 것은 남용의 위험이 아니라 오히려 약화의 위험 때문이다. 왜냐하면 선거와 헌납 기념제[33] 같은 순전히 형식상의 문제들에 이 권력을 남용함으로써 정작 권력이 요구될 때는 그 위력이 줄어들지 않을까, 아무 쓸모도 없는 의식에만 사용함으로써 이 권력을 무익한 것으로 간주하는 습성이 생기지나 않을까 우려했기 때문이다.

공화국 말기가 되자 로마인들은 한층 더 조심스러워져 그들이 예전에 이 방식을 남용했을 때처럼 별다른 이유 없이 독재를 견제했다. 그들의 우려가 근거 없었다는 것, 그 당시에는 수도首都의 무력함이 오히려 그 안에 있던 행정관들에 대한 안전판 역할을 해냈다는 것, 독재 집정관이 어떤 때는 공공의 자유를 손상시키지 않고 수호할 수 있었다는 것, 로마의 쇠사슬은 로마 자체에서가 아니라 바로 로마 군대 안에서 만들어진다는 것은 아주 분명한 사실이었다. 마리우스[34]

---

33 이런 의식 때 로마인들은 독재 집정관을 지명했고, 이 독재 집정관의 직무는 의식이 끝나는 순간 정지되었다.
34 로마의 장군, 정치가. 집정관의 지위에 오른 그는 서민층에 유리한 개혁을 단행했으나 술라와의 알력 끝에 로마에서 추방당했다.

가 술라[35]에게 대항했지만, 그리고 폼페이우스[36]가 카이사르에게 대항했지만 얼마 못 갔다는 사실은 외부의 힘에 대항하는 내부의 권위에서 무엇을 기대할 수 있는지를 명백히 보여주었다.

이러한 오류 때문에 그들은 심각한 잘못들을 저지르게 되었다. 예를 들어 카틸리나[37] 사건 때 독재 집정관을 임명하지 않았던 것이 그런 잘못에 속한다. 왜냐하면 이것은 도시 내부의 문제였고, 기껏해야 이탈리아 한 지방의 문제에 지나지 않았던 만큼 법이 독재 집정관에게 부여하는 무제한의 권위를 발휘해 음모를 쉽사리 분쇄할 수 있었을 것이다. 인간의 신중성이 결코 기대할 수 없는 다행스러운 우연의 도움으로 꾸며졌을 뿐인 그 음모를 말이다.

원로원 의원은 대신 자신들의 모든 권력을 집정관들에게 위임하는 것으로 만족했고, 그 결과 키케로는 효율적으로 행동하기 위해 매우 심각한 월권행위를 저질렀다. 국민은 처음에는 기쁨에 휩싸여 그의 행동을 받아들였으나, 그다음에는 너무나 당연하게도 법을 어겨가면서 흘리게 한 시민들의 피에 대한 보상을 요구했다. 그런데 이것은 독재자에게는 할 수 없는 비난이었다. 그러나 집정관의 웅변이 모든 사람을 설득했다. 그리하여 비록 로마인이었으나 조국보다 자신의 영광을 더 사랑했던 그는 국가를 수호하는 가장 정당하고 확실한

---

35 로마 귀족 출신의 장군. 정치가로서 여러 차례 마리우스와 갈등을 벌인 끝에 종신집정관이 되었다.
36 로마의 장군, 정치가. 집정관 자리에 올라 크라수스 및 카이사르와 더불어 삼두정치를 했다. 후일 카이사르에게 패했다.
37 로마의 정치인. 반집정관 음모를 획책하다 처형당했다.

방법보다 오히려 이 일을 떠맡는 영광을 추구했다.[38] 그러기에 그는 로마의 해방자로서 당연히 누려야 할 영광을 누렸고, 또한 법의 위반자로서 당연히 받아야 할 벌을 받았다. 그를 다시 불러들인 것이 아무리 탁월한 행위였다 할지라도 그것이 은사恩赦일 뿐이라는 것은 확실한 사실이었다.

요컨대 이 막중한 권한이 어떤 형식으로 위임되든 그 기한을 매우 짧게 정하는 것이 중요하며, 그 기한은 절대 연장될 수 없다. 이 권한을 위임하도록 만드는 위기 속에서 국가는 얼마 지나지 않아 멸망하거나 구원된다. 그리하여 일단 위급한 상황이 지나면 독재는 전제적으로 변하거나 무익해진다. 로마의 독재 집정관은 임기가 겨우 6개월이었는데 대부분 이 기한이 끝나기 전에 물러났다. 만약 이 기한이 더 길었더라면 아마도 그들은 10대관大官들이 그러했듯 1년 더 연장하고 싶은 유혹을 느꼈을지도 모른다. 독재 집정관은 그를 선출되게 만든 상황에 대응할 시간적 여유밖에 없었다. 다른 계획을 생각할 여유는 없었다.

---

38 그가 독재 집정관을 제안하면서 자기가 꼭 할 것이라고 자신할 수 없는 일이었는데, 스스로 자기 자신을 이 직위에 임명할 수도 없거니와 동료가 자기를 그 자리에 임명할 것이라고 장담할 수 없었기 때문이다.(원주)

7.   감찰관직에 관하여

 전체 의사의 선언이 법에 따라 이루어지는 것처럼 공적인 심판의 선언은 감찰관이 실행한다. 국민의 의견은 일종의 법이며 감찰관이 그 집행자다. 감찰관은 군주와 마찬가지로 이 법을 특수한 경우에 적용할 뿐이다.

 따라서 감찰 법정은 국민의 의견을 심판하는 것이 아니라 단지 그것을 공표할 뿐이며, 이 의견에서 멀어지자마자 그의 결정은 쓸모없어지고 효과도 발휘하지 못한다.

 한 국민의 풍습을 그들이 존중하는 대상과 분리하는 것은 헛된 일이다. 왜냐하면 이 모든 것은 동일한 원칙을 바탕으로 하고 있으며 필연적으로 혼합되기 때문이다. 지상의 모든 국민이 자신들의 쾌락을 선택하게 하는 것은 자연이 아니라 의견이다. 사람들의 의견을 바로잡는다면 그들의 풍습은 저절로 순화될 것이다. 사람들은 항상 아름답거나 아름답다고 생각되는 것을 좋아한다. 그러나 사람들은 이러한 판단에 근거하여 잘못을 저지른다. 따라서 규제해야 할 것은 바로 이 판단이다. 사람들의 풍습을 판단하는 자는 명예를 판단한다. 그리고 명예를 판단하는 자는 의견에서 자신의 법을 취한다.

한 국민의 의견은 그들의 조직에서 태어난다. 법이 풍습을 규제하지 않는다고 할지라도 그것을 탄생시키는 것은 법체계다. 법체계가 약화하면 관습도 타락한다. 그때 감찰관들의 심판은 법의 힘이 이루지 못했던 것을 이루지 못할 것이다.

그러므로 감찰은 풍습을 유지하는 데 유익하지만 풍습을 재건할 수는 없다. 법이 효력을 발휘하는 동안에 통제관들을 확립하라. 법이 효력을 상실하는 순간 모든 것이 절망스러워진다. 법이 정당성을 상실하면 정당한 그 무엇도 더는 힘을 발휘하지 못한다.

감찰은 국민의 의견이 타락하는 것을 막음으로써, 법의 신중한 적용을 통해 의견의 공정함을 보존함으로써, 그리고 어떤 의견이 여전히 불확실할 때는 의견을 고정해 관습을 유지한다. 프랑스 왕국에서 광적으로 성행했던, 결투에 입회자를 세우는 관례는 〈비굴하게도 입회자를 부르는 자들에 대해〉라는 왕의 칙령 몇 마디로 폐지되었다. 이 판단은 국민의 판단을 앞질러 단숨에 그것을 굳혀버린 것이다. 그러나 같은 칙령이 결투 역시 비열한 행위라고 선언하려 했을 때, 그것은 백 퍼센트 진실이었으나[39] 일반인들의 의견과는 반대되었다. 그래서 이미 그러한 결정에 대해 판단을 내린 일반인들은 그 선언을 비웃었다.

나는 다른 곳에서[40] 여론은 결코 억압에 굴복하지 않으므로 여론을 대변하기 위해 세워진 법원에는 이 같은 억압의 잔해도 전혀 남

---

39 결투에 대한 루소의 생각은 《신新 엘로이즈》와 《달랑베르에게 보내는 연극에 관한 편지》에 나와 있다.

40 이 장에서 나는 《달랑베르에게 보내는 연극에 관한 편지》에서 상세히 논한 것을 지적하는 정도로 그치려 한다.

아 있어서는 안 된다고 말한 적이 있다. 로마인들이 어떤 기교를 발휘해서 지금은 흔적도 없이 사라진 이 기구를 잘 운영했는지, 특히 스파르타인들은 또 어떤 기교를 발휘해서 더 잘 운영했는지 참으로 감탄스럽다.

품행이 불량한 누군가가 스파르타 의회에서 좋은 의견을 제시했지만 민선장관들은 그에 아랑곳하지 않은 채 덕망 높은 한 시민이 같은 의견을 내놓도록 했다. 두 사람 중 누구도 칭찬하거나 비난하지 않았지만, 한 사람에게는 그 얼마나 큰 명예이고 또 다른 사람에게는 그 얼마나 큰 수치인가! 사모스[41]의 주정뱅이 몇 명이 민선장관의 법정을 더럽힌 일이 있었다. 그러자 다음 날 사모스 사람들은 공고를 통해 농민이 될 수 있도록 허용되었다. 이러한 처벌 면제는 처벌 그 자체보다 더 가혹했을 것이다. 스파르타가 정직하거나 정직하지 않은 것에 대해 판결을 내렸던 반면, 그리스는 판결에 대해 상소하지 않았다.

---

41 1782년 판에는 루소의 다음과 같은 주가 첨부되어 있다. "그들은 다른 섬에 사는 사람들이지만, 품위 있는 우리말로는 이 섬 이름을 부르기가 민망하다." 이 사람들은 실제로는 '똥'이라는 뜻을 가진 단어 chiotte와 같은 어원에 속하는 이름, 시오섬 출신이다.

8. 시민 종교에 관하여

인간들에게 처음에는 신神 외에 다른 왕이 없었고 신정神政 외에 다른 정치체제가 없었다. 그들은 칼리굴라[42]처럼 생각했다. 그리고 그들의 이러한 생각은 제대로 맞아떨어졌다. 사람들이 자기들과 비슷한 인간을 지배자로 내세울 결심을 하고, 그런 결심에 흡족해할 것이라고 자신할 수 있으려면 감정과 생각이 오랜 시간에 걸쳐 변화해야 한다.

신을 각 정치사회의 우두머리로 삼았을 뿐인데 국민의 수만큼이나 많은 신이 생겨났다. 서로 잘 모르고 적이나 다름없는 두 국민은 오랫동안 같은 지배자를 인정할 수 없었다. 서로 싸우는 두 군대는 같은 지휘관에게 복종할 수 없을 것이다. 이렇듯 국가의 분리는 다신교에서 유래했고, 또한 여기서 나중에 설명하겠지만 원래는 똑같은 종교적 불관용과 시민적 불관용이 유래했다.

자기들의 신을 미개 부족들에게서 찾아내려고 했던 그리스인들의 엉뚱한 생각은 자신들을 이 부족들의 지배자로 간주했던 그들의 기

---

[42] 로마 황제. 처음에는 자유주의 체제를 펼쳤으나 후일 자신을 신으로 여겼다.

발한 생각에서 비롯되었다. 그러나 여러 민족의 신을 동일시하는 것에서 출발하는 학문은 오늘날 정말 우스꽝스러워 보인다. 마치 몰로크[43]와 사투르누스,[44] 그리고 크로노스가 같은 신이 될 수 있기라도 한 것처럼! 그리고 페니키아인들의 바알 신과 그리스인들의 제우스 신, 라틴 민족의 주피터 신이 같은 신이 될 수 있기라도 한 것처럼! 그리하여 서로 다른 이름을 가진 공상적인 존재들에게 공통된 무엇인가가 있기라도 한 것처럼!

만일 누군가가 국가마다 고유의 종교와 신을 가지고 있는 다신교에서 어떻게 종교 전쟁이 일어나지 않았느냐고 묻는다면, 나는 바로 이 같은 사실 때문에, 고유의 종교와 정부를 가진 국가는 그들의 법을 신과 구분하지 않았던 것이라고 대답하리라. 정치 전쟁은 또한 종교적이기도 했다. 말하자면 신의 관할구역은 민족의 경계선을 따라 고정되었다. 어떤 한 민족의 신은 다른 민족에 대해 아무 권리도 갖고 있지 못했다. 이교도들의 신은 결코 질투의 신이 아니었다. 그들은 지상의 왕국을 나누어 가졌다. 모세 자신과 히브리 민족도 이스라엘의 신에 대해 말하면서 때때로 그러한 생각을 받아들였다. 사실 그들은 추방당하여 멸망할 수밖에 없는, 그들이 점령하게 될 가나안 민족의 신을 깔보았다. 그러나 그들이 공격해서는 안 될 이웃 나라 국민의 신에 대해 어떻게 말했는가를 보라. 입다는 암몬 사람들에게 이렇게 말했다.

"당신들의 신 샤모스에게 속한 것을 소유하는 것은 당신들의 정당

---

43   셈족의 신
44   로마신화에 나오는 신

한 권리가 아닌가? 같은 이유로 우리도 우리 승리의 신이 정복한 땅을 소유하고 있다."[45]

내가 생각할 때, 이것은 샤모스 신의 권리와 이스라엘 신의 권리를 동등하게 인정하는 말인 듯하다.

그러나 유대인들이 바빌론 왕에게, 그다음에는 시리아 왕에게 예속되면서도 자기들의 신이 아닌 다른 신을 인정하는 것을 집요하게 거부했을 때, 그 같은 거부는 정복자에 대한 저항으로 간주해 그들의 역사책에서 읽을 수 있는 것 같은 박해를 받아야만 했는데, 그들에 대한 이처럼 혹독한 박해는 기독교 이전에는 다른 예를 찾아볼 수 없다.[46]

따라서 각 종교는 그것을 규정 지은 국가의 법률에만 결부되어 있었으므로 어떤 민족을 개종시키는 방법은 그들을 노예로 만드는 것뿐이었으며, 정복자 외에 다른 전도자는 없었다. 또한 종교를 바꿔야만 하는 의무는 패자들의 법이었기 때문에, 먼저 승리를 거둬야만 거기에 대해 말할 수 있었다. 사람들이 신을 위해 싸운 것이 아니라 호

---

45 "Nonne ea quae possidet Chamos deus tuus tibi jure debentur?" 라틴어 역 성서의 본문이다. 드 카리에레스 신부는 다음과 같이 번역했다. "너희들은 너희들의 신 샤모스에 속한 것을 소유할 권리를 가지고 있다고 생각하지 않느냐?" 나는 히브리 원전이 어떤 힘을 가지고 있는지 모른다. 그러나 라틴어 역 성서에서는 입다가 샤모스 신의 권리를 명확히 인정하는 반면 프랑스어 번역자는 라틴어가 아닌 "너희들 생각으로는"이라는 문구를 덧붙임으로써 샤모스 신의 권리를 덜 인정하고 있다는 것을 알 수 있다.(원주)

46 성전聖戰이라고 불린 포카이아인들의 전쟁(기원전 356년 테베인들과 포카이아인들 사이에 일어난 전쟁—옮긴이 주)이 종교 전쟁이 아니었다는 것은 너무나도 명백하다. 이 전쟁의 목적은 불신자들을 굴복시키는 것이 아니라 신성 모독자들을 벌하는 것이었다.(원주)

메로스의 작품에서처럼 신들이 사람들을 위해 싸웠다. 사람마다 자기가 숭배하는 신에게 승리를 요청했고, 승리를 거두면 새로운 제단을 세워 그 대가를 치렀다. 로마인들은 어떤 곳을 점령하기 전에 그곳 신들에게 그곳을 떠나라고 종용했다. 이들이 타렌트 사람들을 자신들의 성난 신에 그대로 내맡긴 것은, 이 신이 로마의 신에 예속되어 복종을 서약하지 않을 수 없게 된 것으로 간주해서다. 로마인들은 정복당한 민족이 자기들의 법을 그대로 적용하고 자기들의 신을 계속 숭배하도록 내버려두었다. 카피톨리노 언덕에 있는 유피테르 신전에 바치는 화환이 흔히 로마인들이 요구한 단 한 가지 공물이었다.

결국 로마인들은 자신들의 왕국과 더불어 자신들의 종교와 신도 넓혀나가는 한편, 흔히 정복된 민족의 신들을 그냥 살려둠으로써 자신들도 이 신들을 받아들이게 되었다. 이로써 이 방대한 제국의 민족들은 자기들도 모르는 사이에 어디서나 거의 똑같은 수많은 신과 종교를 갖게 되었다. 그리고 이렇게 해서 다신교가 단 하나의 유일한 종교로 세상에 알려지게 되었다.

예수가 이 땅 위에 영적 왕국을 세우려고 온 것은 바로 이 같은 상황에서였다. 그리하여 종교적 체제와 정치적 체제가 분리되면서 국가는 더는 하나가 될 수 없었으며, 내분이 일어나 기독교를 믿는 국민들을 끊임없이 동요시켰다. 그런데 이교도들은 하늘 왕국이라는 새로운 개념을 머릿속에 받아들일 수 없었기 때문에 항상 기독교도들을 위험한 반역자, 곧 겉으로는 복종하는 듯 보이지만 사실은 독립하여 지배자가 되는 순간만을 노리고 무력한 가운데 권력을 존중하는 척하다가 그것을 교묘하게 가로챌 순간만을 노리는 극도로 위험한 반역자로 간주했다. 바로 기독교도들이 박해를 받은 원인이었다.

이교도들이 걱정했던 일이 결국 일어나고야 말았다. 그러자 모든 것이 다 바뀌었다. 겸손했던 기독교도들의 말투가 달라졌고, 이른바 하늘 왕국이라는 곳은 얼마 지나지 않아 눈에 보이는 지배자의 통치를 받으며 지상에서 가장 난폭한 독재체제가 되었다.

그러나 군주와 시민법은 늘 있었으므로, 기독교 국가에서는 모든 훌륭한 정치를 불가능하게 만드는 끊임없는 결정권의 갈등이 이 두 세력에서 유래했다. 그래서 국민은 지배자와 사제 가운데 과연 누구에게 복종해야 할 것인지를 끝내 알 수가 없었다.

그러나 심지어는 유럽이나 인접 지역에서도 몇몇 국민은 옛 체제를 보존하거나 재건하려 했지만 성공을 거두지는 못했다. 기독교 정신이 모든 분야에 침투한 터였다. 성스러운 종교는 항상 통치자에게서 독립되어 있거나 다시 독립했으며, 국가조직과 필연적인 관련을 맺지 않았다. 마호메트는 매우 건전한 관점을 가지고 있었으며, 자신의 정치체제를 잘 결합시켰다. 이 정부의 형태가 그의 후계자인 칼리프들에 의해 유지되는 동안 정부는 완전히 하나였고, 그 점에서 훌륭했다. 그러나 아랍인들은 번영하고 학식을 쌓고 세련되어지고 무기력해지고 비굴해져 결국은 야만인들에게 정복당하고 말았다. 그리고 두 권력의 분열이 다시 시작되었다. 이슬람교도들의 경우에 이러한 분열은 비록 기독교도들의 경우처럼 심각하지는 않았지만 어쨌든 분명히 존재했으며, 알리족[47]의 경우에 특히 그렇다. 페르시아 같은 나라들에서 이 같은 분열은 끊임없이 감지된다.

우리 가운데 영국 왕은 교회 우두머리로 자리 잡았다. 러시아 황제

---

47 시아파를 말한다.

도 그렇게 했다. 그러나 이 자격으로 그들은 교회의 주인보다는 오히려 사제가 되었다. 교회를 변화시키는 권리보다는 교회를 유지하는 힘을 얻었다. 여기서 그들은 입법자가 아니라 단지 우두머리일 뿐이다. 그들은 사제 계급이 집단을 이루는 모든 곳에서[48] 주인이자 입법자다. 따라서 영국과 러시아에는 다른 곳에서와 마찬가지로 두 권력, 두 지배자가 있는 셈이다.

모든 기독교 사상가 중에서 철학자 홉스는 무엇이 결함이고 해결책인지를 정확히 파악한 유일한 사람으로, 양자를 결합해 정치적 결합 없이는 국가나 정부가 결코 올바로 구성될 수 없다며 모든 것을 정치적 통합으로 귀착시킬 것을 대담하게 제안했다.[49] 그러나 기독교의 지배적 정신은 자신의 체계와 일치할 수 없고, 사제의 이익은 국가의 이익보다 항상 더 강하다는 사실을 그는 깨달아야만 했다. 사람들이 그의 정치학을 혐오하도록 만든 것은 정치학의 과도하고 그릇된 부분이라기보다는 오히려 정당하고 진실한 부분이었다.[50]

이러한 관점에서 역사적 사건들을 고찰해보면 벨[51]과 워버튼[52]의 상반된 견해를 쉽게 반박할 수 있다. 전자는 그 어떤 종교도 정치체제에 필요하지 않다고 주장했고, 후자는 반대로 기독교야말로 정치체제의 가장 튼튼한 지주라고 주장했다. 그러나 전자에 대해서는 국

---

[48] 사제들을 하나의 조직으로 묶는 것은 프랑스의 총회 같은 형식적 총회라기보다는 오히려 교단이라는 사실을 지적해야만 한다. 영성체와 파문은 사제들의 사회적 계약이다. 즉 그들이 국민과 왕들의 지배자가 될 수 있도록 해주는 계약인 것이다. 함께 영성체를 하는 사제들은 설사 그들이 이 세상 끝에서 왔다 할지라도 다 친구다. 이 발명품은 정치적 걸작이다. 이교의 사제들에게는 이런 것이 없다. 그래서 이들은 사제 조직을 이룬 적이 없었다.

[49] 《리바이어던》 3부 〈기독교 공동체에 관하여〉

가는 종교가 그 토대로 쓰일 때 비로소 세워졌다는 것을 입증할 수 있고, 후자에 대해서는 기독교 법이 사실상 국가의 강력한 구성에 유익하기보다는 오히려 해롭다는 것을 입증할 수 있을 것이다. 내 관점을 완전히 이해시키려면 내 주제와 관련된 지나치게 막연한 종교관을 좀 더 명확히 밝히는 것으로 충분하다.

사회와 관련해 고찰되며 전체적이기도 하고 개별적이기도 한 종교는 또한 두 종류, 즉 인간의 종교와 시민의 종교로 나뉠 수 있다. 사원도, 제단도, 의식도 없이 오직 절대 신에 대한 완전히 내면적인 신앙과 도덕의 영원한 의무로만 한정 지어진 전자는 순전한 복음서의 종교, 참된 유신론으로서 본래적인 신앙의 권리라고 부를 수 있다. 후자는 오직 단 하나의 국가에만 포함되어 있으며, 신과 고유한 수호신을 그 국가에 제공한다. 이 종교는 고유의 교리와 의식, 그리고 법으로 제정되는 옥외 예식을 하고 있다. 따라서 이 종교를 따르는 단 하나의 국가를 제외한 모든 것은 그 국가가 볼 때 다 불신이고 이방이고 야만이다. 이 종교는 인간의 의무와 권리를 제단 너머까지는 확대하지 않는다. 바로 이것이 초기 민족의 종교였는데, 우리는 이 종교에 시민적이거나 실제적인 신앙의 권리라는 이름을 붙일 수

50 무엇보다도 동생에게 보낸 1643년 4월 11일자 편지에서 박식한 흐로티위스가 《시민론 de Cive》(홉스가 1642년에 쓴 책—옮긴이 주)을 거론하면서 어떤 부분을 동의하고 어떤 부분을 비난하는지 보기 바란다. 그가 관대함을 발휘해 이 책을 쓴 저자의 결점을 가려주기 위해 좋은 점을 과장하는 듯이 보이는 것은 사실이다. 그러나 모든 사람이 다 그렇게 관대한 것은 아니다.(원주)(흐로티위스가 홉스의 저작에서 인정하고 받아들이는 부분은 절대왕정 이론이다. 반대로 그가 비난하는 것은 이 절대왕정의 토대를 이루는 물질주의적 논거와 홉스가 종교에 부여하는 역할이다.—옮긴이 주)
51 17세기 후반의 프랑스 사상가
52 영국의 주교이자 신학자

있다.

더 기이한 제3의 종교가 있는데, 이 종교는 인간에게 두 법과 두 우두머리, 두 조국을 안겨주는 한편 그들을 모순되는 의무에 복종시키며 그들이 동시에 신자이자 시민이 되는 것을 가로막는다. 라마교와 일본인의 종교, 로마 기독교의 경우가 그러하다. 로마 기독교는 사제의 종교라고 부를 수 있다. 그로부터 뭐라 이름 붙일 수 없는 비사회적이고 혼합된 권리가 태어난다.

이 세 가지 종류의 종교를 정치적으로 고찰해보면 모두 나름대로 결함이 있다. 세 번째 종교는 그 결함이 너무 확실하므로 입증하려 해봤자 시간만 낭비할 뿐이다. 사회적 통합을 깨뜨리는 모든 것은 아무 가치도 없다. 인간을 자기 자신과 모순되게 만드는 모든 체제 역시 전혀 가치가 없다.

두 번째 종교는 신앙과 법에 대한 사랑을 결합한다는 점에서, 그리고 조국을 시민들이 사랑하는 대상으로 만들면서 그들이 국가에 봉사하는 것이 곧 나라의 수호신에게 봉사하는 것이라는 사실을 깨닫게 한다는 점에서 훌륭하다. 일종의 신정神政으로서, 군주 외에 다른 대주교가 없고 행정관 외에 다른 사제들이 없다. 따라서 나라를 위해 목숨을 바치는 것은 곧 순교와 같고, 법 위반은 곧 불신과 같으며, 죄인을 대중의 저주에 내맡기는 것은 곧 신의 분노에 바치는 것과 같다. 즉 그는 신에게 바쳐진 재물이다.

그러나 이 종교는 오류와 거짓 위에 세워져 인간을 속이고, 그들을 미신적이고 잘 속아 넘어가는 사람으로 만들며, 신에 대한 진실한 믿음이 헛된 의식 속에 잠기게 한다는 점에서 나쁘다. 종교는 또한 배타적이고 압제적인 것이 되고, 국민을 냉혹하고 편협하게 만들어 국민이 살인과 살육만을 일삼으며 자신들의 신을 받아들이지 않는 사람을 닥치는 대로 죽이고는 성스러운 행동을 했다고 믿을 때도 역시 나쁘다. 그리하여 어떤 민족은 다른 모든 민족과의 자연적인 전쟁 상태에 빠져드는데, 이 전쟁 상태는 그들 자신의 안전에 몹시 허롭다.

그러므로 인간의 종교 또는 기독교만 남는다. 이 기독교는 오늘의 기독교가 아니라 완전히 다른 복음서의 기독교다. 같은 신의 자녀인 인간들은 이 성스럽고 고귀하고 참된 종교를 통해 모두가 서로를 형제로 생각하며, 그들을 결합하는 사회는 절대 와해되지 않는다.

그러나 정치체와 특별한 관련을 맺지 않는 이 종교는 다른 어떤 법도 추가하지 않은 채 그 자체에서 끌어내는 유일한 힘을 법에 넘겨준다. 그리하여 어느 특정한 사회의 커다란 유대들 가운데 하나는 아무 효력도 발휘하지 못한다. 게다가 이 종교는 시민들의 마음을 국가와 결합하기는커녕 국가에서 분리한다. 나는 이보다 더 사회정신에 어긋나는 것은 보지 못했다.

참된 기독교도들로 이루어진 국민은 상상할 수 있는 가장 완벽한 사회를 이룰 것이라고 사람들은 우리에게 말한다. 그러나 나는 이 가설에서 오직 하나의 커다란 난점만을 본다. 즉 참된 기독교도들의 사회는 더는 인간 사회가 아니다.

나는 이 사회가 아무리 완벽해도 가장 강력한 사회나 가장 영속적인 사회는 아니라는 말까지 할 수 있다. 이 사회가 연결되어 있지 않은 것은 너무 완벽하기 때문이다. 파괴의 화근은 바로 그 완벽성 자체에 있다.

각자는 자신의 의무를 다하며, 국민은 법을 따르고, 국가수반들은 정의롭고 온건하며, 관리들은 청렴결백하고, 군인들은 죽음을 두려워하지 않을 것이다. 허영도 안 부리고 사치도 안 할 것이다. 이 모든 것은 매우 훌륭하다. 그러나 좀 자세히 알아보자.

  기독교는 완전히 영적인 종교로서 오직 하늘의 일에만 전념한다. 기독교도의 조국은 이 세상에 있지 않다. 그가 자신의 의무를 다한다는 것은 사실이다. 그러나 자기 행동이 좋은 결과를 낳을지, 아니면 안 좋은 결과를 낳을지에 대해서는 도통 무관심하다. 본인이 회개할 일만 없다면 이 지상의 모든 일이 잘되건 못 되건 관심이 없다. 나라가 번성해도 그는 이 공동의 축복을 감히 누리려 하지 않는다. 그냥 나라의 영광으로 자기가 오만해질까 두려워할 뿐이다. 나라가 쇠퇴하면 그는 자기네 백성들을 짓누르는 신의 손을 축복한다.

  사회가 평화롭고 조화가 유지되려면 모든 시민이 단 한 명의 예외도 없이 훌륭한 기독교도여야 한다. 그러나 만일 불행히도 그 가운데 단 한 사람의 야심가나 단 한 사람의 위선자, 예를 들어 카틸리나나 크롬웰 같은 자가 있다면 이자는 틀림없이 믿음 깊은 동포를 우습게 여길 것이다. 기독교의 사랑은 이웃을 나쁘게 생각하는 것을 쉽게 허용하지 않는다. 그러므로 이런 야심가가 계략을 발휘하여 국민을 속이고 공권력 일부를 차지할 기술을 발견하면 그는 즉시 고위직에 오른다. 신은 그가 존경받기를 원한다. 이윽고 하나의 권력이 탄생한다. 신은 사람들이 그에게 복종하기를 원한다. 만약 이 권력을 장악한 자가 권력을 남용하기라도 하면 권력은 신이 자신의 자녀들을 벌하는 채찍이나 다름없다. 사람들은 권력을 찬탈한 자를 축출할 궁리를 할 것이다. 그러자면 공공의 안녕을 어지럽혀야 하고, 폭력을 사용해야 하고, 피를 흘려야 한다. 그러나 이 모든 것은 기독교도의 온유함과 잘 어울리지 않는다. 그리고 도대체 이 불행의 골짜기에서 벗어나든 아니면 노예가 되든, 그게 뭐 중요하단 말인가? 중요한 것은 천국에 가는 일이고, 체념은 그러기 위한 또 하나의 방법일 뿐이다.

다른 나라와 전쟁이 나면 시민들은 자진해서 싸움터로 향한다. 도망칠 생각을 하는 사람은 아무도 없다. 그들은 자신의 의무를 수행하지만, 꼭 승리를 거두고야 말겠다는 의지를 불태우지는 않는다. 그들은 승리할 줄 알기보다는 오히려 죽을 줄을 안다. 승리자가 되건 패배자가 되건, 그게 뭐 중요하단 말인가? 신의 섭리는 그들에게 필요한 것이 무엇인지를 그들보다 더 잘 알고 있지 않은가? 오만하고 과격하고 열광적인 적이 이들의 금욕주의에서 얼마나 큰 이득을 얻을 수 있는지를 상상해보자! 명예와 조국에 대한 열렬한 사랑으로 불타오르며 이들과 맞서고 있는 용감한 국민을 상상해보라. 당신의 기독교 공화국이 스파르타나 로마와 싸우고 있다고 가정해보라. 경건한 기독교도들은 미처 정신을 차릴 겨를도 없이 공격당하고 짓밟히고 멸망할 것이다. 아니면, 적이 이들에게 품게 될 경멸 덕분에 겨우 목숨을 구할지도 모른다. 내 생각에 파비우스[53]의 병사들이 했던 맹세는 훌륭한 맹세다. 그들은 죽거나 승리할 것을 맹세한 것이 아니라 승리자가 되어 돌아올 것을 맹세했으며, 이 맹세를 지켰다. 기독교도들이라면 절대 이런 맹세를 하지 않았으리라. 신을 시험하는 것으로 생각했을 테니까.

그러나 기독교 공화국이라는 말은 잘못되었다. 이 두 단어는 서로를 배제한다. 기독교는 굴종과 예속만을 가르친다. 기독교 정신은 압제에 매우 유리하여 압제는 항상 이 정신을 이용한다. 진짜 기독교도

53 기원전 3세기 로마의 정치가

는 노예가 되도록 만들어져 있다. 그들도 이 사실을 알고 있지만 그다지 개의치 않는다. 그들이 볼 때 이 짧은 인생은 아무 가치가 없다.

기독교 군대는 훌륭한 군대라고 사람들은 우리에게 말한다. 하지만 나는 그렇게 생각 안 한다. 그런 군대가 있으면 내게 보여주기를 바란다. 나는 기독교 군대에 대해 알고 있는 것이 전혀 없다. 사람들은 십자군 원정을 내게 예로 들 것이다. 십자군 병사들의 용맹함에 대해서는 여기서 논하지 않기로 하고 나는 이들이 기독교도가 아니라 사제의 병사, 교회의 시민들이었다는 사실을 지적하련다. 그들은 교회가 무슨 방법을 썼는지는 몰라도 어쨌든 속세화한 영적 나라를 위해 싸웠다. 잘 생각해보면 이것은 이교에 속한다. 복음이 국가 종교를 수립하는 것이 아니므로 기독교인들이 성전을 벌이는 것은 불가능한 일이다.

이교도 황제 치하에서 기독교 병사들은 용감했다. 모든 기독교 저술가가 이 사실을 확언하고 있으며, 나 역시 그렇게 믿는다. 이것은 이교도 군대들에 대항해서 치른 명예의 대항 의식對抗儀式 같은 것이었다. 황제가 기독교인이 되자마자 이러한 대항 의식은 사라졌다. 그리고 십자가가 독수리를 추방한 뒤로 로마인의 용기는 흔적도 없이 사라졌다.[54]

그러나 이제 정치적 고찰은 그만두고 권리의 문제로 되돌아가 이 중요한 문제에 관한 원칙을 정립하기로 하자. 사회계약이 군주에게 부여하는 신민들에 대한 권리는 내가 이미 말한 것처럼 공적 유용성

---

54 계몽주의 시대에, 특히 18세기 영국의 사학자 기번이 《로마제국 쇠망사》에서 펴는 주장

의 한계를 넘지 않는다.[55] 따라서 신민들은 자신의 의견이 공동체에 중요하다고 생각될 때만 군주에게 보고하면 된다. 그런데 국가로서는 각 시민이 자신의 의무를 사랑하게 만드는 종교를 갖는 것이 매우 중요하다. 그러나 이 종교의 교리는 오직 도덕과 관련되는 범위에서만, 그리고 그 도덕을 가르치는 자가 타인에 대해 행해야만 하는 의무와 관련되는 범위에서만 국가 및 그 구성원들의 흥미를 끈다. 게다가 각자는 자기 마음에 드는 생각을 가질 수 있지만, 군주는 굳이 그것을 알 필요가 없다. 왜냐하면 그는 다른 세상에서는 아무 권한도 없으므로, 신민들이 내세에서 어떤 운명을 맞건 그들이 이 세상에서 선량한 시민이기만 하면 될 뿐 그가 관여할 문제가 아니기 때문이다.

따라서 순전히 시민적인 신앙고백이 있는데, 종교 교리로서가 아니라 사회성의 의식(이 의식이 없이는 선량한 시민도 될 수 없고, 충성스러운 신민도 될 수 없다)[56]으로서 그 신조들을 정하는 것이 군주가 할 일이다. 군주는 그 누구에게도 이 신조를 믿으라고 강요할 수 없지만 누가 되었든 믿지 않는 자를 국가에서 추방할 수는 있다. 즉 군주

---

55 다르장송 후작은 "공화국에서 각자는 다른 사람들을 해치지 않는다는 점에서 완전히 자유롭다"라고 말했다. 바로 이것이 불변의 한계다. 이보다 더 정확히 설정할 수는 없다. 나는 이 말이 비록 대중에게 알려지지는 않았지만 이따금 그 말을 인용하는 기쁨을 거부할 수가 없었는데, 관직에 있을 때도 참된 시민의 마음을 간직했고 자기 나라 정부에 대해서도 올바르고 건전한 견해를 가졌던 고명하고 존경할 만한 사람에게 경의를 표하고 싶었다.(원주)

56 카이사르는 카틸리나(로마의 귀족으로 원로원에 대한 음모를 꾸몄다가 처형당했다―옮긴이 주)를 변호하면서 영혼의 죽음이라는 교리를 세우려고 애썼다. 카토와 키케로는 그를 반박하기 위해 철학적 논거를 동원하는 따위의 장난을 치지 않았다. 그들은 카이사르가 나쁜 시민으로서 말하고 국가에 해로운 이론을 내세운다는 주장을 폈을 뿐이었다. 사실 로마 원로원이 판단해야 할 문제는 어떤 신학적 문제가 아니라 바로 이 문제였다.(원주)

는 신조를 믿지 않는 자를 반종교적이 아니라 비≠사회적이라는 이유로, 법과 정의를 진지하게 사랑할 수 없고 필요할 때는 목숨 바쳐 의무를 수행할 수가 없다는 이유로 추방할 수 있는 것이다. 만약 누군가가 이 교리를 공공연히 받아들였다가 마치 그 교리를 믿지 않는 것처럼 행동한다면 죽음의 벌을 받아야 할 것이다. 그는 가장 큰 죄를 범했으며, 법 앞에서 거짓말을 했다.[57]

시민 종교의 교리는 단순해야 하고, 그 수가 적어야 하며, 설명이나 해설 없이 명확히 서술되어야 한다. 힘 있고 지혜로우며 은혜롭고 앞을 내다보며 미래에 대비하는 신의 존재, 미래의 삶, 의로운 자들의 행복, 악인의 징벌, 사회계약과 법의 신성함. 바로 이것들이 긍정적 교리다. 나는 부정적 교리를 오직 하나로 한정하는데, 바로 불관용이다. 불관용은 우리가 배제한 종교들의 속성이다.

내 생각에 시민적 불관용과 종교적 불관용을 구별하는 것은 잘못이다. 이 두 종류의 불관용은 불가분이기 때문이다. 정죄 받은 것으로 간주하는 사람들과 평화롭게 살아가는 것은 불가능한 일이다. 그들을 사랑하는 것은 곧 그들을 벌하는 신을 미워하는 것이 되리라. 그들을 원래 자리로 돌려보내거나 그들에게 고통을 주어야만 한다. 종교적 불관용이 허용된 모든 곳에서는 반드시 그것이 어떤 시민적 영향을 미친다.[58] 그런 영향이 미치면 군주는 심지어 현세적인 것에서조차 더는 군주가 아니다. 그 후로는 사제들이 진짜 지도자가 되고 왕들은 그들의 하인에 지나지 않게 된다.

이제 배타적인 국가 종교가 더는 없고 또 더는 있을 수 없게 되었

---

57 로베스피에르가 무신론을 공격하리라는 것을 예고하는 유명한 문장이다.

으므로 우리는 그 교리가 시민의 의무에 조금도 어긋나지 않는 한에서 다른 종교를 용인하는 모든 종교를 용인해야만 한다. 그러나 "교회 밖에는 구원이 없다"라고 감히 말하는 자는 누구든 국가에서 추방되어야 한다(국가가 교회고 왕이 교황이라면 모르지만). 이런 교리는 오직 신정神政에서만 유용하고 다른 모든 체제에서는 해롭다. 사람들이 앙리 4세가 가톨릭교를 신봉한 이유로 내세우는 것은 모든 성실한 사람이 특히 사리를 판단할 줄 아는 모든 왕이 이 종교를 버리게 하기에 충분하다.

58 예를 들어서 결혼은 시민 계약이므로 그것 없이는 사회가 존속할 수 없는 민법상의 효력을 가진다. 그런데 어떤 사제 집단이 이 행위를 허용할 수 있는 권리를 교묘히 독점하는 데 성공했다고 가정해보자. 그런데 이 권리는 모든 비관용적 종교에서 사제 집단이 부당하게 가로챌 수밖에 없다. 이렇게 되면 그들은 분명히 교회의 권위를 적절히 내세워 군주의 권위를 공허한 것으로 만들 것이며, 왕은 이들이 자신에게 넘겨주기에 동의한 신하들만을 다스리게 될 것이다. 결혼할 사람들이 어떤 특정 교리를 따르느냐 안 따르느냐, 어떤 특정한 형식을 받아들이느냐 안 받아들이느냐, 신중하게 행동하고 꿋꿋하게 살아가면서 얼마나 헌신적이냐에 따라 그들의 결혼 여부를 결정지을 권리를 가지고 있는 사제들이 유산과 직위, 시민, 그리고 심지어는 국가(이때 국가는 오직 잡종들로만 이루어져 있어서 더는 존속할 수 없을 것이다)까지도 단독으로 좌우할 수 있다는 것은 너무나 분명하지 않은가? 그러나 사람들은 직권 남용으로 상소하고 연기시키고 영장을 발부하고 사제의 월급을 압류할 것이라고 말하리라. 아, 이렇게 딱한 생각이 또 어디 있단 말인가? 성직자들이 조금이라도 양식良識이 있다면(조금이라도 용기가 있다면, 이라고 말하지는 않겠다) 그냥 내버려둔 채 자기 갈 길을 갈 것이다. 동요 없이 사람들이 상소하고 연기시키고 영장을 발부하고 월급을 압류하도록 내버려둘 것이며, 결국은 지배자가 될 것이다. 전부 차지하는 것이 확실할 때 일부분을 포기하는 것이 큰 희생은 되지 않는다는 것이 내 생각이다. (원주)

9. 결론

정치법의 진정한 원리를 정립하고 국가를 그 기초 위에 세우도록 노력했으니, 이제 남은 것은 그 대외관계를 통해 국가를 받쳐주는 일이다. 여기에는 사람들의 권리와 상업, 전쟁의 권리, 정복, 공적 권리, 동맹, 협상, 협정 등이 포함될 것이다. 그러나 이 모든 것은 매우 광범위해서 내 좁은 안목으로는 감당할 수가 없는 또 하나의 대상을 이룬다. 나는 이 안목을 항상 내 주변 가까이에 고정해야만 했다.

주요 개념.

• 옮긴이가 독자의 이해를 돕기 위해 추가했다.

주권[1]

1) 주권은 전체 의사의 실행이다

18세기에는 공공 권력과 절대적 지배권, 최고 권위, 주권이라는 단어가 동의어였다. 루소는 거의 대부분 주권이라는 단어만을 사용하며, 이따금 최고 권위라는 단어를 쓰기도 한다.

주권이란 국가의 최고 권위를 가리키며 국가가 능동적일 때는 정치체를 가리킨다. 반면 국가는 국가가 수동적일 때 정치체를 가리킨다. 루소는 주권자라는 단어에 제한적 의미를 부여한다. 즉 그는 법을 만드는 주권자와 법 시행을 책임지는 정부를 구분한다. 주권자는 입법권을 가지고 있으며 정치체의 의사다. 그리고 정부는 행정권을 가지고 있으며 정치체의 힘이다.

주권을 탄생시키는 것은 바로 사회계약이다. "그 순간 이 결합 행위는 각 계약자의 개인적 인격 대신 총회의 투표자 수와 똑같은 수의 구성원으로 이루어진 도덕적 집합체를 만들어내며, 이 단체는 그 결

---

[1] 1부 7장, 2부 1~3장, 3부 8장을 읽을 것

합 행위로부터 자신의 통일성과 공통 자아, 생명, 그리고 의사意思를 받는다."(이 책, 1부 6장)

계약 이전에는 주권이 존재하지 않는다. 주권의 근원은 국민 속에 있지만, 주권을 행사하는 것 역시 국민이다. 국민은 주권을 버릴 수가 없다. 왜일까? 주권은 정치체의 의사를 가리키기 때문이다. 그런데 "권력은 당연히 이양할 수 있지만 의사意思는 이양할 수 없다."(2부 1장) 루소는 주권을 전체 의사의 실행으로, 즉 집단을 이룬 국민의 의사로 정의한다. "고로 모든 사람의 의사는 질서, 최고의 규칙입니다. 그리고 의인화된 이 일반적 규칙을 나는 주권자라고 부릅니다."《산에서 보내는 편지》, 아홉 번째 편지)

주권은 공공의 힘을 이끌어나가는 전체 의사의 실행이다. "그러므로 국가 안에는 국가를 받쳐주는 공통의 힘이, 이 힘을 이끌어나가는 전체 의사가 있으며, 이 둘 중 하나의 다른 하나에 대한 적용이 주권을 이룬다."(《제네바 수고》, '플레이아드' 3권, p. 294)

2) 주권의 양도 불가능성

어떤 개별 의사가 항상 전체 의사와 일치한다고는 결코 확신할 수 없으므로 주권은 양도할 수 없고 분할할 수도 없다. 즉 오직 전체 의사만이 주권을 행사할 수 있다. 주권은 양도할 수 없으며, 집단의 손에서 하나 또는 여러 개인의 손으로 넘어갈 수가 없다.

"주권의 참된 특징으로서 전체 의사의 방향과 공공의 힘의 사용 사이에 항상 시간과 장소가 일치한다. 그런데 또 다른 의사가 이 힘을 가지는 순간 더는 그러한 일치를 기대할 수 없게 된다."(《제네바 수고》, '플레이아드' 3권, p. 294)

주권이 어떤 개별 의사에 맡겨질 경우 이 의사와 그것이 대표하게 될 전체 의사가 일치하지 않을 위험이 있다. "주권은 단일하므로 나누면 파괴된다."(3부 13장) 그래서 루소는 국민이 그들의 주권을, 즉 입법권을 대표자들이나 의원들에게 위임할 수 있다는 사실을 인정하지 않는다.

3) 주권의 한계

"사회계약 역시 그 구성원을 절대적으로 지배할 수 있는 힘을 정치체에 부여한다. 그리고 내가 앞에서 말했듯이 전체 의사가 이끌어나가는 이 힘을 바로 주권이라고 부른다."(2부 4장)

주권은 절대적이지만 무한하지는 않다. 그것에 대립할 수 있는 대항력이 존재하지 않기 때문에 절대적이지만, 그 자체의 본질에 의해 제한적이다. 주권자는 자기가 모든 사람의 이익을 위해 최고의 힘을 갖고 있다는 생각에 반대하지 않는 한은 개인들에게 필요 이상의 책임을 지우지 않는 것이 좋다.

"주권자의 권력은 아무리 절대적이고 아무리 신성하고 아무리 불가침이라 할지라도 전체적인 계약의 한계를 넘지 못하며 넘을 수도 없다."(2부 4장) 주권은 오직 일반적인 규범에 근거해서만 그 힘을 행사하며, 모든 시민과 관련된다. 즉 주권 행위는 법이다.

4) 주권, 도덕적 존재

루소가 주권자를 법인격으로, 인위적 존재로 정의하므로 주권이 양도될 수 없다는 사실에 주목해야 한다. 주권의 존재는 모든 사회 구성원들의 결합 속에 있다. 그래서 주권은 실제로 파괴되지 않고서는 제3자에게 맡겨질 수가 없다.

마지막으로 루소는 주권이 전체 의사 속에 있다고 생각하기 때문에 이 중요한 개념을 잘 이해해야 한다.

전체 의사[2]

"우리는 저마다 자신의 신체와 모든 힘을 공동의 것으로 만들어 전체 의사라는 최고 지휘권 아래 둔다. 그리고 우리는 모두 각 구성원을 전체와 불가분의 부분으로서 모두 함께 받아들인다."(1부 6장)

주권은 전체 의사이며, 전체 의사는 사회계약을 통해 결합한 사회체의 의사다.

전체 의사라는 단어는 흐로티위스나 푸펜도르프 같은 자연법 이론가들이 이미 사용했는데, 이들은 전체 의사를 신민들이 갖고 있는 개별 의사의 집합이라고 정의했다. 디드로는 《백과전서》의 '자연법' 항목에서, 자연법이 인류가 가진 의사의 동의어라고 쓴다. "전체 의사는 각 개인이 인간이 다른 인간들에게 무엇을 요구할 수 있는지, 그리고 다른 인간들이 그에게 무엇을 요구할 수 있는 권리를 가지는지에 관해 정념의 침묵 속에서 생각해보는 순수한 이해 행위다."

루소의 정의는 이 두 가지 정의와 다르다. 즉 전체 의사는 모든 사람의 의사가 아니며, 정치 영역 밖에서는 존재하지 않는다.

---

[2] 1부 6장, 2부 3~4장, 3부 4장을 읽을 것

1) 구분 : 만인의 의사와 전체 의사

전체 의사는 세론이 아니며, 편견의 범주에 속하지도 않는다. 루소가 이 개념에 부여한 의미를 명확히 알려면 만인의 의사와 개별 의사를 구분해야 한다.

만인의 의사는 "개인의 이익에만 신경 쓰며, 개별적 의사들의 합일 뿐이다."(2부 3장) 반대로 전체 의사는 "오로지 공통의 이익에만 신경 쓴다."(2부 3장) "이 개별적 의사에서 서로를 상쇄하는 가장 지나친 의사와 가장 부족한 의사를 빼면 상이한 의견들의 합으로서 전체 의사가 남는다."(2부 3장) 루소는 무한소 계산의 이미지를 취하고 전체 의사를 작은 차이의 합인 적분으로 만드는 반면, 만인의 의사는 단순한 총합에 지나지 않는다. 전체 의사는 공공의 이익과 국가의 정상적 운영을 목표로 하지만, 만인의 의사는 가장 많은 숫자의 이익(개인의 이익)을 목표로 한다.

전체 의사는 또한 개인의 사적인 이익을 목표로 하는 개별 의사와 구분된다. 루소는 국가의 이익이 아니라 개인의 이익(그들의 이익)을 추구하는 협회나 정당을 예로 든다. 그러므로 전체 의사는 시민이 가진 개인 의사들의 총합이 아니라 그 총합을 넘어선다.

2) 전체 의사는 합리적 의사다

전체 의사는 정치에 적용하는 과정에서 이성과 일치한다. 칸트가 정의 내린 실천이성에 비교할 수 있다. 의사는 합리적일 때 전체적이다. "각 개인은 시민으로서 갖는 전체 의사와 다르거나 상반된 개인 의사를 인간으로서 가질 수가 있다."(1부 7장) 개인이 자신의 이성에 귀를 기울인다면 그는 공공의 이익을 원할 수밖에 없다. 그러므로 전체 의사가 목표로 하는 공공의 이익은 동시에 각 시민의 의사이기도 하다. "이 의사는 항상 전체와 각 부분의 보존과 이익을 추구하는 경향이 있다."(《정치경제학》, '플레이아드' 3권, p. 245) 만일 개인이 전체 의사의 목표에서 아무 이익도 발견하지 않게 되면 전체 의사는 무력해질 것이다. 인간들은 자신에게 이익을 의미하는 것만을 욕망하기 때문이다.

3) 전체 의사 행위는 법이다

"의사는 항상 원하는 존재의 이익을 추구하고, 개별 의사는 항상 사적 이익을 목표로 하며, 전체 의사는 공공의 이익을 목표로 하기 때문에 이 전체 의사는 사회체의 유일하게 진정한 동기이고 또 그렇게 되어야 한다."(《제네바 수고》, '플레이아드' 3권, 1부 4장)

전체 의사의 목표는 항상 공통의 차원에 속해 있다. 그 목표가 개별적인 것이 되면 더는 전체 의사가 아니다. 개인적인 대상에 관심을 갖는 것은 그 본성에 반대된다. 그러므로 전체 의사에서 가장 중요한 것은 그 대상의 전체성이다. 의사가 전체적인 것은 의사가 오직 전체적인 것에 대해서만 판단하고, 그렇게 해서 행정권이 내리는 결정들의 개별성과 구분되기 때문이다. 그래서 의사의 표현이 법이며, 이 법은 의사의 보편성으로 특징짓는다. "그러므로 법으로 제정되는 사실은 그것을 제정하는 의사와 마찬가지로 전체적이다. 바로 이러한 행위를 나는 법이라고 부른다."(2부 6장) 전체 의사가 내리는 결정들은 모든 시민에게 적용되지만 일부 시민에게만 특혜를 주지는 않는다. 모든 시민은 전체 의사의 결정 앞에서 평등하다. "개별적 의사는 본질적으로 편파성을, 전체 의사는 평등을 지향하기 때문이다."(2부 1장) 그러므로 전체 의사가 항상 공정하고 항상 옳은 것은 개인을 고려하지 않기 때문이다.

그렇지만 루소의 전체 의사 개념은 몇 가지 문제를 야기한다. "전체 의사는 언제나 옳다. 그러나 전체 의사를 인도하는 판단까지 항상 현명한 것은 아니다."(2부 6장) 그렇기 때문에 법을 주권자에게 제안하는 특별한 인간, 입법자에게 의존한다.

법[3]

"주권자의 행위는 전체 의사 행위가, 즉 법이 될 수밖에 없다."(《에밀》 5부, GF-플람마리옹, p. 605)

전체 의사는 법을 통해 표명된다. 사회계약은 전체 의사를 탄생시켰지만, 그것이 표명되는 것은 오직 법을 통해서뿐이다. "법은 정치체의 유일한 동기動機다. 정치체는 오직 법을 통해서만 효력을 갖고 감지될 수 있다. 세워진 국가는 만일 법이 없으면 영혼이 없는 육체에 불과하다. 존재하기는 하지만 작용을 미칠 수가 없다. 왜냐하면 각자가 전체 의사에 따르는 것만으로는 충분하지가 않기 때문이다. 전체 의사를 따르기 위해서는 법을 알아야 한다."(《제네바 수고》, '플레이아드' 3권, p. 310)

---

[3] 2부 6~7장을 읽어보라.

1) 어떤 종류의 법이 전체 의사를 표명하는가?

자연법과 국가법을 혼동하지 말아야 한다. 인간들은 자연법에 복종하지만 만들지는 않는다. 반면 국가법은 인간의 질서에 속하며 관습에 따라 형성된다.

 루소는 시민법에 대해 매우 명확한 정의를 내린다. "법으로 제정되는 사실은 그것을 제정하는 의사와 마찬가지로 전체적이다. 바로 이러한 행위를 나는 법이라고 부른다."(2부 6장) 그러므로 법이란 주권을 가진 국민이 내리는 결정이며, 그 결정은 신민으로서 국민과 관련된다. 국민은 법의 제정자인 동시에 수취인이다. 루소는 사회생활의 조건들을 결정하는 것이 사회의 구성원들 자체라는 사실이 합법적이라고 간주한다. 국민은 법에 복종하기 때문에 가장 나은 법을 선택할 수밖에 없다.

 "법은 본래 사회적 결합의 조건에 지나지 않는다. 법에 복종하는 국민이 그 법의 제정자여야 한다. 서로 결합하는 사람들만이 사회 조건들을 결정할 수 있기 때문이다."(2부 6장) 그래서 루소는 개별 의사가 법을 만들고 사적 이익이 법의 보호를 받는 전제군주제와 절대왕정을 비판한다.

 법과 법령을 혼동해서는 안 된다. 법은 전체 의사가 선포하고 전체적인 대상에 영향을 미친다. 반면 법령은 정부가 선포하고 개별적인 대상에 영향을 미친다. 예를 들어보자. 정부 형태를, 예컨대 군주제를 선포하는 것은 법이지만 누가 왕인지 선포하는 것은 법령이다.

2) 법의 특징

첫 번째 특징은 전체성과 관련된다. 법은 전체적인 것이어야지, 안 그러면 법이 아니다. 법의 전체성은 이중적이다. 한편으로 법은 전체 의사에 따라 만들어지고, 또 한편으로 법의 대상은 항상 전체적이다. "법은 의사의 전체성과 대상의 전체성을 결합하기"(2부 6장) 때문에 항상 공동체 전체의 이익을 목표로 한다.

법의 두 번째 특징은 그것의 선의다. 법은 전체적이기 때문에 항상 좋고 부당할 수가 없다. 법은 일부에게 특권을 부여하지 않는다. 법 앞에서는 만인이 평등한 것이다. 법은 재산이나 지위와 상관없이 모든 사람에게 적용된다. 법은 또한 전체 의사의 산물이기 때문에 항상 공정하다. 즉 각자는 그 제정에 참여하는 것이다. 그러므로 "법이 불공정할 수 있느냐고 물어볼 필요도 없다. 자기 자신에 대해 불공정한 사람은 아무도 없기 때문이다."(2부 6장)

마지막으로 법의 세 번째 특징은 폐지 가능성이다. 법은 국민이 자기 자신에게 져야 하는 의무이기 때문에 더는 좋지 않다고 판단되면 폐지할 수 있다. "국민은 설령 자신들의 법이 최상의 법이라 할지라도 언제든 바꿀 수 있다."(2부 12장) 그러나 오직 전체 의사만이 어떤 법을 폐지할 것인지를 결정할 수 있으며, 개인은 어떤 법이 더는 유효하지 않으며 그 법에 복종하지 않겠다는 것을 자기 권한으로는 결정할 수 없다. "집단 전체가 누구든지 전체 의사에 복종하기를 거부하는 자에게는 집단 의사에 따르도록 강요할 것이라는 약속(오직 이 약속만이 다른 약속들이 효력을 발휘하도록 할 수 있다)을 암묵적으로 내포하고 있다."(1부 7장) 만일 단 한 명이라도 법을 존중하지 않고 법 위에 선다면 다른 모든 사람은 그에게 종속될 것이다. 사법 체계가 사회 구성원들에게 평등을 보장하려면 모든 사람이 법에 따라야 한다.

3) 법, 자유의 조건

법의 주요한 효과는 인간들이 사회를 이루어 살면서도 자유를 누릴 수 있도록 한다는 점이다. 법에 복종한다고 해서 인간들에게 복종하는 것은 아니고 자기 자신에게, 즉 이성 규범에 복종할 뿐이다. "인간들이 정의와 자유를 누릴 수 있는 것은 오직 법 덕분이며, 법 안에서 인간 간의 자연적 평등을 수립하는 것은 만인의 의사라는 이 유익한 수단이다."(《백과전서》의 '정치경제' 항목)

   법은 그 비인격성과 엄격함을 통해 자연적 질서에 상응하는 것을 제공한다. 법은 사회에서 자연의 사물들과 자연의 법칙에 대한 독립성의 동의어라고 할 수 있다. 법에 복종한다고 해서 어떤 사람에게 복종하는 것은 아니다. 따라서 법에 복종한다고 해서 자유가 파괴되는 것은 아니다. 반대로 법에 복종하는 것은 자유로워지는 하나의 수단이다.

   "자유로운 국민은 복종하지만 섬기지는 않는다. 자유로운 국민은 우두머리를 가질 뿐 지배자를 갖지는 않는다. 자유로운 국민은 법에 복종한다. 오직 법에만 복종한다. 그리고 그가 인간들에게 복종하지 않는 것은 법의 힘을 통해서다."(《산에서 보내는 편지》, '여덟 번째 편지')

4) 법의 구분

《사회계약론》 2부 12장에서 루소는 네 가지 유형의 법을 구분한다.

- 정치법은 주권자와 국가의 관계에 관련되며, 그 나라의 조직과 일치한다. 《사회계약론》에서 루소는 이 유형의 법에 관심을 보이지 않는다.
- 시민법은 시민들과 국가의 관계에 관련되며 일상생활을 결정짓는다.
- 범죄법(또는 형법)은 시민들이 복종하지 않을 경우에 취할 제재를 법으로 정한다.
- 풍속은 법의 네 번째 유형을 구성한다. 풍속은 법보다 더 큰 힘을 가진다. 왜냐하면 더 무의식적이고 더 습관적이기 때문이다. 만일 어느 국민이 나쁜 풍습을 갖고 있다면 설사 최상의 법률이라 할지라도 결코 존중되지 못할 것이다.

입법자[4]

"인간들에게 법을 정해주려면 신들이 필요할 것이다."(2부 7장) 입법자는 절반은 예언자이고 또 절반은 현인인 예외적 존재다. 루소가 제공하는 입법자들의 예는 오직 그리스 로마 시대와 제네바에서만 도출했는데, 스파르타의 리쿠르고스라든지 로마의 누마, 유대 민족의 모세, 제네바의 칼뱅 등 이 입법자들은 신화와 실재했던 도시국가들에 속한 사람들이다.

1) 입법자는 교육자다

입법자의 역할은 전체 의사를 인도하고, 어떤 결정을 내려야 하는지를 전체 의사에 가르쳐주는 것이다. 과연 "전체 의사는 언제나 옳다. 그러나 전체 의사를 인도하는 판단까지 항상 현명한 것은 아니다."(2부 6장) 국민은 공통의 이익을 체험하고 공통의 이익을 개인의 이익과 혼동하지 않는 법을 배워야 한다.

---

[4] 2부 7~10장을 읽어보라.

입법자는 법을 시민들에게 제안하면서 그들을 교육한다. 그는 시민들을 전체의 이익이라는 수준으로 올려놓는다. 그는 교육자다. 즉 그는 시민들을 양성하고, 이렇게 해서 인간들을 양성한다. 왜냐하면 루소가 볼 때 "우리는 엄격히 말해서 시민이 되고 나서야 인간이 되기 시작하기 때문이다."(《제네바 수고》1부 2장) 입법자는 인간을 변화시키고 인간이 시민의 상황에 잘 적응하도록 보장해준다.

"국민에게 감히 제도를 만들어주려고 하는 사람은 자기가 이를테면 인간 본성을 바꿔놓을 수 있다고, 그 자체로 하나의 완전하고 고립된 전체인, 어떻게 보면 그 개인에게 생명과 존재를 부여하는 더 큰 전체의 일부인 각 개인을 변화시킬 수 있다고, 인간 체질을 변화시켜 더 강하게 만들 수 있다고, 우리 모두가 자연에서 받은 육체적이고 독립적인 존재를 부분적이고 정신적인 존재로 바꿔놓을 수 있다고 느껴야 한다."(2부 7장)

입법자가 이 임무를 수행하려면 인간들에 대해서 알되 인간들의 결점은 갖고 있지 말아야 한다는 데 어려움이 있다. 인간들을 교육하기 위해서 입법자는 그 자신도 이미 교육을 받았어야 하고 국민의 이익(국민은 아직 모르고 있는)이 무엇인지도 알고 있어야 한다. 입법자의 자질(열정에 대해 알되 겪지는 말아야 하고, 인간의 본성에 대해 알되 소유하지는 않는)은 《에밀》에 나오는 가정교사의 자질을 연상시킨다.

어떤 실재하는 인간이 이 자질들을 동시에 갖춘다는 것은 매우 힘든 일이다. 그렇지만 루소는 코르시카와 폴란드를 위해 입법자로 일할 계획을 세웠다.

2) 행정관도 아니고 주권자도 아닌 입법자

"입법자는 국가에서 어느 점으로 보나 비범한 인간이다. 그의 재능으로 봐도 비범하지만, 그가 맡은 직무로 봐도 못지않게 비범하다."(2부 7장) 입법자는 자신의 계획을 성공시키기 위해 국민 밖에 있어야 하고, 심지어는 이방인이 될 수도 있다. 그는 행정관도 아니고 주권자도 아니다. 그가 행정관이 아닌 것은 그가 하는 일이 정부를 수립하게 될 법을 앞서기 때문이고, 그가 주권자가 아닌 것은 그의 법안 제의가 그의 개인 의사에서 비롯되기 때문이다. 입법자는 법체계를 제안하는 것으로 만족하지만, 법체계를 비준하는 것은 주권자, 국민이다. 입법자의 법안에 법의 힘을 부여하는 것은 국민이다. 그러므로 입법자는 국민의 주권을 침해하지 않는다.

3) 종교에 의지해야 할 필요성

입법자는 자신의 법체계를 받아들이도록 할 수 있을 만큼의 권위를 전혀 갖고 있지 않다. 게다가 국민은 아직 교육을 받지 않았으므로 그의 법안을 이해하지 못할 위험이, 따라서 그것을 비준할 수 없을 위험이 매우 높다. "입법자는 힘도 쓸 수 없고 논리도 동원할 수 없으므로 폭력을 쓰지 않고도 이끌어나갈 수 있고 논리를 내세우지 않고도 설득할 수 있는 다른 차원의 권위에 의지해야 한다."(2부 7장) 입법자가 사용할 수 있는 유일한 수단은 종교다. 인간의 권위에 의지할 수 없기 때문에 그는 신의 권위를 이용해 국민이 자신의 입법을 받아들이도록 한다.

 루소는 마키아벨리의 이러한 생각을 다시 취했는데, 그 역시 입법자가 공화국의 기원에서 차지하는 중요성에 관해 깊이 생각했다. "다른 식으로는 받아들여질 수 없는 특별법이 받아들여지도록 하려고 신의 중재에 의지했던 입법자는 사실 결코 존재하지 않았다. 실제로 어느 현명한 입법자가 그것이 갖는 모든 중요성을 알지만 다른 사람들에게 충격을 줄 수 있을 만큼 명확한 증거를 가지고 있지 않은 원칙들은 매우 많다."(마키아벨리,《티투스 리비우스에 관하여》, '플레이아드' 4권, p. 412) 그러나 그것이 월권행위라고 생각하는 루소와 달리 마키아벨리는 입법자가 주저하지 말고 자신의 법을 적용시켜야 한다고 생각한다.

4) 법을 선택하기 위한 경험론적 방법 사용

어떤 법으로 국민을 통치해야 할 것인지를 결정하기 위해 입법자는 어떻게 일을 진행시켜야 할까? 그는 선험적이며 자의적인 방법으로 법을 선택하는 것이 아니라 국민과 국민의 성숙도에 따라, 그리고 그가 사는 나라의 자연조건(지리나 기후 조건)에 따라 그렇게 한다. "현명한 입법자도 먼저 법 적용을 받게 될 국민이 그 법을 받아들일 수 있는지를 검토하지 대뜸 그 자체로서 훌륭한 법을 만들지는 않는다."(2부 8장) 입법자는 정의와 현실 사이의 중재자다. 그는 이 둘 사이의 균형(법이 적용될 수 있는 필수 조건인)인 법을 수립하려고 애쓴다.

입법자는 무엇보다도 그가 지명해야 하는 국민에 대해 잘 알아야 한다. "사람에게 성숙기가 있듯이 국민에게도 성숙기가 있으므로 이때까지 기다렸다가 그들이 법에 복종하게 해야 한다."(2부 8장) 법을 국민에게 주기에 적당한 순간이 있다. 입법자가 갖고 있는 모든 기술은 그가 이 성숙의 순간이 언제인지를 알게 해주는 그의 경험에 기인한다. 즉 국민은 더는 어린이여서도 안 되고 더는 편견에 사로잡힌 노인이 되어서도 안 된다. 입법자는 신중을 기해야 하고, 국민을 교육시킬 절호의 순간을 선택해야 한다. 그러나 루소는 법률로 제정될 준비가 되어 있는 국민의 존재에 대해 매우 회의적이다. 그는 충족되어야 할 요구 사항들을 다음과 같이 열거한다. "기원과 이해관계 또는 관습의 일치를 통해 이미 결합해 있으면서도 아직 법의 참된 속박을 당해보지 않은 국민, 뿌리가 매우 깊은 관습이나 미신에 젖어 있지 않은 국민이다. 또 느닷없이 침략당해도 고통을 두려워하지 않고 인접 국가들끼리의 분쟁에 끼어들지 않으면서도 혼자 힘으로 그들 국가 중 하나와 싸울 수 있거나 한 국가의 도움을 받아 다른 한 국가를 격퇴할 수 있는 국민, 구성원 각자가 모두에게 알려져 있고 한 사람이 감당할 수 있는 것 이상의 부담을 누군가에게 지울 필요가 없는 국민, 다른 국민에게 도움을 받거나 도움을 주지 않고도 살아갈 수 있는 국민, 부유하지도 않고 가난하지도 않으며 자급자족할 수 있는 국민, 마지막으로 옛 국민의 응집력과 새로운 국민의 온순함을 함께 갖춘 국민이다."(2부 10장)

그리고 루소는 이렇게 결론짓는다. "사실 이 모든 조건이 합쳐지는 것은 어려운 일이다. 그래서 잘 구성된 국가를 좀처럼 보기가 힘들다."(2부 10장)

입법자는 또한 나라의 크기와 자원을 검토해야 한다. 입법은 그 나라의 지리 조건과 기후 조건에 맞아야 한다. 어떤 입법은 어느 나라에는 좋고 또 다른 나라에는 안 좋을 수 있는데, 왜냐하면 이 두 나라는 같은 자연 조건을 갖고 있지 않기 때문이다. 법체계는 단지 그 자체로만 좋아서는 안 되고 '그것이 적용될 나라'에 가장 좋은 것이어야 한다. 루소는 여기서 몽테스키외로부터 착상을 얻는다. 즉 사태의 본질을 고려해야 한다. 루소는 여기서 자신의 방법(권리에서 출발하는)을 몽테스키외의 방법(사실에서 출발하는)과 비교하며, 반대로 그 나라의 물질적 조건에 전적인 중요성을 부여한다.

따라서 모든 입법은 국민의 일체성을 겨냥하여 시민들에게 자유와 평등을 보장하려는 목표를 갖지만, 사실 모든 나라에 유효한 모델은 없다. 그러므로 "국가 구조가 지속적이고 매우 견고해지는 것은 관습이 철저히 준수되어 자연적 관계와 법이 같은 문제에 대해 항상 일치하고, 법이 이를테면 자연적 관계를 보장하고 함께하며, 다른 법을 수정할 때다."(2부 11장)

정부[5]

1) 정부는 행정권이다

18세기 법학자들은 정부와 주권을 구분하지 않았다. 대부분의 유럽 국가들이 군주 체제였기 때문이다. 그런데 군주 체제에서 행정권과 입법권은 왕이라는 개인에게 결합해 있다.

반대로 루소는 정부와 주권을 매우 분명하게 구분한다. 주권은 전체 의사에 속하고, 이 전체 의사는 전체적 규범인 법을 선포한다. 그러나 이 전체적 규범을 개별적 경우에 적용하려면 중재 기구, 즉 정부가 필요하다. 정부는 주권자와 신민들 간의 중재자이며 행정권을 가지고 있다. "도대체 정부란 무엇인가? 백성과 주권자를 연결하기 위해 설치한 일종의 매개체로, 법 집행과 시민적·정치적 자유를 유지하는 책임을 맡고 있다."(3부 1장)

그러므로 주권자와 정부의 구분은《사회계약론》이 갖는 주요한 독창성 가운데 하나다. 정부는 주권의 일부가 아니다. 정부는 주권자

---

[5] 3부를 읽어보라.

에게 속해 있는 행정관들의 집단이며, 주권자의 봉사자다. 주권자는 자기 마음대로 정부를 해체할 수 있다. 정부는 법을 개인의 경우에 적용할 책임을 갖고 있다. 정부는 주권자의 자유의사에 복종하는 행정권이다.

그러므로 루소가 각각 입법권과 행정권인 주권과 정부를 구분함으로써 몽테스키외가《법의 정신》에서 그랬던 것처럼 권력을 분리시키려 한다는 생각은 절대 해서는 안 된다. 사실 행정권은 입법권과 같은 차원에 있지 않다. 행정권은 입법권에 속해 있다. 그러므로 이 둘 사이에는 그들의 권력을 서로 제한하도록 해주는 균형이 존재하지 않는다. 반대로 루소는 주권자의 권력이 절대적이며 정부가 제한할 수 없다고 생각한다.

루소는 주권자와 정부 간의 세력 관계가 어떻게 되어야 하는지를 설명하기 위해 수학적으로 비교한다. 주권자가 정부에 부여하는 권력은 신민들에게 부여하는 권력과 동등해야 한다. 그리고 활동 중인 것으로 간주하는 시민들의 숫자가 달라지면 정부 형태도 달라져야 한다. "이로써 우리는 유일하고 절대적인 정부는 없으며, 크기가 서로 다른 국가가 있을 수 있는 만큼 본질이 서로 다른 정부도 있을 수 있다는 사실을 알게 된다."(3부 1장)

2) 정부의 유형학

루소는 그리스 로마 시대 때부터 내려오는 전통에 따라 정부를 여러 가지 형태로 분류한다. 반대로 루소에게 가장 좋은 정부에 대한 토론은 상대적으로 부차적인데, 여러 가지 형태의 주권을 구분하지 않기 때문이다. "그러므로 나는 법으로 다스려지는 모든 국가(그것이 어떤 형태의 정부로 다스려지든)를 공화국이라고 부른다. 왜냐하면 오로지 그때만 공공의 이익이 우선시되고 공적인 일이 중요해지기 때문이다. 모든 합법적 정부는 공화제다."(2부 6장) 주권은 오직 국민에게만 속할 수 있으므로, 중요한 것은 여러 가지 형태의 행정권을 구별하는 일이다. 정부의 여러 가지 형태는 그것들을 구성하는 행정관의 숫자에 따라 달라진다.

- 민주정치에서 정부는 모든 국민 또는 국민의 최대 다수에게 맡겨진다.
- 귀족정치에서 정부는 몇몇 사람의 손에 맡겨진다.
- 군주정치에서는 오직 한 명의 행정관, 즉 왕만 있다.

이 정부들은 나름대로의 단점과 이점을 가지고 있다.

- 군주정치는 더 많은 힘과 권위를 갖고 있지만, 변질될 가능성이 가장 높은 정부다. 왕이 자신의 개별 의사를 전체 의사와 혼동할 위험이 있기 때문이다.
- 민주정치에서는 정부의 의사가 전체 의사에 더 가깝다. 주권자와 정부가 혼합되는 체제다. 국민이 더는 전체적인 것과 개별적인 것을, 주권자의 일과 정부의 일을 구별하지 못한다는 위험이 있다. 법과 법령을 혼동할 위험도 큰데, 국민이 입법자로 행동할 때도 그렇고 통치자로 행동할 때도 그렇다. 루소는 민주주의가 항상 국민이 실제로 통치

하므로 아주 작은 규모의 국가를 필요로 하는 직접민주주의를 의미한다고 주장한다. 그것은 설사 그리스 로마 시대의 민주정치라는 예들이 있다 하더라도 실현하기 힘든 체제다. 그러나 스파르타나 아테네에서는 민주주의가 시민들이 공적인 일을 담당할 시간적 여유를 갖는 데 필요했던 노예제도의 존재에 기반을 두고 있었다. "뭐라고? 자유는 오직 노예제도를 통해서만 유지될 수 있다고?"(3부 15장) 민주주의는 대립을 불러일으키기 쉬운 정부이며, 루소는 이렇게 결론짓는다. "만일 신의 국민이 있다면, 그들은 자신을 민주적으로 다스릴 것이다. 그러나 그토록 완전한 정부는 인간들에게는 적합하지 않다."(3부 4장)

- 그러므로 루소가 볼 때 가장 훌륭한 체제는 선거를 통한 귀족정치다. 왜냐하면 "가장 지혜로운 자들이 일반 대중을 다스리는 것이 가장 좋고 자연스러운 일"(3부 5장)이기 때문이다. 반대로 루소는 세습 귀족정치를 정치체제 중에서 최악의 체제로 간주한다.

그렇지만 루소가 볼 때 이 다양한 정부 형태의 선택은 무조건적인 선택이 아니다. 어떤 정부가 그 나라 상황에 가장 잘 맞는지를 결정해야 한다. "각각의 정부 형태는 어떤 경우에는 가장 훌륭하지만 또 다른 경우에는 또 가장 최악이다."(《에밀》 5부, '플레이아드' 4권, p. 847) 루소는 인구라든지 기후, 토양의 비옥도 등 고려해야 할 조건들을 열거하려고 애쓸 것이다.

3) 정부의 쇠퇴

루소는 힘과 지렛대, 느슨해지면 "다시 조립해 감아주어야"(3부 10장) 하는 태엽 등 기계적 모델을 사용한다. 정치법의 추상적인 원칙들과는 다르게 정치 원칙들은 분산하는 방향으로 잡아당겨 균형을 잡고 '기계의 마찰', 즉 실재의 저항과 개별 의사를 고려할 줄 아는 기계공의 기술 영역에 속한다. "전체 의사가 모든 사람의 의사인 경우는 거의 없으며, 공중의 힘은 항상 개인의 힘을 합친 것보다 작다. 그렇기 때문에 국가의 용수철에는 기계의 마찰에 상당하는 것이 있으며, 어떤 결과를 얻고자 할 때 사용하는 수단들이 정확히 균형을 잡으려면 최소한의 양으로 줄이고, 최소한 미리 전체의 힘을 계산하고 감소시켜야 한다."(《제네바 수고》, '플레이아드' 3권, pp. 296~297)

루소는 항상 정부에 의혹의 눈길을 보내는데(정부가 어떤 형태이든), 정부는 자신의 개별 의사를 전체 의사로 대체해 필연적으로 쇠퇴하는 경향이 있기 때문이다. 그러므로 모든 정치술은 주권자에 대한 정부의 침해에 맞서 싸우는 데 있다. 그렇기는 하지만 이 같은 쇠퇴는 자연적이고 필연적이며, 공화국은 어쩔 수 없이 전제군주제로 변질된다. "스파르타나 로마조차 멸망했는데 어떻게 국가가 영원히 존속하기를 바랄 수 있겠는가?"(3부 11장) 이러한 쇠퇴를 늦추는 것은 간단하다. 정치체는 기술의 결과이므로 정성스럽게 조직하여 수명을 가능한 한 최대로 늘릴 수 있다.

"가장 잘 구성된 국가라 할지라도 언젠가는 종말을 맞겠지만, 어떤 불의의 사고가 그 운명을 재촉하지 않는 한은 다른 국가보다 좀 더 오래갈 것이다."(3부 11장)

시민[6]

"자기 나라에 전혀 아무것도 빚지지 않은 선한 인간이 어디 있단 말인가? 그는 인간에게 가장 소중한 것, 그의 행동의 도덕성과 미덕에 대한 사랑을 자기 나라에 빚지고 있다."(《에밀》 5부)

1) 루소는 계약사회의 인간의 모습을 어떻게 그리고 있나?

《인간 불평등 기원론》의 결론 부분에서 루소는 자연적 인간과 사회적 인간을 대립시킨다. 자연적 인간은 자기애의 지배를 받으며, 독립적이고 자율적이다. 반대로 사회적 인간은 자존심의 지배를 받으며 타인의 판단에 종속된다. 그렇다면 어떤 부류의 인간이 사회계약을 맺는가? 시민이다.

어떤 사회에 속하는 모든 개인이 시민의 정의에 호응한다고 믿어서는 안 된다. 반대로 루소에 따르면 현대사회에는 시민이 없다. "우

---

[6] 1부 6장과 8장을 읽어보라.

리는 물리학자와 기하학자, 화학자, 천문학자, 시인, 음악가, 화가를 갖고 있다. 우리는 이제 시민을 갖고 있지 않다."(《과학과 예술론》 3부, p. 26 ; GF-플람마리옹, p. 50) "이 말의 진정한 의미는 현대인들에게서는 거의 완전히 상실돼버렸다. 사람들은 대부분 도회지를 도시로, 도회지에 사는 주민을 시민으로 잘못 생각하고 있다."(1부 6장, 주석 26) 그리고 루소는 사전에서 시민이라는 단어를 삭제하자는 제안까지 한다. 이 단어가 우리에게 더는 아무것도 의미하지 않기 때문이다. "이 조국과 시민이라는 두 단어는 현대 언어에서 지워져야 한다."(《에밀》 1부, GF-플람마리옹, p. 40)

시민은 현대사회에는 부재하지만 고대사회에는, 예를 들면 스파르타나 로마에서는 존재했다. 자신에게 '제네바 시민'이라는 칭호를 자랑스럽게 붙이는 것으로 보아 루소는 시민이 여전히 제네바에는 존재한다고 생각한 듯하다. 루소가 로마인은 시민이라고 생각하는 것은 그가 도시국가 전체의 구성 요소를 이루며 그의 자의식이 개인의 의식이 아니라 도시국가 구성원의 의식이기 때문이다. "로마 시민은 카이우스도 아니고 루시우스도 아니었다. 그는 로마인이었다."(《에밀》 1부, GF-플람마리옹, p. 41)

2) 시민의 정의

시민은 독립적인 개인이 아니다. 그는 주권에 참여하는 한 정치체의 한 부분을 이룬다. 시민은 그의 개별 의사와 전체 의사를 동일시한다. "각 시민이 나머지 다른 사람들의 도움을 받지 않고는 아무것도 될 수 없고 아무것도 할 수 없다"(2부 7장). 시민은 독립적인 존재가 아니고 도시국가 전체에 종속되어 있기 때문에 "각 개인은 이제 자기가 하나가 아니라 단위의 부분이라고 믿으며 이제부터는 오직 전체에 의해서만 민감해진다."(《에밀》1부, GF-플람마리옹, p. 39) 루소는 이 같은 종속이 시민을 노예 상태에 놓는 것이 아니라고 보았다. 반대로 시민은 오직 전체 의사에만, 즉 전체 의사에 참여하는 그 자신에게만 종속된다.

그래서 루소는 개인들의 혼합과 일체를 시민성의 모델로 제안한다. 이 개념은 차이와 개인성에 대한 가치 부여와 반대된다.

3) 시민인 것, 인간이 되기 위한 조건

시민의 자질은 모든 인간 능력의 발달을 가능하게 한다. 정치제도는 인간의 지적 능력과 도덕적 능력이 발달하게 해줄 것이다. 시민은 '어리석고 편협한 동물'이 아니라 '지적인 존재'다. 개인 의사가 전체 의사와 일치하는 것은 그가 자기 정념의 목소리가 아닌 자기 이성의 목소리를 따르기 때문이다. 시민은 자존심이나 에고이즘이 아닌 자기 이성의 지배를 받는다. 그의 지적 발달은 정신적 발달이라는 결과를 낳는다. 시민은 덕성을 갖춘 도덕적 존재다.《인간 불평등 기원론》에서 루소는 자연적 인간이 선도 모르고 악도 모르기 때문에 선하지도 않고 악하지도 않다는 것을 보여주었다. 그의 행위에는 도덕성이 존재하지 않는다. 자연적 인간은 다른 인간들 덕분에, 그리고 특히 법의 엄격한 규제 덕분에 도덕성에 접근할 수 있다. 전체 의사의 결정이기 때문에 항상 정당한 법에 복종함으로써 시민은 "오직 그것을 통해서만 인간이 참으로 자신의 주인이 될 수 있는 정신적 자유를 덧붙일7 수 있다. 오로지 욕망의 충동에만 따르는 것은 노예나 다름없는 예속 상태이며, 스스로 정한 법을 지키는 것은 자유이기 때문이다."(1부 8장)

시민은 자유로운 존재이며, 도시국가의 다른 구성원들과 동등하다. 그는 사회계약에 의해 시민적 자유를 획득한다. 그는 주권의 구성원 자격으로 그를 지배하는 법 제정에 참여한다. 그리고 그는 권리의 평등을 획득한다. 즉 모든 시민은 법에 의해 똑같은 취급을 받으며 특권은 존재하지 않는다.

"이 기본적인 계약은 자연적 평등을 파괴하기는커녕 오히려 자연이 인간 사이에 생겨나게 할 수 있었던 육체적 불평등을 정신적이고 합법적인 평등으로 바꾸어놓고, 힘이나 타고난 재능에서는 불평등할 수 있지만 모두가 계약에 따라 법적으로 평등해진다"(1부 9장).

시민은 단순한 수치 단위, 그가 자신의 존재를 이끌어내는 더 큰 전체의 한 부분에 불과하다. 개인성의 이러한 방기는 과연 좀 더 높은 인간성 차원에 접근하기 위한 방법일까? 그러나 시민에게는 어떤 사생활이 남게 될까? 그리고 이런 방법은 개인성을 완전히 부인함으로써 개인들이 인간이 되는 것을 강제로 억제하는 결과를 낳지 않을까?

---

7 '획득한다'라는 의미

옮긴이 해제

1. 《사회계약론》구상

루소는 베네치아 주재 대사의 비서로 일하던 1743년부터 정치 이론을 체계적으로 연구하기 시작했다.

정치제도에 관한 탁월한 개론서를 써보겠다는 계획이 그의 마음속에서 조금씩 싹텄다. 그러나《과학과 예술론》을 집필한 1749년 이전까지만 해도 그의 성찰이 크게 진척되지는 않은 듯하다.《과학과 예술론》은 모럴리스트의 저서로서, 자기가 살던 시대의 문화에 대한 루소의 적대감이 드러나 있다. 그는 18세기 사회를 특징짓는 사치와 부패를 그가 소중하게 생각하는 고대 공화제의 소박함과 덕성에 대립시킨다. 정치제도에 관한 학설이 아직 정립된 것은 아니지만, 그 이후에 발표된 저술들에서 몇 가지 경향들이 분명하게 드러나고 더 깊이 연구될 것이다.《과학과 예술론》, 즉《제1론論》에 이어 루소를 위대한 정치 이론가의 반열에 올려놓은《인간 불평등 기원론》을 비방하는 자들에 대한 응답이었다.《인간 불평등 기원론》1부는 자연상태에 대해 기술하고 있으며, 2부는 최초의 사회와 국가 형성에 관한 군주정치주의자들의 주장(노예에 대한 권리, 정복에 대한 권리, 군주의 권력과 가장이 갖는 권리의 동일시)을 엄격하게 비판한다. 그러므로 정치적 행위에 대한 비판이 이미 시작되었다.《인간 불평등 기원론》은 인간들의 운명이 두 가지 움직임(문화와 물질적 부를 향해 올라가는 상승과, 불평등과 가난과 노예제를 향해 내려가는 하강)을 통해 완성되는 사회 역사를 허구로 재구성한다. 이 저서는 현존하는 사회들을 묘사하고 그것들을 가차 없이 비판한다. 이제 루소가 해야 할 일은 현존하는 사회들의 긍정적 부분을 기술하고 어떤 합법적인 사회의 토대를 이루는 원칙들을 발견하는 일이다.

그리하여 루소는 '보편적 견해'를, 즉 홉스와 푸펜도르프 등의 견해를 따른다. 그러나 그는 그것이 잠정적이라는 점을 암시한다. 권리의 차원과 실제의 차원을 혼동해서는 안 될 일이다. 어쨌든 그의 사회계약 이론은 아직 정립되지 않았다.《인간 불평등 기원론》, 즉《제2론》을 발표하고 나서 쓴 것으로 추정되며 1755년《백과전서》에 수록되어 출간된〈정치경제론〉을 보면 그 점을 알 수 있다.《사회계약론》의 토대를 이루는 주요한 개념들 중 몇 가지(주권과 통치권 구분, 법 강화, 자유 보존, 조국애 고양의 필요성, 미덕이 없으면 전체 의사가 억압당할 것이므로 훌륭한 정부의 목표는 미덕이 지배하도록 만드는 것이라는 사실, 상업과 산업을 최소한으로 줄이는 소규모 농업사회에 주어지는 우선권, 그 어떤 국가이성보다 우세한 개인 자유의 신성한 특징 등)가 이 책에 분명히 나와 있다. 그러나 이 책에서 사회계약은 거의 언급되지 않으며, 설사 언급된다 해도 매우 모호하게 기술되어 있다. 그러므로 루소의 성찰이 이때부터 심화했다고 단정 지을 아무런 근거가 없는 셈이다. 시민사회는〈정치경제론〉의 주제를 구성하지 않는다. 이 저서가 통치 행위와 그것이 따라야 할 규칙들을 집중적으로 다루고 있기 때문이다. 그리하여《사회계약론》에서는 사라지게 될 문구들이

《정치경제론》에는 등장한다. 다음은 그중 하나다.

"소유권은 시민들의 모든 권리 중에서도 가장 신성한 권리이며, 어떤 점에서 보면 자유 그 자체보다도 더 중요한 권리다. (…) 소유권이야말로 시민사회를 떠받치는 진정한 토대다."

조금 더 읽어 내려가면 "사회계약의 토대는 소유권이다"라는 문구가 등장하는데, 이 문구는 소유권의 토대는 사회계약이다, 라고 루소가 주장하는 《사회계약론》의 견해와 모순을 이루기까지 한다. 각자가 갖고 있는 소유물은 계약이 이뤄지기 전까지는 매우 불안정한 상태에 있으며, 그 소유자에게 어떤 권리도 부여하지 않고 오직 최강자의 뜻에 좌우된다는 의미이다.

1756년 봄, 루소는 레르미타주의 데피네 부인 집에 자리 잡는다. 이때는 그가 매우 열심히 일한 기간이다. 루소는 이렇게 말한다. "이미 오래전부터 구상하여 준비해온 여러 저서 중에서 내가 가장 큰 관심을 기울여가며 집필했고 내 생각에 내 명성을 확고히 해줄 것 같은 저서는 바로 《정치제도론》이다."

그러나 《신 엘로이즈》나 《에밀》처럼 방대한 저서들을 쓰느라 《정치제도론》을 준비하는 일은 뒤로 많이 밀려났다. 루소는 이 두 권의 책을 마치고 난 1759년 몽모랑시에서 《정치제도론》 집필을 본격적으로 시작했다. 그리고 1760년이 다 끝나가는 12월에 몽모랑시로 그를 만나러 온 출판업자 레이에게 《사회계약론》 원고를 넘겨주었다. 19세기에 출간된 제네바 원고는 레이가 볼 수 있었던 원고의 일부로 추정된다. 그리고 그 나머지는 완전한 상태의 《사회계약론》 첫 부분과 일치한다(1부, 2부, 3부 시작 부분). 여기서는 또 '시민 종교에 관하여' 장章의 최초 버전(원고 뒷면에 갈겨쓴)도 볼 수가 있는데, 본질적인 부분에서는 똑같지만 가톨릭교회를 더 맹렬하게 공격하고 신교를 찬양하는 점이 다르다. 나중에 덧붙여진 것으로 보이는 이 장을 제외한 나머지 부분은 결정판과 차이가 크다.

이 원고는 1755년 11월 《백과전서》 10권에 실린 디드로의 〈천부적 권리〉라는 글에 대한 반론인 '인류의 보편 사회' 장(1부 2장)을 포함하고 있다. 그러나 이 장은 나중에 삭제된다. 왜 그랬을까? 우리로서는 그 이유를 추정할 수밖에 없다. 이 장은 인류의 타고난 사회성이라는 개념을 부인하는 데 열중한다. 보건Vaughan은 이러한 부인과 사회계약의 개념(사회성을 전제로 하는)이 모순을 이룬다고 주장한다. 루소는 자신이 주장하는 이론 체계의 일관성을 유지하기 위해 이 장을 삭제한 것으로 추정된다.

그러나 이 같은 설명은 그다지 설득력이 없으며, 로베르 드라테는 이 설명의 취약성을 보여준다. 즉 사회계약 개념은 자연법 개념에 근거를 두고 있으며, 자연법의 원칙들 중 하나는 그 계약을 준수해야 하는 것이기 때문이다. 그런데 루소는 자연법을 결코 부정하지 않았다. '인류의 보편 사회'에서 그는 단지 로크와 디드로에 반대하여 자연법이 자연 상태의 법이라는 것을 부정할 뿐이다. 《인간 불평등 기원론》은 자연인은 오직 본능적인 감정과 자기애, 동정심에 의해서만 성숙하며, 그것이야말로 진정한 자연 상태의 법이라는 것을 보여주려 애쓴다. 선과 악에 대한 의식을 전제 조건으로 하는 자연법은 오직 사회적 관계와 동시에 발달하는 도덕적 의식이 깨어날 때만 출현할 수 있다. 이 자연법은 그 전의 자연 상태에서는 단지 잠재적 상태로만 존재할 뿐이다. 그러므로 인류의 보편적 사회를 다루는 이 장은 루소의 이론에 안 맞는 이물질異物質이 아니다. 그러기는커녕 루소는 사회가 자연이 만들어내는 것이 아니라 인간을 새로운 질서 속으로, 즉 인간이 그것의 유일한 책임자인 시민의 상태 속으로 통과시키는 자의적 행위의 결과라고 주장한다.

이러한 분석이 정확하다면 이 장은 왜 삭제되었을까? 루소는 아마도 합법적 정부의 주요한 원칙들을 가르치는 데 목적이 있는 정치적 권리 개론서에 디드로에 반대하는 입장의 논쟁적인 글을 싣는 것은 적당하지 않다고 판단했을 것이다. 이 장은 실제적인 것이건 가설적인 것이든 간에 사실들을 충분히 연구했던 《인간 불평등 기원론》에 매우 중요한 사항을 덧붙이지는 않았다. 그리하여 1장과 2장은 삭제되었다. 목차를 다시 손질한 것을 제외하면 그 나머지는 거의 수정되지 않았다. 그러나 1차 판본에 1755년 발표된 글에 대한 논쟁이 실려 있다는 사실로 미루어보면 집필은 이 시기에 이루어진 것으로 추정된다. 드라테는 이러한 견해를 받아들이지 않고, 루소가 이 대작을 포기한 것이 빨라야 1758년인데 책 제목에는 '정치제도'라는 단어가 들어가지 않았다는 것을 그 이유로 내세운다. 이 같은 논거는 결정적이지 않다. 무엇 때문에 루소는 이미 꽤 오래전부터 쓰기 시작한 저서의 제목을 바꾸지 않고 그냥 레이에게 보여주었을까? 드라테는 1758년에 제네바에서 쓰인 판본에 《정치제도론》에 들어 있던 그 이전의 글들이 포함되었을 것이라고 가정한다. 인류의 사회성에 관한 장도 그 글들 중 하나일 것으로 추정된다. 그러나 이것은 단지 하나의 가정일 뿐이다. 이 여러 가지 글들의 상세한 연혁을 밝혀줄 만한 요소는 존재하지 않는다.

한 가지 사실은 분명하다. 1761년 12월 23일, 루소는 루스탕에게 이렇게 썼다. "내가 아무에게도 말하지 않고 레이에게 맡긴 《사회계약론》은 《에밀》보다 출판은 나중에 되겠지만 쓰기 시작한 건 훨씬 오래되었습니다."

이 마지막 말로 미루어 우리는 루소가 《사회계약론》을 1756년부터 쓰기 시작했다는 역사가들의 주장에 동의하게 된다. 그러므로 루소는 《인간 불평등 기원론》을 마치자마자(1755년) 바로 자신의 계약 이론을 수립했고, 이 이론은 제네바 원고에 완성된 형태로 수록되었다. 이때 《정치제도론》의 서문은 거의 마무리되었다. 그러다가 다른 대작들을 쓰느라 이 책을 계속 쓸 수가 없게 되었다. 그는 몽모랑시에서 이 저서의 방대함에 멈칫거렸고, 서문만 다른 제목을 붙여 출판하기로 결심했다.

레이와의 협상은 오랫동안 계속되었다. 루소는 그동안 원고를 수정했다. 1761년 8월 9일, 그는 이 출판업자에게 준비가 되었다고 알렸다. 11월에 그는 새로운 원고를 레이에게 넘기고 1,000프랑을 받았다. 12월 29일, 루소는 시민 종교의 장이 덧붙여졌다고 쓴다. 그러므로 《사회계약론》이 1761년 후반기에 그 완전한 형태를 갖추었다고 가정하는 것이 맞을 것이다. 레이는 이 저서를 4개월 만에 인쇄하여 1762년 4월과 5월에 각각 두 가지 판본을 발간(하나는 8절판이고 또 하나는 12절판인데, 둘 다 2,000부씩 찍었다)했다.

2. 루소 이전의 사회계약에 관한 문제

무엇이 정부를 합법적인 것으로 만드는가? 바로 이것이 루소가 제기하는 문제다. 사회계약이 그 문제에 대한 해답을 제공한다. 그런데 이 개념은 새로운 것이 아니다.

플라톤이 이 개념을 《크리톤》에서 처음으로 사용했다. 사형선고를 받은 소크라테스는 부당한 죽음을 피하고자 도망치라고 권유하는 제자들의 애원에 귀 기울이기를 거부한다. 도시국가에서 살고 있는 모든 개인은 그가 받아들였으며 그가 의무적으로 법(비록 그것이 부당한 법이라 해도)을 준수하도록 하는 계약에 묶여 있다는 것이 소크라테스의 생각이었다. 법은 단지 서로에게 봉사함으로써 도시국가에 결합하는 모든 시민 생활에서 유래하는 암묵적 의무일 뿐이다. 그러나 《공화국》에서 플라톤은 도시국가의 형성에 대해 기술하고, 필요의 상호성으로 설명한다.

"한 인간은 이러이러한 필요를 충족시키기 위해 다른 한 인간을 취하고, 또 다른 인간은 저러저러한 필요를 충족시키기 위해 또 다른 인간을 취한다. 필요의 다양함은 여러 인간을 같은 주거지 안에 모으고, 이들은 서로 결합해 서로를 돕는다."

물론 계약 이론과는 아직 거리가 멀다. 도시국가의 형성은 사법적 행위를 동반하지 않는다. 그렇지만 나중에 등장하는 자연법 이론가들의 주장처럼 이미 의식적 행위에 해당한다. 그리고 이 개념은 합리적 특징을 갖추고 있기 때문에 관심을 끈다. 즉 이 개념은 신의 뜻 따위는 아예 배제한다. 루크레티우스의 이론은 플라톤의 이론에 가깝지만, 소규모 사회집단의 형성은 인간들이 아직 말을 할 줄 모르기 때문에 거의 본능적인 행위라 할 수 있다. 그러나 루크레티우스는 이미 계약을 의미하는 'foedera'라는 단어를 사용한다.

중세 철학자들은 비록 때로 기본 계약의 존재를 인정하기는 했지만, 그럼에도 사회계약 이론을 발전시킬 수가 없었다. 그들에게 정치사상은 신학의 노예였다. 모든 권력은 신에게서 나온다non est potestas, nisi a Deo. 국민은 법적으로도 실제로도 군주가 될 수 없는데 계약 같은 걸 왜 따른단 말인가? 이 이론이 충실해지려면 16세기의 신교도 사상가들을 기다려야 했다. 상업 사회가 발달하면서 계약의 사법적 개념이 중요성을 띠어야만 할 필요가 생겼다. 이때부터 계약 개념은 이중의 역할을 해내기 시작했다.

우선 계약은 시민사회의 기원에 자리 잡고 있다. 인간들은 그 이전에는 자유롭고 평등하게 자연 상태에서 살았다. 인간들은 자발적 계약을 통해 사회를 구성한다. 구교 사상가들이 주장하듯 신이 인간들 사이의 종속 관계를 만들어냈다는 것은 사실이 아니다. 보쉬에는 이렇게 말했다.

"인간들은 모두가 백성으로 태어난다. 그리고 아버지 같은 제국은 그들이 복종하도록 길들이는 동시에 그들이 오직 한 명의 우두머리만을 갖도록 길들인다."

18세기의 절대주의자인 람세이는 이렇게 썼다.

"어떤 인간들은 통치할 수 있는 능력을 갖고 태어나며, 다른 수많은 인간은 복종하기 위해 태어나는 듯 보인다."

그러므로 계약 이론은 16세기부터 신권 군주정치에 맞서는 무기였다. 이 이론은 필연적으로 모든 권력의 기원은 국민 속에 있다는 생각으로 이어질 수밖에 없었다. 사변적인 차원에서 본다면, 이 이론은 큰 어려움에 봉착하게 된다. 왜냐하면 계약 체결은 필연적으로 이미 시민사회가 존재한다는 것을 전제로 하며, 그 사회를 세우는 것이 문제가 되기 때문이다. 이 이론은 초보적인 언어밖에 구사하지 못하며 추상적 사고와는 완전히 거리가 먼 세련되지 못한 인간들을 유능하고 엄격한 법률가로 바꿔놓는다.

정부의 기원에 관한 이론(그리고 이것은 계약 이론의 두 번째 측면이기도 하다)으로서 사회계약 이론은 국가가 국민과 그들이 우두머리로 선택한 자들 사이에 체결된 계약으로 형성되었다는 사실을 받아들인다. 이 이론은 특히 왕에 대한 백성들의 권리를 옹호하는 프랑스 신교도들의 지지를 받았다. 그러나 이 이론은 허술하여 왕권 반대자들에게 불리해질 수 있었는데, 계약은 계약 당사자들의 평등을 전제로 하고 군주는 그의 백성과 등등하게 간주하기 때문이었다. 그러므로 군주 역시 자기 백성들의 요구에 반대하기 위해 계약에 의지할 수 있다. 특히나 이 이론은 궁지에 빠지게 된다. 왜냐하면 두 당사자 사이에 체결된 계약은 만일 둘 중 한 사람이 위반할 경우 판결을 내릴 만한 권한을 가진 사법기관이 존재한다는 것을 전제로 한다. 그런데 국민과 통치자들 사이에서 이런 중재자를 어디서 찾는단 말인가?

다소 취약점이 있으나 이 이론은 16세기에 부르주아지 중에서도 가장 진보적인 인사들이 종교개혁으로 자유를 얻으려고 정치적 투쟁을 벌였을 때 두 가지 측면에서 큰 역할을 해냈다.

이 이론은 그다음 세기 초반에 《폴리티카 메토디체 디제스타(체계적으로 분류한 정치학)》을 썼으며, 프랑스 절대주의자인 장 보댕의 반대자로서 독일의 신교도인 알투시우스(1557~1638)에게서 가장 정교한 형태를 띠었다. 이 책은 당대에는 거의 영향을 미치지 못했지만 현대의 학자들이 망각에서 끄집어냈다. 그러나 루소는 알투시우스에 대해 알고 있어서 《산에서 써 보내는 편지》에서 그에 관해 얘기하고 있으며, 그가 쓴 《폴리티카 메토디체 디제스타》를 읽은 게 분명해 보인다. 그의 사상은 《사회계약론》의 사상과 분명한 유사성을 보여준다. 두 사람 모두에게서는 국민에게 속해 있으며 양도될 수도 없고 침해될 수도 없는 주권 이론이 발견된다. 또 두 사람 모두 국민을 가리키는 주권자와 통치를 할 뿐인 군주를 구분한다. 알투시우스는 국민과 군주 사이에 계약이 맺어질 수 있었다는 사실을 인정하지 않는다. 그러나 루소와의 중요한 차이점은, 그가 생각하는 계약이 서로 연합하여 더 큰 집단을 구성하는 제한된 공동체들과 국가 사이에 맺어진다는 점이다. 알투시우스의 사상은 민주정치를 추구하는 대담함에도 봉건적이다 못해 가부장적이며 여전히 구시대적인 개념들로 가득 차 있다. 국가는 개인들 사이의 계약이 아니라 공동체들 사이의 계약을 통해 만들어진다.

알투시우스는 잊혔지만, 사회계약 이론은 17세기의 법학자와 정치 분야의 글을 쓰는 저자들을 통해 또다시 발전을 거듭한다.

흐로티위스는 17세기와 18세기에 가장 많이 읽힌 저자들 가운데 한 명이다. 그는 타고난 호의적 성향(백과전서파는 이를 사회성이라고 부른다)이야말로 국가의 토대라고 주장한다. 자연 상태에서 자유롭고 평등한 인간들은 계약을 맺는데, 이 계약은 시민사회를 형성하는 동시에 국민이 정치적 권위에 복종하도록 한다. 여기서 흐로티위스는 두 가지를 구분한다. 계약은 무력으로 강요될 수 있다. 정복의 권리다. 백성들이 복종을 맹세하면 그것은 사법적 가치를 띤다. 아니면 계약이 자발적으로 이루어지기도 한다. 즉 국민은 자신의 자유를 양도할 권리가 있다. 물론 정치권력은 절대민주정치에서 절대군주정치까지 여러 가지 형태를 가질 수 있다. 그러나 흐로티위스는 절대군주정치가 역사적 경험에 근거하고 있다고 주장하며 이 체제에 공감을 표한다. 그리하여 흐로티위스의 이론은 주권의 기원이 국민 속에 자리 잡고 있기 때문에(흐로티위스는 신교도다) 신권과 대립한다. 그러나 그의 이론은 절대군주정치뿐만 아니라 노예를 둘 권리도 정당화한다. 그렇다면 독재정치에 대한 대책을 강구해야 하는가? 여기서 흐로티위스는 망설인다. 국민은 왕이 사회를 파멸 상태에 이르게 하거나, 계약을 할 때 받아들인 기본법들을 위반할 때는 저항할 권리를 갖고 있다. 그러나 누가 이런 경우를 판단할 것인가? 여기서 흐로티위스의 이론은 일관성을 잃는다. 그러나 전체적으로 볼 때 흐로티위스는 절대군주정치 옹호자이며, 루소는 그를 왕들이 국민을 억압하기 위해 매수한 소피스트로 간주한다.

　푸펜도르프는 흐로티위스의 이론을 더 엄밀하게 발전시킨다. 그는 자연 상태에서 인간들이 독립은 누렸지만 불안정한 상황 때문에 고통받았다는 가정에서 출발한다. 평화와 인간들의 안전을 보장하고 그들이 가진 재산을 보호하려면 그들이 국가로 구성되어야 한다. 푸펜도르프는 두 가지 단계를 구별한다.

1) "시민사회를 구성하기 위해 각자는 우선 다른 모든 사람과 함께 힘을 합쳐 오직 하나의 집단을 이루고, 그들 공동의 안전과 이익에 관련된 것을 모두의 동의로써 해결하겠다고 약속한다."

이 첫 번째 협정을 통해 인간들이 그들의 뜻을 모은다. 결사 계약으로서, 이 계약의 범주에서는 '그것을 통해 정부 형태를 결정하는 일반 명령'을 만들어내야 한다. 그것이야말로 효율적으로 힘을 모을 수 있는 유일한 방법이다.

2) "국가를 통치할 수 있는 권력을 부여하게 될 어느 한 사람 또는 여러 사람을 선택한 뒤에 그것을 통해 이 최고 권력을 가진 사람(들)이 공중의 안전과 이익에 최대한 신경을 쓰겠다고 약속하는 또 다른 협정이 있어야 한다. 그리고 그와 동시에 다른 사람들은 충실히 복종할 것을 그들에게 약속한다."

이 두 번째 단계는 복종 또는 예속의 계약이다. 푸펜도르프는 통치권을 한 사람에게 맡기느냐, 국가의 가장 존경할 만한 인물들에게 맡기느냐, 아니면 주권자에게 맡기느냐에 따라 군주정치와 귀족정치, 민주정치 등 다양한 합법적 정부 형태가 있을 수 있다는 사실을 인정한다. 그는 또 입법과 행정, 사법 등 통치권의 부분들도 잘 구별한다. 그러나 국가가 정말로 합법적이려면 이 여러 부분이 오직 한 손에, 혹은 오직 한 모임에 집중되어야 한다. 세 가지 형태의 통치체에 넘겨진 선택이 환상을 불러일으켜서는 안 된다. 푸펜도르프는 자신이 절대군주정치를 선호한다는 사실을 굳이 숨기지 않는다. 그러나 어려움이 따른다. 왜냐하면 군주는 오직 자기 백성들의 이익을 위해서만 사용한다는 조건으로 권력을 인수했기 때문이다. 계약 조항이다. 그리고 그의 백성들은 여기에 군주의 권력을 조목조목 제한하는 '기본법들'을 삽입할 수 있다. 그러나 군주가 이 기본법들을 위반하면 어떻게 되는가? 이 경우에 대해서는 예측된 것이 없다. 백성들은 복종할 의무가 있다. 하지만 눈을 씻고 봐도 저항할 권리는 나와 있지 않다. 푸펜도르프는 절대주의 이념의 충실한 신봉자로서 전제주의가 야기하는 문제들을 교묘히 피해 간다. 그는 정복할 권리와 노예를 둘 권리, 특히 자발적 노예를 둘 권리를 옹호한다.

루소가 끊임없이 푸펜도르프에게 반발하며 사유를 계속했다는 주장이 있다. 하지만 이러한 주장은 좀 지나친 감이 있다. 그리고 《사회계약론》은 순전히 이론적이기만 한 작업이 아니었다. 즉 루소는 자기 시대가 제기하는 문제들과 관련해 사유를 진행했다. 그러나 봉건주의와 군주정치에 맞서 싸우는 동안에는 이런 정치체제를 옹호하는 이론가들을 끊임없이 참조해야 하고, 루소가 그들 중에서도 특히 푸펜도르프를 가장 자주 생각했다는 것은 정확한 지적이다.

흐로티위스와 푸펜도르프는 특히 법학자들이다. 홉스는 더 방대하고 심오한 지식을 갖고 있던 사상가다. 17세기 내내 가장 대담하게 유물론자의 길을 걸었던 사람이 바로 그였다.

자연 상태의 인간들은 오직 그들의 욕구를 이기적으로 만족시키기 위해서만 행동한다. 그러므로 그들은 죽음을 면하려던 서로 의견을 일치시키는 것밖에는 다른 방법이 없다는 사실을 깨달을 때까지 서로 싸운다. 오직 한 가지 계약만 존재한다. 즉 다른 모든 사람도 그렇게 한다는 조건으로 각자가 자신의 모든 권리를 제3자에게 양도하는 연합 계약만 있다. 그리하여 모든 사람은 계약에 구속되는데, 오직 군주만 그 무엇에도, 심지어는 자연법에도 구속되지 않는다. 법을 만들고 정당한 것과 부당한 것을 제한하는 것은 군주의 뜻이다. 종교 교리를 결정하는 것도 역시 군주의 뜻이다. 홉스는 이 무한정한 권력이 가장 무시무시한 독재정치에 이를 수 있다는 사실을 인정하지만, 그에게는 자연 상태에서 벗어날 수 있는 유일한 방식이다. 물론 왕만큼 의회도 최고 통치자가 될 수 있다. 그러나 마치 열 수 없는 장식용 창문과도 흡사하다. 홉스는 절대군주정치를 옹호한다. 그는 영국과 독일(라이프니츠)에서 치열한 반박의 대상이 되었으며, 그가 프랑스에서, 즉 군주정치에 가장 완벽한 형태를 제공했던 나라에서 가장 나은 대접을 받았다는 것은 의미심장하다. 물론 그의 이 유물론이 신권 이론을 훼손했기 때문에 가장 강경한 군주들까지도 이미 문제삼았던 홉스의 권위는 루이 14세 체제가 몰락하면서부터 약화했다. 18세기에는 모든 사람이 그에게 반대했다. 홉스주의라는 단어 자체가 두려움을 불러일으킬 정도였다. 루소도 이 절대주의자에게 반감을 품었지만, 그의 학문적 엄격함에는 감탄했다. 그는 홉스가 주권이 분리될 수 없다고 주장한 것에 대해 찬사를 보냈다. 자기가 옳지 않으면 홉스가 옳기 때문이라고 말할 정도였다.

"가장 엄격한 형태와 가장 완벽한 홉스주의 사이에 중간이란 없습니다."('드 미라보 후작에게 보낸 편지', 1767년 7월 26일자)

《사회계약론》에서 만일 '시민 종교'의 장이 이전의 사상가들에게 무엇인가를 빚졌다면 그것은 누구보다도 바로 홉스다.

제한적 군주정치 이론가이며 부르주아 자유주의의 조상이랄 수 있는 로크의 경우, 계약 이론은 홉스의 이론과 엄격히 대립한다. 자연 상태에서 인간들은 서로에 대해 호의를 느끼고 서로를 돕는다. 그들은 자연법에, 즉 신이 모든 인간의 마음속에 맡겨놓았으며 이성에 보편적으로 강제되는 도덕적 규칙 전체에 복종한다. 그리스 로마 시대까지 거슬러 올라가 아리스토텔레스에게서 그 최초의 표현을 발견하는 개념이다. 이 개념은 흐로티위스나 푸펜도르프 같은 법학자들의 가르침의 기원에 자리 잡고 있지만, 아마도 이 개념은 로크에게서 가장 발달했을 것이다. 자연 상태에 있는 인간에 대한 그의 묘사는 매우 낙관적이다. 즉 그는 선과 악을 판단할 줄 알고, 노동을 통해 획득한 것에 대한 자신의 소유권을 인식하고 있으며, 자유롭게 살고 자기가 다른 사람들과 동등하다고 간주하는 이성적인 존재다. 그러나 악이 존재하고 갈등이 생기므로 그들의 안위와, 특히 그들의 재산은 위험에 처할 수도 있다. 그래서 인간들은 정치 집단을 구성할 필요를 느끼게 된다. 그리하여 국가 기능은 경찰과 사법으로 축소된다. 중요한 것은 개인의 자유를 보장하고 특히 개인의 재산을 보호하는 일이다. 로크는 푸펜도르프처럼 군주가 백성들에게 미풍양속을 가르치고 그들을 기독교라는 종교에 일찍부터 입문시켜 무신론적 선전을 가혹하게 벌해야 할 의무를 갖고 있다고 말하지 않는다. 국가는 덕성이 지배하도록 해야 할 필요가 없다. 로크는 자기가 연구하는 정치학의 근거를 자연법에 두지만, 정치와 도덕을 엄격히 구분한다. 그가 생각하는 가장 훌륭한 국가는 개인이 자유를 최대한 누리도록 놓아두는 국가다. 개인들이 자신들의 권리 중 어느 것을 양도할지 자유롭게 판단할 수 있기 때문에 계약은 매우 다양한 형태를 가질 수 있다. 새로이 부상하는 부르주아지의 요구를 완전히 충족시키는 개인주의적 이론이다. 이 이론은 부르주아지가 봉건주의의 질곡에서 벗어나도록 도와주었고, 또한 노동 착취로 부유해질 수 있는 자유를 이 계급에 넘겨주었다. 《사회계약론》에서 루소는 이따금 로크에게서 영감을 얻는데, 절대주의를, 특히 노예를 둘 권리를 반박하는 효율적 논거를 그에게서 발견할 때가 그런 경우다. 그가 흐로티위스에게 드러냈던 적의를 로크에게 드러내는 일은 절대 없다. 그러나 그의 계약 이론은 로크의 그것과 정반대 지점에 자리 잡고 있다.

18세기 사회계약 이론가들 중에서 가장 주목할 만한 인물은 흐로티위스와 푸펜도르프의 저서들에 많은 주석을 달고 번역하며 그들의 절대주의와 로크의 자유주의를 화해시키고자(불가능해 보이는) 했던 바르베이락이다. 비록 바르베이락이 절대주의를 거부하기는 했지만 그럼에도 루소는 《사회계약론》(2부 2장)에서 그에게 신랄한 공격을 퍼붓는다.

몽테스키외는 사회계약 이론에서 자기 자리를 갖고 있지 않다. 18세기에 루소에 앞서 가장 많이 읽히고 가장 큰 권위를 가졌던 이 정치 분야의 저자는 앞서 말한 추상적 이론가들과는 전혀 다른 관점을 가지고 있다. 《사회계약론》을 쓸 때 루소는 자기가 《법의 정신》을 쓴 몽테스키외와는 다른 영역에 접근한다는 사실을 의식하고 있었다. 《에밀》에서 신봉자들에 대한 정치 교육의 토대로 쓰이게 될 《사회계약론》의 요약본을 소개하는 순간 루소는 이렇게 외친다. "정치법은 아직 태어나지 않았다." 그는 동시대인들이 자기와 대립시킬 게 틀림없는 몇몇 위대한 사상가들의 이름을 경멸스럽게 제거해버린다.

"이 분야에서 연구하는 모든 학자의 스승인 흐로티위스는 아이에 불과하다. 더 나쁜 것은 그가 악의를 가진 아이라는 사실이다."

홉스에 관해서는 사람들이 흐로티위스를 위해 그를 평가절하하는 큰 잘못을 저지르고 있다고 말한다. 그들의 상이성은 표면적인 것에 불과할 뿐으로 표현과 방법론에서만 차이가 나기 때문이라는 주장이다. 루소에게 홉스는 역설의 방법론을 동원하고 흐로티위스는 시인들에게 의지하며, 그 나머지는 다 똑같다. 하지만 조금 섣부르다 싶은 판단이다. 몽테스키외로 넘어가면서 어조가 달라진다.

"이 위대하고 무용한 학문[1]을 창조할 수 있는 유일한 현대인은 저 고명한 몽테스키외다. 하지만 그는 정치법의 원칙들을 일부러 다루지 않는다. 그는 현 정부의 실정법을 다루는 것으로 만족한다. 그리고 이 두 가지 연구만큼 다른 것은 이 세상에 아무것도 없다."

《법의 정신》과 《사회계약론》이라는 두 위대한 저서를 갈라놓는 간극을 이보다 분명하게 보여줄 수는 없을 것이다. 루소는 추상적이며 이상적인 국가 속에서 기술하고, 몽테스키외는 사실들을 탐구한다. 근대 정치학이 시작된 것은 바로 몽테스키외에서부터다. 루소의 사상은 몽테스키외의 영향권 밖에서 형성되었으며, 《법의 정신》이 1748년에 출판되었다는 것이 그 이유다. 반면에 루소는 아주 어렸을 때 흐로티위스의 저서들을 아버지의 책장에서 발견할 수 있었다. 나중에 그는 자신의 가장 확실한 스승인 플라톤의 저서들을 읽게 될 것이다. 그가 몽테스키외의 저술들을 읽은 것은 뒤팽 씨 집에서였던 것으로 추정된다. 뒤팽 씨는 《법의 정신》을 반박할 논거를 준비하고 있었고, 뒤팽 부인의 비서(장 자크 루소)는 이 엄청난 작업을 위한 자료들을 모아야만 했다. 대상과 방법론이 다르기는 하지만 그래도 《사회계약론》보다 먼저 나온 정치학 관련 저서들에 대해 말할 때

---

[1] '정치법'을 일컫는다.

는 몽테스키외를 제외할 수가 없는데, 2부를 다 썼을 때쯤 《법의 정신》이 가까운 시일 내에 출판되리라고 전망한 터였다. 루소가 추상적이며 일반적인 것들을 버리고 민족들의 성격을 형성하고 적용할 때 정치법의 규칙들을 다양하게 만들 수밖에 없었던 지리적·역사적 요인들을 고려해야만 할 때, 그는 자기 앞에 위대한 선구자가 있다는 것을 발견한다. 그가 코르시카인들에 이어 폴란드인들같이 실재하는 민족들의 체질을 결정하는 일을 맡았을 때 그것은 한층 더 사실이 되었다. 그가 《정치제도론》 쓰기를 포기한 것은 서문의 일반론을 쓰고 난 뒤 모든 작업이 《법의 정신》에서 이미 다 이루어져 있다는 것을 발견했기 때문이라는 주장까지 나왔다. 그러므로 루소의 작업은 쓸모없게 되어버렸다. 그는 베끼든지, 아니면 침묵할 수밖에 없는 처지에 빠졌다. 몽테스키외는 그가 정치학에서 운명론적 결론에 도달하게 하는 지리적 요인들(예를 들면 기후, 더운 기후는 자유 체제와 반대된다)을 강조하는 반면, 루소는 그의 마지막 정치 관련 저서들에서 국민감정이나 전통 같은 역사적 요인들을 더 강조한다.

프랑스혁명 이후에 이 두 위대한 저작의 운명은 반대로 전개되었다. 이 입헌군주정치 이론가는 특히 1789년에 혁명주의들 가운데서 가장 보수적이고 온건한 인사들에게 영감을 준 반면, 민주정치를 옹호하는 자들은 여전히 《사회계약론》에서 논거를 발견해냈다. 그렇지만 물론 이러한 대립이 사상사에서는 합법적이기는 해도 루소는 그렇게 생각하지 않았던 듯하다. 루소의 대상은 그가 늘 감탄했던 이 '고명한 몽테스키외'와는 다른 차원에 있었다. 반면 흐로티위스를 비롯한 자연법 이론가들은 경멸했다.

3. 《사회계약론》분석

구성은 매우 엄격하며, 상당수의 단순한 지도 원칙들을 따른다. 루소는 자신의 견해를 정립하기 전에 우선 반대되는 견해들을 논박한다. 즉 거짓된 것에서 참된 것으로, 추상적인 것에서 구체적인 것으로, 권리에서 사실로, 보편적인 법칙에서 구체적인 예들로 진행해나간다.

이 저서는 크게 두 부분으로 구성되어 있다.

주권 :
1부 - 기본 원칙 : 사회계약
2부 - 주권의 본질과 한계

정부 :
3부 - 정부의 이론적 연구
4부 - 도시국가의 기능에 관한 실제적 연구 : 로마의 예

시민 종교를 다루는 장은 부록이다.

1부 사회계약

저서의 목표(1장)

인간의 본성이 허용하는 것을 고려하고, 또한 각 민족 특유의 구체적인 상황도 고려하면서 합법적인, 즉 이성과 도덕의 요구에 일치하는 정치체제의 규칙들을 발견하는 것이 이 저술의 목표다. 즉 '그것이 될 수 있는 대로의 법칙들'을 찾아낸다. 더불어 8~12장을 예고한다. 인간은 타고난 자유를 사회 안에서 잃어버렸다. 어떻게 해야 사회 안에서 더 높은 차원의 자유를 되찾을 수 있는지 알아내도록 하자.

잘못된 해결책들(2~4장)

1) 군주정치 이론가들은 왕권과 부권을 동일시하며, 이렇게 해서 왕권의 토대를 자연에 둔다. 그런데 만일 가족이 최초의 자연적 사회라면, 당연하게도 아이들이 더는 아버지를 필요로 하지 않을 때 해체되어야 한다. 만일 가족이 유지된다면 오직 계약을 통해서만 가능할 수 있다. 노예제도의 존재는 전제주의가 자연권에 토대를 두는 것을 훨씬 덜 허용하는데, 왜냐하면 노예제도는 자연에 반하기 때문이다.(2장)

  2) 최강자의 권리는 불합리한 표현으로서, 이 표현에서 '권리'라는 단어는 아무 의미도 갖지 않는다. 신학이 옹호해준다고 해도(모든 권력은 신에게서 나온다) 달라지는 것은 아무것도 없다. 권력이 군주에

게 합법성을 부여하는 것은 아니다.(3장)

  3) 어떤 인간도 협약으로 자신의 자유를 양도할 수는 없으며, 더더구나 자신의 아이들을 양도할 수는 없다. 이른바 노예권은 오직 국가의 파괴만을 노리는 전쟁에서도 비롯될 수 없으며, 비전투원들의 생명에 대한 그 어떤 권리도 부여하지 않는다. 정복권 역시 아무 근거가 없다. 노예는 그의 주인과 영원한 전쟁 상태에 있다. 그는 가능할 때 저항할 권리를 갖고 있다.(4장)

진정한 해결책(5~9장)

물론 어떤 국민은 어떤 왕에게 헌신할 권리를 갖고 있기는 하지만, 먼저 왜 자기들이 국민인지, 그리고 왜 소수가 다수의 결정에 따라야 하는지를 설명해야 한다. 항상 만장일치로 받아들여진 최초의 결정으로 돌아가야 한다.

  <u>사회계약, 그 방식.</u> 인간이 더는 자연 상태에서 살 수 없으면 살아남기 위해 다른 인간들과 연합해야 한다. 그때 각자가 모든 공통의 힘으로부터 보호받을 수 있도록 보장해주는 연합 형태를 찾아내야 하는 문제가 제기되는데, 각 개인은 여전히 그전처럼 자유롭기 때문이다. 이 문제에 대한 해결책은 오직 하나뿐이다. 계약 조항은 결코 정식으로 정해지지 않았지만, 어디서나 암묵적으로 받아들여진다. 만일 이 조항들이 위반되면 인간들은 다시 자연 상태로 돌아간다.

  연합한 각 개인은 계약을 통해 그의 모든 권리를 공동체에 양도한다. 만일 조건이 모두에게 평등하다면, 그 누구도 이 조건을 다른 사

람들에게 짐 지울 생각을 할 수는 없다. 바꿔 말하자면, 자유는 평등을 통해 보장된다. 각 개인은 모든 사람에게 자신을 주지만 그 누구에게도 자신을 주지 않는다. 필요한 계약 조항은 다음과 같다. "우리 각자는 전체 의사의 지도에 따라 자신의 인격과 자신의 힘을 공유화한다. 그리고 우리는 각 구성원을 전체의 분할 불가능한 부분으로서 한꺼번에 받아들인다."

그리고 루소는 자기가 사용하는 정치 관련 어휘의 의미를 명확히 밝힌다.(6장)

<u>협약에서 기인하는 약속의 중요성, 그 유익한 효과.</u> 사회계약은 완전히 개별적인 성격의 계약이다. 즉, 각 개인은 그 자신과 계약을 맺는데, 왜냐하면 그는 자신이 계약을 맺는 집단의 일원이기 때문이다. 계약을 맺은 자들의 전체인 주권자나 정치 집단은 그 어떤 의무로도 결합하지 않으며, 심지어 계약을 무효화할 수도 있다. 그렇지만 계약 폐기가 통고되지 않는 한 각 개인은 이 최초의 행위에 저촉되는 그 어떤 의무 조항도 계약할 수 없다. 군주는 백성들과 그 무엇으로도 결합하지 않는다. 거기에 전제군주정치의 기원이 존재하는 것이 아닌가? 그렇지 않다. 왜냐하면 군주는 개인들과 반대되는 이해관계를 가질 수 없기 때문이다. 반대로 각 개인은 그가 시민으로서 갖는 전체의 의사 외에도 전체 의사의 목소리를 그 자신 속에서 억누를 수 있는 특별한 이해관계를 갖는다. 그때 군주는 개인을 속박할 수 있으며, 이렇게 해서 각자의 자유를 보장한다. 왜냐하면 개인은 다른 모든 사람이 만일 각 개인의 자유를 억압하려고 한다면 그들 역시 속박당하리라는 사실을 알기 때문이다.(7장)

인간은 그가 오직 시민 상태에 도달할 때만, 도덕적 규칙에 따라

행동하고 자신의 본능이 아니라 자신의 이성을 따르는 완전한 하나의 인간이 된다. 그는 어리석고 편협하며 자신의 욕구에 얽매인 동물이었지만, 이제는 법에 대한 복종을 의미하는 자유에 접근하는 지적 존재다.(8장)

<u>계약은 소유권의 토대를 이룬다. 공중과 개인 각자의 권리.</u> 사회계약을 맺을 때 각 인간은 그가 가지고 있는 모든 재산을 군주에게 맡기지만, 군주는 그 재산을 각 인간에게 남기며 그 사용권을 각 인간에게 보장한다. 그리하여 백성은 자기가 소유하지 않은 모든 것을 포기하고, 교환 때는 자기가 소유한 것의 소유자가 된다. 이러한 소유는 실제적이어야 한다. 그리하여 사회계약은 재산에 엄청난 불평등을 야기할 수가 없으며, 어쨌든 각 개인이 자신의 재산에 대해 갖는 권리는 공동체가 모든 사람에 대해 갖는 권리에 종속되어 있다.(9장)

2부 주권

주권은 전체 의사의 행사

<u>주권은 양도할 수 없다.</u> 오직 전체 의사만이 공동 이익에 따라 국가를 이끌어나갈 수 있다. 자유의지의 행사인 주권은 양도할 수 없다. 왜냐하면 의지는 전달될 수가 없기 때문이다. 국민인 주권은 장차 어떤 인간의 의지와 결합할 수 없다. 복종을 약속하는 국민은 자신이 가진 국민으로서 자격을 잃게 된다.(1장)

<u>주권은 분할할 수 없다.</u> 왜냐하면 의지를 분할할 수 없기 때문이

다. 주권은 부분을 갖지 않는다. 권력 분할의 이론가들은 권력으로부터 해방을 군주가 가진 권위의 부분으로 간주한다. 오직 이렇게 해서만 국민의 권리와 왕의 권리가 명확히 구분된다. 왕들은 주권자인 백성에게 늘 종속되어 있다.(2장)

<u>주권은 둔화할 수 있어도 이리저리 옮겨 다닐 수는 없다.</u> 전체 의사는 항상 공동 이익을 지향한다. 그러나 전체 의사는 그 합이 모든 사람의 의지를 구성하며 전체 의사가 아닌 개별 의사에 따라 둔화할 수 있다. 시민들이 집단에 관심을 두는 한 개인들의 의사는 서로를 소멸시킨다. 만일 숙고가 깊이 이루어진다면 모든 사람에게 똑같은 전체 의사가 우월하다. 각 시민은 많은 시민을 동일한 개별 의사에 따라 이끌어 전체 의사의 표현을 왜곡시키는 그 부분적 연합의 무엇에도 귀를 기울이지 않은 채 자기 마음이 이끄는 대로 투표해야 한다. 부분적 연합을 금지하든지, 아니면 부분적 연합을 증가시켜 개별 의사가 서로 균등해지도록 만들어야 한다.(3장)

<u>주권은 모든 사람의 자유를 보장한다.</u> 이론적으로 보면 군주는 모든 권리를 양도한 모든 국민에 대해 절대적 권력을 갖는다. 실제로 보면 군주는 백성들을 쓸모없는 사슬로 얽매려 할 수 없다. 왜냐하면 군주는 국민과 무관하지 않으며, 그들 자신이고, 그 사용이 공동체에 중요한 그들 권리의 일부만을 보유하고 있기 때문이다. 전체 의사는 비록 모든 사람으로부터 나오기는 하지만, 개인적 구분 없이 모두에게 적용되어야만 전체 의사다. 각 개인은 그가 다른 모든 개인에게 강제하는 모든 조건에 복종한다. 이렇게 해서 사회계약을 통해 인간은 그의 천부적 권리와 그의 독립을, 자유를 구성하는 훨씬 더 확실한 시민의 권리들과 맞바꾼다.(4장)

<u>반대의 논박, 사형</u>. 자신들의 생명을 해칠 수 없는 개인들은 이 권리를 군주에게 넘겨줄 수 있을까? 그렇다. 왜냐하면 범죄자들로부터 자신을 보호할 수 있는 유일한 가능성이기 때문이다. 만일 범죄를 저지르면 죽음을 맞이할 수 있다는 사실을 인정하는 것, 곧 우리가 그 희생자가 될 수도 있는 범죄가 처벌받으리라는 보장을 받는다. 군주는 어떤 범죄인이 이 권리 자체를 행사하지 않았다면 그를 죽일 권리를 갖는데, 처벌이 하나의 특별한 행위이기 때문이다. 사면권(만일 존재한다면)은 군주에게 속한다. 그런데 잘 다스려지는 나라에서는 사면권이 필요 없고 범죄도 드물다.(5장)

주권은 어떻게 표명되는가 : 법

<u>법의 본질</u>. 정치 집단에 의지의 움직임을 부여하는 것은 바로 법이다. 신에게서 나오며 이성이 포착하는 보편적 정의의 법은 처벌을 포함하지 않기 때문에 인간들 사이에서는 아무 쓸모도 없다. 모든 국민에 대해 결정을 내리는 모든 국민의 의지인 전체 의사의 표현인 시민법만이 유일하게 효율적이다. 시민법은 오직 집단을 이룬 국민과 추상적 행위들만을 고려한다. 시민법은 부당할 수가 없는데, 그 누구도 자신에 대해서 부당해질 수는 없기 때문이다. 진정한 자유는 우리 의사의 표현인 법에 복종하는 데 있다. 국민은 법의 유일한 장본인이다. 그러나 그가 공동의 이익을 원한다고 하더라도 공동의 이익을 항상 볼 수는 없다. 공동 이익을 분명히 밝혀내려면 입법자가 있어야 한다.(6장)

<u>입법자</u>. 입법자에게 필요한 자질을 말할 때, 인간들에게 법을 부여하려면 신들이 필요할 것이다. 그의 임무는 인간 본성을 바꾸는 것이다. 그의 임무는 특별하다. 그는 주권자로서 국민을 대신할 수 없다. 그는 통치자로서 어떤 역할도 맡으면 안 된다. 국민은 그의 지혜를 평가할 수 없으므로 종교의 위엄에 의지하는 것이 좋다.(7장)

<u>각 민족의 특징을 고려할 필요성</u>. 어떤 법이 모든 사람에게 다 맞을 수는 없다. 어떤 민족은 그 역사의 어느 한순간에만 입법자가 만든 법의 혜택을 볼 수 있다. 젊었을 때. 너무 빠르지도 않고 너무 늦지도 않게. 늙어서 자유에 대한 취향을 잃어버리면 다시는 되찾지 못하게 될 것이다. 너무 많은 백성, 너무 넓은 국가는 다스리기가 더 어렵다. 너무 작은 국가는 그들의 이웃 앞에서 약하다. 입법자는 국가를 보존하는 데 가장 유리한 규모가 어느 정도인지 알아내야 한다. 또한 가장 나은 인구밀도도 결정해야 한다. 평화롭고 풍요한 시기에 법을 만들어야 한다. 제대로 된 법을 만들 수 있는 사람은 몇 명 안 된다. 이런 사람들이 자연의 단순함을 사회적 욕구와 결합시킨다.

모든 입법 체계는 두 가지 주요한 목표를 지향한다. 즉 자유와 평등(평등이 없으면 자유는 존속될 수 없다)이다. 평등은 전적일 수가 없지만, 권력과 부의 불평등을 줄이는 것을 지향해야 한다. 그러므로 입법 체계를 어떤 국민이 사는 자연적 조건에 맞춰야 한다. 법은 정치법과 시민법, 형법으로 구분된다. 그러나 그보다 더 중요한 것은 법이 미풍양속의 확립이라는 사실이다.(7~12장)

3부　정부에 관하여

일반적 특징

정부는 동일하지 않은 차원에서 입법 권력과 구분되는 행정 권력이다. 입법 권력은 주권자, 즉 국민에게 속한다. 정부는 군주와 백성들의 중간에 있는 제도 전체를 가리키는 집단 용어인 군주에게 속해 있다. 그 전체가 군주를 구성하는 우두머리들은 주권자의 관리일 뿐이다. 입법권과 행정권의 혼동은 사회계약 위반이다. 만일 전제군주정치와 무정부주의라는 이중의 위험을 피하고 싶다면, 주권자의 힘과 정부의 힘, 국가 또는 국민 전체의 힘 사이에 필요한 관계가 있다. 어떻게 정부는 주민들의 숫자에 따라 다양해져야 하는가? 국가가 커질수록 자유는 감소하고 정부는 더 강해져야 한다. 이 필요한 관계는 또한 정부의 여러 조직 사이에 존재한다. 어떤 경우에도 군주는 주권자로 바뀔 수 없지만, 그는 특별한 영예를 누려야만 한다. 그 자체로 가장 나은 정부 형태는 없다. 정부 형태는 국가에 따라 다양해져야 한다.(1장)

군주를 구성하는 각 행정관들에게서는 1) 개별 의사, 2) 집단 의사, 3) 전체 의사 등 세 가지 의사를 구분해야 한다. 이 세 가지 의사의 관계에 관한 연구에서는, 정부가 적은 수의 사람들에게 집중할수록 더 강해진다는 결과가 나온다. 강한 정부는 강한 국가에 더 잘 어울리지만, 자유를 위해서는 가장 위험하다. 정치술은 국가에 가장 이익이 되는 방법으로 정부를 구성하는 데 있다.(2장)

여러 가지 유형의 정부

<u>산술적 분류</u>. 주권자가 정부를 1) 모든 국민이나 대부분의 국민에게 맡기느냐, 2) 소수에게 맡기느냐, 3) 오직 행정관들에게만 맡기느냐에 따라서 민주정치나 귀족정치 또는 군주정치가 이루어진다. 이 세 가지 유형의 정부는 매개적 형태와 혼합적 형태를 인정한다. 이 세 가지 유형 중 무엇도 그 자체로는 가장 유효하지 않지만, 첫 번째 유형은 작은 국가에, 두 번째 유형은 중간 규모의 국가에, 세 번째 유형은 큰 국가에 더 잘 어울린다.(3장)

<u>민주정치</u>. 국민이 주권자인 동시에 군주인 정부다. 가장 큰 위험은 법과 통치 행위가 혼동된다는 점이다. 유지하기 가장 힘든 정치체제다. 이상적이기는 하지만 인간들을 위해 만들어지지는 않았다. 게다가 순수한 형태로 존재한 적은 절대 없었다.(4장)

<u>귀족정치</u>. 세 가지 종류가 있다.

- 천부적 귀족정치 – 초기 사회에 나타난다. 예를 들면 노인들의 정부가 있다.
- 세습제 귀족정치 – 가장 나쁜 정부다.
- 선거로 임명되는 귀족정치 – 집단 의사가 행정관들의 마음속에서 전체 의사보다 우세해지는 그 순간까지는 가장 좋은 정부다.(5장)

<u>군주정치</u>. 가장 강력한 정부지만, 필연적으로 군주정치는 독재정치로 변질되게 마련이다. 군주정치 정부는 거의 사기꾼들이 공무에 접근하도록 만든다. 이어지는 왕들 간에 차이가 너무 심하다. 선거를

통한 군주정치에서는 선거 순간이 국가에 위험하다. 그리고 세습제 군주정치는 불합리하다. 왕정은 거의 일관성이 없으며, 왕들은 거의 나쁘다.(6장)

혼합형 정부. 매우 다양한 혼합형 정부는 정부의 상대적 권력을 가장 잘 조절할 수 있게 해준다.(7장)

이 다양한 유형들 가운데서 무엇을 선택할지 결정하게 만드는 요인들. 모든 나라에 다 잘 맞는 정부 형태는 없다. 민주정치는 작고 가난한 국가에 좋고, 군주정치는 풍요로운 국가에 좋다. 정치체제는 토양의 비옥도와 주민들의 욕구, 인구밀도에 따라 달라진다. 가장 좋은 정부는 인구가 늘어나는 정부다.(8~9장)

이 정부들은 어떻게 변화하는가?

모든 정치체는 소멸하게 마련이다. 모든 정부는 쇠퇴한다. 주권을 찬탈하고 사회계약을 파기하는 경향이 있기 때문이다. 모든 정부는 끊임없이 죄어진다. 즉 민주정치는 과두제로 바뀌고, 과두제는 다시 군주정치로 바뀌고, 군주정치는 다시 독재정치로 바뀐다. 모든 정치체는 소멸하게 마련이다. 좋은 정치체제를 통해 그 소멸을 늦출 수 있을 뿐이다. 죽음은 항상 국민이 더는 자신들의 권력을 행사하지 않아 입법권이 소멸하는 데서 기인한다.(10~11장)

쇠퇴를 지연시킬 수 있는 방법. 가장 좋은 방법은 설사 정부가 반대하고 나서더라도 주기적으로 국민 회의를 개최하는 것이다. 큰 국가에서는 쉽지 않은 일인데, 매번 다른 장소에 국민을 모아야 하기 때문이다. 공적 생활보다는 자신의 개인적 업무에 매달리고 무엇보다도 돈을 벌려고 애쓰는 국민은 자신의 주권을 행사하지 않고 그것을 양도하며, 그러면 자유는 사라진다. 영국이 그 예다. 옛날 사람들은 대표에게 권력을 위임하는 체제를 알지 못했다. 그러나 국민은 오직 작은 도시국가에서만 스스로 자신의 주권을 행사할 수 있다.(12~15장)

모든 합법적 정부는 민주정치적이다

국민과 그들의 정부 사이에는 계약이 없다. 정치체제의 선택은 그 선택을 통해 국민의 의회가 정부의 의회로 변화하는 행위다. 그러므로 민주적 의회는 항상 합법적 정부의 기원에 있다. 합법적 정부는 국민을 만족시키는 한 국민에게 봉사하기 위해 존재한다. 정부가 자유를 빼앗아 가지 못하도록 하려면 국민 회의를 자주 열어 정부 형태와 그 구성원들의 선택을 다시 문제 삼아야만 한다.(16~18장)

4부 도시국가의 기능 연구 : 로마의 예

만장일치와 다수

단순한 풍습을 가진 작은 국가에서는 전체 의사가 항상 분명하다. 풍습이 느슨해지면 개인들의 이해관계가 그 전체 의사를 은폐한다. 그러면 토론이 길어진다. 다수결로 결정해야 한다. 오직 하나의 결정만이 만장일치를 요구하는데, 바로 사회계약이다. 계약을 맺고 나면 소수는 다수의 의견을 무조건 따라야 할 의무가 있다. 왜냐하면 다수의 의견은 각 시민의 의견인 전체 의사를 표현하기 때문이다. 만일 전체 의사가 더는 다수의 표결 속에서 표현되지 않을 때 자유도 더는 존재하지 않는다. 일반적으로 취해야 할 결정이 중요할수록 만장일치에 가까워져야 한다. 시급한 경우에는 찬성 비율이 썩 높지 않은 다수결로도 충분하다. 행정관들은 추첨이나 선택을 통해 임명될 수도 있다. 첫 번째 방법은 민주정치에 더 잘 맞고, 두 번째 방법은 귀족정치에 더 잘 맞는다.(1~3장)

로마 제도의 예

1) 민회 조직. 공공 정신이 손상되지 않는 로마인의 지혜. (4장)
2) 로마에 고유한 세 가지 제도의 연구 :

- 군주나 주권자가 그들의 권력을 넘어서지 못하도록 하는 호민관 제도. (5장)
- 큰 위험에 처한 국가를 구하기 위해 마련된 집정관 제도.(6장)
- 여론을 대변하는 감찰관 제도. 이 제도는 풍습을 유지하도록 도와주지만 회복하도록 도와주지는 않는다. 왜냐하면 미풍양속을 유지하게 하는 것은 제대로 된 법 제정이기 때문이다.(7장)

4. 자유인가, 아니면 전체주의인가?

《사회계약론》만큼 서로 대립되는 해석 때문에 갈등을 일으킨 책은 없었다. 프랑스혁명 이후, 그리고 19세기 내내 루소를 프랑스혁명의 선동자로, 테러리스트들의 영적 지도자로 여겼다. 그래서 루소는 때로는 찬양받았고 또 때로 비난받았다. 《사회계약론》은 대중 독재와 가장 무시무시한 독재정치의 교과서가 되었다(라 아르프, 벵자맹 콩스탕, 프루동, 라마르틴, 쥘 르메트르 등). 20세기 들어서는 '전체주의'의 개념이 만들어졌고, 많은 저자, 특히 미국의 저자들(탤몬, 레스터 크록커)이 루소를 히틀러와 스탈린, 마오쩌둥의 정신적 조상으로 간주한다. 이들이 가장 먼저 제시하는 논거는, 루소가 매우 억압적이었던 군사국가인 스파르타에 지나칠 정도로 감탄한다거나, 각 개인이 자신과 자신의 힘을 전체 의사에 맡김으로써 집단에 완전히 종속된다거나, 입법자가 군중을 조작하기 위해 거짓말할 가능성이 있다거나, 국가에게 맡겨진 역할이 두려움을 불러일으킨다거나, 국가 종교가 모든 사람에게 강요된다거나 하는 것 등이다.

 20세기 들어서, 특히 2차 세계대전이 끝난 뒤로 루소 비평은 루소의 정치 관련 저서들에서 개인 자유를 보장하는 문제가 어떻게 다뤄지는지를 논하는 수준 높은 연구물들을 생산해냈다. 탄탄한 논리를 갖춘 레이몽 폴랭의 책(《고독의 정치La Politique de la solitude》, Sierry, Paris, 1971)이 그러한 경우다. 개인 자유의 보전이《사회계약론》에서 가장 중요한 위치를 차지하고 있는 것은 사실이다. 루소가 가장 강력하게 결속된 공동체에 감탄하고 있는 것 역시 사실이다. 우리는 이데올로기적 관점에서 볼 때 근대 민족주의가 피히테의《독일 국민에게 고함》보다 훨씬 이전에 루소에게서 그 뿌리를 발견한다는 주장을 지지할 수 있다.

자연 상태에서 인간은 누구도 그에게 생소한 의사를 강요할 수 없다는 점에서 자유롭다. 이 자유는 그 내용이 빈약한데, 몇 가지 기본적 욕구만을 충족시킬 수 있을 뿐이기 때문이다. 그러나 그에게는 이 자유로 충분하다. 만일 그의 힘이 제한되어 있다면 그의 욕구는 그 힘보다 더 멀리까지 발휘되지 않기 때문이다. 인구학적 이유나 다른 이유로 오직 그 혼자서만은 살아갈 수가 없을 때 개인은 다른 사람들과 함께 사회를 이루며, 우리는《인간 불평등 기원론》을 통해 인과관계의 연쇄에 따라 노예 상태와 자유의 침해가 연이어진다는 사실을 알고 있다. 문제는 그것을 통해 인간이 '여전히 그전처럼 자유로운' 연합 형태를 발견해내는 일이다. 그러므로 인간이 자연 상태에서 누린 것과 똑같으면서도 더 높은 단계로 향상된 자유를 그에게 보장해주는 것이 목표가 된다. 이전에 인간은 자신의 본능을 자유로이 따랐지만, 이제는 본능과 자유 사이에 명백한 모순이 생긴다. 시민의 자유는 문자 그대로 인간적이며, 모든 만개滿開의 가능성을 개인에게 보장해준다.

이때까지만 해도 루소는 로크와 크게 구별되지 않았다. 그러나 루소는 자유의 주창자였지만 그렇다고 해서 자유주의자는 아니었다. 로크의 경우에는 개인이 최소한의 권리(주로 타인의 재산을 침해하는 사람을 벌할 수 있는 권리)만을 집단에 양도한다. 그는 자신이 소유한 모든 것의 유일한 주인이며, 만일 부자라면 가난한 사람(오직 이론적 자유만을 가진)을 노예로 만들 수 있는 힘을 가지고 있다. 루소의 독창성은 바로, 잘 조직된 국가에서는 최소한의 평등 없이 자유가 가능하지 않다는 사실을 분명히 인식하고 그 사실을 웅변적으로 보여주었다는 데 있다. 그가 평등주의자라는 주장이 이따금 나오기도 했다. 그러나 그러한 주장은 잘못되었다. 《인간 불평등 기원론》의 마지막 부분을 보면, 루소는 불평등이 비난받아야 하는 경우는 오직 자연법에 반할 때뿐이라고, 그리고 사회질서 속에서 불평등이 '바보가 현자를 인도할 수 있는' 정도에 도달할 때뿐이라고 말하고 있다. 이것으로 미루어볼 때, 불평등은 오직 현명한 인간이 바보를 인도할 때만 정당하다.

그러므로 평등은 루소의 첫 번째 관심사가 아니었다. 정당한 사회란 평등한 사회가 아니라 각 개인이 자유롭게 성장할 수 있는 사회다. 그러나 각 개인의 성숙은 오직 다른 그 누구도 타인의 자유를 제한할 수 있는 수단을 갖고 있지 않을 때만 가능하다. 바로 여기서 사회계약의 해결책이 등장한다. 즉 우리 각자는 자신과 자신의 힘(자신이 소유한 재산을 포함하여)을 공동으로 맡겨 최고 위치에 있는 전체 의사에 따르도록 한다. 이렇게 해서 개인은 공동체 안에서 소멸하지 않는다. 왜냐하면 이 전체 의사는 바로 그의 의사이기 때문이다. 전체 의사는 모든 사람의 이익을, 즉 각 개인의 행복을 추구한다. 연합한 개인들 중 누구도 공동체가 양도받은 권력을 남용하는 것을 바랄 수는 없다. 왜냐하면 누구나 다 똑같은 조건을 갖고 있기 때문이다. 공동체는 오직 공동의 이익에 필요한 것만을 취하며, 나머지는 각 개인에게 다시 돌려준다. 그러므로 개인은 결국 소유하고 있는 것의 일정 부분을 공동체에 내주지만 이 부분은 공동체를 위해 쓰이고, 다른 모든 사람도 똑같이 하기 때문에 최소한 자신이 양보한 것만큼은 얻게 되며, 오직 자신에게만 남아 있는 것은 바로 모든 사람이 보장하는 확실한 소유 재산이다. 개인은 자기가 자유롭다고 느낄 수 있다. 왜냐하면 그의 자아가 공동체에 적합하게 확대되었기 때문이다.

루소의 사상은 때로는 기계론적이고 또 때로는 유기체론적이며, 동시에 이 두 가지일 때도 있다. 국가는 하나의 기계이고, 국민은 살아 있는 육체이며, 정치체제는 태어나고 성장하고 죽는 유기체다. 이러한 이미지는 그의 책 전체에 등장한다. 우리는 그 도움을 받아 논란의 여지가 많은 전체 의사의 개념을 이해할 수 있다. 계약은 '도덕적이며 집단적인 육체'를 만들어내며, 이 육체는 "이 동일한 행위에서 그 단일성과 공통 자아, 그 생명과 의사를 받아들인다." 자기애를 통해 성숙하는 자연인을 떠올려보자. 집단의 육체는 이 동일한 힘에 의해 성숙한다. 이 육체는 자신을 보존하는 것을 사명으로 가지며, 전체 의사 속에서 표현되는 그 자신의 이해관계를 갖는다. 연합한 국민이 이 전체 의사를 말할 때 그것은 곧 공화국의 가장 중요한 관심사가 거기 있음을 의미한다. 바로 여기서 "전체 의사는 항상 옳으며, 언제나 공공 이익을 지향한다"라는 생각(언뜻 이상하게 느껴질 수도 있는)이 비롯된다. 루소가 볼 때 이 전체 의사는 이해관계라는 객관적 토대를 갖고 있기 때문에 간단하다. 그렇다고 모든 사람이 항상 전체 의사를 고려하는 것은 아니다. 국민은 어떤 이유들로 잘못을 저지를 수도 있다. 중요한 것은, 개인이 전체 의사를 표명해 자신의 자유를 양도하는 것이 아니라 자유를 표현한다는 사실이다. 왜냐하면 자신의 개별적 자아를 집단적 자아(자신을 보호해주고 보장해주는)와 동일시하기 때문이다.

 루소의 입법자와 근대의 독재자들을 동일시하는 것은 바람직하지 않다. 《사회계약론》에서는 독재체제가 거론되는데, 입법자의 역할과 반대되는 역할을 하는 것은 바로 행정관직이다. 급박한 위험이 닥쳤을 때 독재자는 일정 기간 법을 중단하고 모든 권력을 행사한다. 그러나 주권자를 대신하지는 않는다. "그는 법을 제외한 모든 것을 할 수 있다."(4부 6장) 그러나 그는 행정관이 아니며 어떤 권력도 행사하지 못한다. "법을 지배하는 자 역시 사람을 지배해서는 안 되기 때문이다."(2부 7장) 그는 시조이며 도덕적 권위를 가지고 있다. 그러나 일단 어떤 합법적 정치체제의 규칙들이 정해지면 이제는 단순한 개인에 불과해진다.

 루소가 꿈꾸는 공화국에서 공동체 관계는 매우 강력하다. 그가 보기에 시민들이 없었던 군주정치체제의 유럽에서 국가적 유대는 왕과 그의 신하들을 결합하는 관계 다음으로 강력했다. 한 왕가에 대한 충성심은 여러 지방을 결합하는 접착제 같았다. 하지만 이 관계는 느슨했다. 평화조약들은 어떤 영토를 거기 사는 주민들과 함께 어느 한 왕정에서 다른 왕정으로 넘겨주었다(이러한 이전에 대해 어떻게 생각하는지를 주민들에게 묻는 일은 없었다). 그런데도 국가는 형성 중인 하나의 현실이었다. 부르주아 계급이 태동하여 발전하고 국가라는 시장의 통합을 자극했다. 계몽주의 철학자들, 특히 볼테르와 백과전서파가 이 문제에 가장 큰 관심이 있었다. 하지만 이 같은 관심은 범凡

세계주의와 어느 정도 공존했다. 예를 들어 볼테르는 자기가 프랑스의 농민보다는 특권계급에 속하는 독일인이나 러시아인에게 더 가깝게 느껴진다고 말했다. 부상하는 국가 이데올로기를 가장 웅변적으로 표현한 것은 루소였다. 그는 범세계주의를 비난한다. "의무를 자기네 주변에서 수행하려 하지 않고 책 속으로 멀리 찾으러 가는 그 범세계주의자들을 조심하라. 이런 철학자는 이웃 사람들을 사랑하는 대신 타타르족을 사랑한다."(《에밀》1부.《사회계약론》초판에서도 거의 같은 문장이 발견된다.)

그는 국가적 특수성을 존중할 것을 역설한다. 루소가 볼 때 표트르 대제의 가장 큰 잘못은, 외국 학교에 다니고 "러시아인으로 만들어야 할 때 독일인이나 영국인으로 만들려고"(2부 8장) 한 일이다. 그리고 그는 그들이 조국애를 유지하기만 하면 결코 이웃 나라들이 그들 나라를 합병하지 못할 것이라고 폴란드인들을 안심시킨다. 그는 이 애국적 이데올로기의 요소들을 플루타르코스와 고대 역사가들에게서 발견한다. 바로 여기서 그의 저술 곳곳에서 발견되는 스파르타와 로마 신화가 탄생한다.

루소에게 이 두 나라는 각 시민이 공동체에 완전히 통합되어 개인의 이해관계를 잊어버리는 공화국이다. 그러나 각 시민이 다수에 섞여 사라져버리는 것은 아니다. 오히려 성숙하여 우월한 인류의 단계에 접근한다. 스파르타인과 로마인은 거인들이다. 그 이후로 인간들은 퇴화했다. 로마인은 시민이었다. 그들은 애국자였고 자유로웠다. 프랑스인과 그들의 모든 이웃은 신하, 즉 반半노예들이었다. 자유는 오직 각자의 이익이 모두의 이익과 다름 없는, 완전히 결속된 나라에서만 실현되고 그 결실을 본다. 루소의 이데올로기는 애국 정당의 형성을 예고한다. 물론 그의 이데올로기는 모순으로 가득 차 있으며, 이러한 모순은 특히 시민 종교에 관한 장에서 명백히 확인된다.

5.   민주정치 이론

민주정치에 관한 루소의 견해는 좀 애매모호하다. 일견 많은 합법적 정부 가운데 한 정부 형태에 지나지 않아 보인다. 민주정치는 통치권의 한 형태가 아니다. 왜냐하면 계약에 근거한 주권자가 오직 하나, 국민만 있기 때문이다. 루소는 아리스토텔레스 이후로 전통이 되었으며 산술적 기준에 근거한 구분법을 사용해 통치하는 사람들의 숫자에 따라 정부 형태를 군주정치와 귀족정치, 민주정치로 나눈다. 그는 이 세 가지 정치체제의 장점과 단점, 기능 조건 등을 객관적으로 기술한다. 그러나 그가 민주정치에 대해 내린 정의를 읽으면 우리는 그가 말하는 민주정치가 불가능한 정부 형태라고 생각할 수밖에 없다.

"공공의 일을 처리하기 위해 국민이 계속 집합해 있어야 한다는 것은 상상할 수 없는 일이다. (…) 그러나 그토록 완전한 정부는 인간들에게 적합하지 않다."(3부 4장) 그리하여 민주정치는 제외된다. 그렇기는 하지만 '그토록 완전한 정부'라는 표현에 새로운 의미가 함축되어 있다는 사실에는 주목해야겠다.

제임스 밀러는 《민주정치를 꿈꾸는 사람》이라는 저서에서 그리스 로마 시대 이후로 많은 정치사상가들이 민주정치를 평가절하했다는 사실을 보여준다. 그들에게 민주정치는 수數로 이루어지는 정부 형태다. 즉 감정에 사로잡혀 논리적인 정치적 관점을 가질 수 없는 천민들의 정부 형태라고 본다. 계몽주의 시대가 되자 분위기가 바뀌었다. 몽테스키외는 민주주의와 미덕을 연결한다. 이 주제는 《백과전서》(조쿠르의 '민주주의' 항목)에 다시 등장한다. 그러나 이번에 그것은 불안정하며 대국大國에는 맞지 않는 정치체제다. 루소는 여전히 이 같은 주장을 받아들이지만, 그에게 이 단어는 모든 경멸적 의미를 잃어버린다. 여기서 그가 사용하는 어휘의 의미가 우리가 사용하는 의미와 다소 다르다는 사실을 알아야 한다. 그가 선출을 통한 귀족정치가 정부 중에서 가장 낫다고 주장할 때 그 정부는 우리가 민주주의라고 부르는 체제를 가리킨다. 국민이 주권을 갖고 있기 때문이다.

그가 몽테스키외와 대립하는 것은 "유명한 저자가 (…) 주권은 어디서나 같으므로 잘 조직된 모든 국가에 같은 원칙이 적용되어야 한다"(3부 4장)라는 점을 보지 못했기 때문이다.

그러나 루소는 민주정치와 주권을 결합시키는 데 대해서는 신중한 태도를 보인다. 아마도 그는 소수의 지배 집단이 주권의 주요 부분을 차지한 제네바국이 잘 조직된 국가가 아니라고 말해야만 하는 것을 피하고 싶었는지 모른다. 그는 특히 《사회계약론》에서 순수하게 이론적이며 무사 공평한 특성을 간직하고 싶어 하여 자기가 개인적으로 좋아하는 것에 대해서는 언급을 피했다. 그는 자기가 정치체제의 고전적 구분을 다시 차용한다고 주장하면서 그것들이 합법성을 갖기 위한 조건들을 제시한다. 미셸 로네이가 보여주었던 것처럼 (《루소, 정치 작가》) 실제로 루소는 《사회계약론》 3부에서 이론적인 것에서 규범적인 것으로 넘어간다. 군주정치를 다룬 3부 8장을 읽어 보면, 이 정치체제는 다른 정치체제들과 똑같은 차원에 놓인 것처럼 보인다. 그러나 이 정치체제가 대국大國에 적합하고, 국민은 결코 주권을 양도하지 않을 것이며, 규모가 큰 군주국에서 국민이 어떻게 잘 모일 수 있을 것인지가 그 어디에도 나와 있지 않기 때문에, 우리는 합법적인 군주정치는 존재하지 않는다는 결론을 내리지 않을 수 없으며, 실제로도 이 장의 주요 부분은 이 정치체제에 대한 격렬한 비난으로 이루어져 있다. 루소의 다른 저서들에서는 이 점이 더 분명하게 드러난다. 《산에서 보내는 편지》의 여덟 번째 편지에서는 민주주의와 국민주권을 동일시한다. "민주주의 정체야말로 확실히 정치술의 걸작이다." 그리고 민주주의는 또한 자유를 보장해주는 유일한 정치체제다.

  루소의 민주주의에 대한 열의는 좀 지나칠 정도여서 모든 대의정치체제를 단호히 비난한다. "주권은 양도할 수 없으며, 같은 이유에서 또한 대표할 수도 없다."(3부 15장) 그러나 그가 내세우는 이유들을 잘 이해해야 한다. 우선 고대 도시국가들은 대의정치체제를 알지 못했다. 특히 그의 견해는 역사적 경험에 근거해 있다. 그가 알 수 있었던 근대의 예들은 체제를 비판할 수 있을 만큼 충분했다. 절대군주제가 공고해지기 전에 자리 잡았던 삼부회는 국민이 아니라 귀족과 부르주아 계급으로 이루어진 귀족계급을 대표했다. 몽테스키외를 비롯한 다른 철학자들은 특히 영국 의회에 감탄했다. 그러나 루소는 영국에서 전반적으로 선거 부정이 저질러졌다는 사실을 알고 있었다. 영국 의회가 토지를 가진 귀족계급과 상업을 하는 부르주아 계급의 이름으로 통치하고 있다는 사실을 모르지 않았다. 그리고 그는 제네바에서 벌어지는 일을 직접 목격하고 있었다. 그럼에도《사회계약론》에는 그러한 문제들에 대한 해결책이 제시되어 있지 않다.

6. 이상주의적·유토피아적 저서

18세기에 가장 대담한 자연 개념을 가지고 있던 철학자들은 바로 유물론자들이었다. 그러나 그들은 역사와 사회에 대해서는 관념론적 개념을 가지고 있었다. 정신주의자인 루소는 더 얘기할 필요도 없었다. 전형적인 관념론적 저서인 《사회계약론》은 그 책이 쓰인 시대를 그대로 반영한다. 사회계약이라는 개념은 국가가 어느 일정한 단계에 도달한 자연 상태에 내재하는 어려움에 대한 합리적 해결책을 찾는 어떤 사회 구성원들의 자발적 행위를 토대로 했다는 것을 전제로 한다. 마르크스주의 창시자들은 모든 의지주의 이론을 거부한다. 엥겔스는 이렇게 말한다.

"국가는 사회 밖에서 강제되는 권력이 아니다. (…) 국가는 차라리 그 일정한 발전 단계에 있는 사회의 산물에 가깝다."(《가족과 사유재산, 국가의 기원》)

국가는 이성의 창조물도 아니고 자의적 결정의 결과도 아니다. 그것은 사회적 현실 자체에서 태어난다. 바로 그때 루소가 해결하려고 발버둥 쳤던 어려움이 풀린다. 국가 창설에는 기적이 일어나지 않는다. 그는 자신의 사회계약 이론이 어떤 난관에 빠질지 알고 있었다.

"한 국민이 형성되면서 정치의 건전한 원리를 이해하고 국가가 존재하는 이유의 기본 규칙들을 따를 수 있도록 하려면 결과가 원인이 될 수 있어야 하고, 입법의 산물이어야 할 사회정신이 입법 자체의 동기가 되어야 하며, 사람들은 법이 제정되기 이전에 이미 법이 정하는 당위적 인간이 되어 있어야 한다."(2부 7장)

민주주의자 루소가 국민에 대해 가지고 있는 견해에서는 많은 망설임이 느껴진다. 때로는 국민의 판단을 신뢰한다. 자유국가에서는 능력 있는 사람들이 부족하지 않기 때문이다. "추첨을 통한 선출은 참된 민주주의에서는 별 불편이 없을 텐데, 민주주의 정체에서는 풍습이나 재능뿐만 아니라 삶의 원리나 재산 등 모든 것이 동등한 만큼 거의 똑같은 선택이 이루어진다."(4부 3장) 그리고 그는 스위스의 주州들을 예로 든다. "이 지상의 가장 행복한 백성들의 경우 한 무리의 농부들이 떡갈나무 아래서 국사를 결정짓고 늘 현명하게 행동하는 것을 보면 온갖 의혹으로 악명을 떨치고 비참해진 다른 나라들의 지나친 기교를 멸시하지 않을 수가 없다."(4부 1장)

그는 스위스 사람들이 공화국에 살면서 가장 대담한 선동가들조차 이치를 따져 설득할 수 있을 정도라며 신뢰를 보낸다. 그리고 일반적으로 우리는 국민이 훌륭한 지도자들을 선출할 수 있으리라고 믿을 수 있는 반면 궁정에서는 거의 항상 '교활한 자들'(3부 6장)이 출세를 한다. 그런데 대부분의 계몽주의 철학자들, 특히 볼테르에게서와 마찬가지로 루소에게서도 '하층계급'에 대한 경멸감은 발견되지 않지만, 그래도 꽤 많은 글이 재산을 전혀 갖지 못한 모든 사람(아직까지는 프롤레타리아라고 불리지 않는)에 대한 경계심을 표출하고 있다. 그는 억압에 길들어 있거나 아직 자유를 맛보지 못한 국민을 멸시한다. 속여먹기 쉬운 아이들이나 다름없다고 본다. 자신이 싫어하던 '철학자 무리'에 스스로가 믿던 것보다 더 가까이 있다. 이 철학자 무리는 철학이 자신의 힘으로는 얻지 못하는 국민의 행복을 위해 애써야 한다고 믿는다. 그런데 입법자 이론에는 국민에 대한 멸시가 느껴지지 않지만 어쨌든 그들의 능력에 대한 비관론은 존재한다. "즉 현자들이 일반인에게 일반인의 언어로 말하지 않고 그들 자신의 언어로 말하려 하면 일반인이 알아듣지 못한다."(2부 7장) 그래서 입법자들은 종교라는 수단을 동원하는 게 아니겠는가. 입법자는 자신의 이익을 위해 국민을 속인다. 관념론적 정치 이론은 끝까지 민주적인 것이 될 수 없다. 입법자는 예외적인 개인들의 전유물인 이성을 구현한다. 국민을 행복하게 만드는 것은 그들이 할 일이다. 그렇지만 그들 자신의 이익 이전에 공공의 이익을 얼마나 많이 만들어내야 하는가? 이에 대한 대답은 비관적일 수밖에 없다. 이러한 비관론은 《사회계약론》에 흔히 등장한다. 정의로운 사회가 탄생한다는 것은 기적에 가까운 일이다. "인간들에게 법을 정해주려면 신들이 필요할 것이다."(2부 7장) 이성이 하늘에서 내려와 자유를 부여한다. 역사적으로 보면 국민의 폭발은 매우 드물고 같은 민족에게서는 되풀이되지 않으며, 위대한 인간들의 행동에서 자극을 받는다. 그리하여 공화국이 세워진다. 그러고 나면 이기심이 파괴 공작을 벌인다. 정부들은 주권자의 권리를 침해하고, 필연적으로 전제군주제가 다시 시작된다.

《사회계약론》의 학설을 유토피아적이라고 규정하는 것은 일견 자의적으로 보인다. 루소는 처음부터 인간을 '있는 그대로' 보겠다고 약속한다. 《사회계약론》은 플라톤의 《공화국》이나 토머스 모어의

《유토피아》, 베라스의《세베랑브인들의 역사》같은 책이 아니다. 그는 실재하는 모델에 근거하여, 즉 제네바 귀족들이 민주주의를 탈취하기 전에 제네바에서 가능했던 그대로의 모델에 근거하여 자신의 이론을 설명하겠다고 주장한다.

그러나 엄밀하게 말하자면 이 모든 것은 논란의 여지가 있다.《사회계약론》의 인간론은 18세기의 개체주의로 왜곡되었다. 그가 묘사하는 공화국은 홀로인 개인들로 구성되어 있으며, 이 개인들이 모여서 국민이 된다. 그들 각자와 공동체 사이에는 전혀 아무것도 없으며, 원래부터 우리는 실재하지 않는 사회 앞에 있다. 홀로인 개인은 마르크스가 그 역사적 의미를 잘 드러내 보여준 하나의 추상적 개념일 뿐이다. 루소는 과거의 봉건적 관계나 영주 관계가 잔존하고 있는 자기 시대의 현실 사회와 모든 인간이 완전히 자유롭고 독립적으로 살아가는 신화적 자연 상태를 대립시킨다. 이 신화는 노동의 산물이 상품 형태를 가지며 그 가치가 사회적 관계를 은폐하는 부르주아지 사회의 이상을 표현한다. 이 모든 상품 사이에 존재하는 단 하나의 공통 요소는 사회적으로 필요하며 상품을 생산할 수 있도록 해준 노동 시간이며, 생산자들이 만들어낸 생산물들의 가치를 비교해야 그들 사이의 좀 더 일반적인 관계를 발견할 수 있다.《자본론》을 인용하자면, "균등한 인간 노동으로서 그들의 사적 노동을 서로 간에 비교해야" 그렇게 할 수 있다. 그러므로 부르주아 계급은 개인이 모두 자유롭고 평등하다고 간주하지만, 순전히 이론적이며 추상화한 것에 지나지 않는다. 루소가 자연 상태 속에 내던지고 계약으로 결합하는 것은 바로 이 개인들이다. 물론 계약 이전에 사법적으로 결합되는 최초 사회가 있다. 하지만 루소는 오직 각자가 자신을 위해 자기 땅을 경작하는 가장들밖에는 모른다. 그는 이 고립된 개인들을 절대적인 초기 단계로 보는 반면, 마르크스는 "역사를 거슬러 올라가면 갈수록 개인은 (…) 더 큰 전체(처음에는 가족과 씨족, 그리고 나서는 여러 가지 형태의 공동체)에 대한 종속 상태로 더 나타난다"라고 말한다. 개인이 "사회적 전체의 여러 가지 형태들" 속에서 "그의 개인적 목표를 실현하는 간편한 수단"을 본 것은 상품 생산 관계가 발달하는 순간, 특히 18세기의 일이었다.

사회적 관계가 최고로 발달할 때 인간들은 진정으로 개인화할 수 있다. 자연 상태는 실제로는 상업 사회 발달의 산물에 불과한 것을 초기 상태로 소개한다. 이 자연 상태는 개인에게 권리의 우선권을 부여한다. 사회는 2차적 사실일 뿐이다. 이론상 모두가 평등하고 자유로운 개인들의 집합체밖에 될 수가 없다. 로빈슨 크루소는 부르주아지 이데올로기의 가장 전형적인 주인공이다. 그리고 그가 에밀의 교육에서 큰 역할을 해내는 것은 결코 우연이 아니다. 로빈슨 크루소는 모든 사회적 관계에서 완전히 자유로운 개인이다. 그는 투소가 구상하는 사회계약을 다른 로빈슨 크루소들과 맺을 수 있는 이상적인 개인이다. 《사회계약론》의 토대를 이루는 것은 바로 이 신화로서, 이 책의 한편에 있는 개인들은 각자가 그의 개인적 뜻으로 표현되는 개인적 이해관계를 통해 성숙해가고, 또 한편에 있는 집단은 전체 의사가 표현하는 전체의 이해관계를 통해 성숙해간다. 하지만 우리는 현실에서 한참 유리되어 있다. 왜냐하면 모든 개인은 무엇보다도 사회적 관계의 매듭으로서, 가족과 씨족, 지역 집단, 협동조합, 계급 등 모든 개체 하나하나는 그 자신의 이해관계를 가지고 있다. 물론 루소는 이런 사실들을 모르지 않았으나 그것들을 억제한다. "그러므로 전체 의사가 올바르게 표현되려면 국가에 부분 사회들이 없어져야 하고, 또 시민들이 각자 자신의 소신에 따라 의견을 밝히는 것이 중요하다."(2부 3장) 루소는 개별 집단들의 존재를 거부한다. 그러나 알튀세르는 "무엇인가 존재하지 않아야만 하는 것은 곧 그것이 존재하기 때문이다"라고 말했다. 루소는 그들의 존재를 확실히 느끼기 때문에 그들이야말로 모든 합법적 사회가 필연적으로 쇠퇴하게 만드는 원인이라고 본다. "그러나 사회적 유대가 느슨해지고 국가가 쇠약해지며, 개별적 이익이 추구되고 작은 집단들이 큰 집단에 영향을 미치기 시작하면, 공공의 이익은 변질되고 반대자들이 생겨난다. 투표를 해도 만장일치가 더는 이루어지지 않는다. 전체 의사는 더는 모든 사람의 의사가 아니다. 반대 의견이 제시되고 논쟁이 벌어진다. 가장 훌륭한 의견도 다툼 없이는 받아들여지지 않는다."(4부 1장)

그러므로 《사회계약론》의 사회는 계급투쟁도 안 일어나고 정당도 없는 비현실적 사회다. 당파적 사회는 금지되거나 분산되어야 한다. 최강자라 할지라도 자신의 힘을 권리로, 그리고 자신에 대한 복종을 의무로 바꿔놓지 않는 한 영원히 지배자가 될 만큼 강하지는 않다. 바로 여기서 가장 강한 자의 권리가 생겨난다. 이 권리는 겉으로는 반어적으로 받아들여지지만 실제로는 원리로 확립되어 있다. 그런데 이 말은 우리에게 영영 설명되지 못하는 것일까? 힘은 물리적인 위력이다. 이 힘을 행사하여 어떤 도덕성이 이룩될 수 있는지, 나는 알지 못한다. 힘에 굴복한다는 것, 자기 뜻에 따라서가 아니라 필요에 따라서 하는 행위다. 기껏해야 신중한 행위일 뿐인 것이다. 그러니 도대체 그것이 어떤 의미에서 도덕적 의무가 될 수 있단 말인가? "부분 사회들이 존재한다면 (…) 그 수를 늘려 그들 간의 불평등을 예방해야 한다."(2부 3장) 부분 사회는 그 무엇에서도 태어나지 않는다. 이 사회는 주로 생산수단 구조의 결과다. 18세기에 자본주의적 관계가 봉건적이거나 군주적인 관계가 유지되는 사회 내부에서 발달하기 시작했다. 이러한 사회는 루소가 국가를 가두기를 꿈꾸는 규범들로부터 계속하여 더 멀어질 수밖에 없다. 거의 균등하고 모두가 동일한 사회적 기능을 가진, 그러므로 모두가 같은 이해관계와 같은 의사를 가진 작은 소유지들로 이루어진 공화국은 오직 먼 과거에 속해 있을 수밖에 없다(루소는 스위스의 지방 주들을 근대 모델로 제시한다. 하지만 이상화가 이루어지는 것은 마찬가지다. 사실 그것은 이 단어의 근대적 의미에서 볼 때 귀족 정부다). 여전히 이 과거는 신화적이다. 고대 도시들, 심지어는 겉으로 보기에 가장 민주주의적이라고 생각되는 도시국가들도 실제로는 노예들의 착취에 그 토대를 두고 있다. 페리클레스 시대의 아테네 시민들은 그들의 도시국가 내에서 노예들이 존속을 보장해주었기 때문에 국민회의에 참석할 시간을 낼 수 있는 극소수였다. 루소는 이 사실에 대해 침묵하거나, 아니면 하더라도 수사적 효과만을 노릴 뿐이다.

"타인의 자유를 희생시켜야만 자신의 자유를 보존할 수 있고, 노예가 극단적으로 노예일 때만 비로소 시민이 완전하게 자유로울 수 있는 그런 불행한 상황이 있다. 바로 스파르타의 상황이 그러했다. 현대의 국민인 당신들은 노예를 갖고 있지 않고 바로 당신들이 노예다. 당신들은 바로 당신들의 자유로써 그들의 자유에 대한 대가를 치르고 있다. 이 같은 선택을 자랑해봤자 아무 소용도 없다. 나는 거기서 인간다움보다는 오히려 비굴함을 본다."(3부 15장)

현실 사회를 이 신화 모델에 접근시키기 위해 루소는 역사에 역행하는 조처들을 취하기를 제안한다. 여러 가지 법으로 불평등을 감소시켜서 계급투쟁을 억제해야 한다는 주장이다. "어떤 시민도 다른 시민을 매수할 수 있을 만큼 부유해서는 안 되며 누구도 자신을 팔아야 할 만큼 가난하지 않아야 한다."(2부 11장) 그러나 그러한 주장은 실현 가능성 없는 바람에 지나지 않는다. '공론空論의 망상'에 불과하다. 왜냐하면 "바로 사물의 추이가 항상 평등을 무너뜨리는 경향이 있기 때문에 입법의 힘은 항상 그것을 유지하는 방향으로 나가야 한다."(2부 11장) '사물의 힘'을 거슬러가며 법을 정하는 것은 곧 의지주의적이며 유토피아적인 과정의 유형 그 자체다. 루소는 '남용이 불가피하다는 것'을, 농촌에서는 소규모 농업 생산을, 도시에서는 독립적인 수공업을 유지하거나 회복시키려 애쓰는 것이 '공상'에 불과하다는 것을 알고 있다. 바로 여기서 비관론이 등장한다. "스파르타나 로마조차 멸망했는데 어떻게 국가가 영원히 존속하기를 바랄 수 있겠는가?"(3부 11장) 필연적인 변화를 중단시킬 수는 없다. 그렇더라도 변화를 신중히 지연시키기는 해야 한다.

그러나 그것을 지연시키는 데 가장 훌륭한 법만으로는 충분하지가 않을 것이다. 법은 외부적 장애물에 불과하다. 입법자는 "풍습과 관습, 특히 여론"(2부 12장)을 통해 시민들에게 강력하게 작용해야 한다. 입법자의 기술에 관한 이 부분은 '모든 기술 중에서 가장 중요하지만' 이상하게도 루소는 오직 정치 분야 법들만 자신의 주제와 연관되어 있다고 주장한다. 그러므로《폴란드 정부》에서는 공공교육을 통해,《달랑베르에게 보내는 연극에 관한 편지》에서는 시민 축제를 통해 시민들을 교육한다는 것을 알아야 할 것이다. 그러나 모든 것은 마치 자기 이론의 토대가 허약한 데 당황한 루소가《사회계약론》끝부분에서 쇠퇴를 지연시키게 되어 있는 유대로서 구상된 풍습으로 되돌아간 것처럼 되었다. 바로 이것이 마지막 두 장章의 목적이다. 먼저 4부 7장을 보면, 관습을 재건하기 위해서가 아니라 관습을 유지하려고 만든 로마 제도인 통제관직이 있다. 미풍양속은 훌륭한 법에서 비롯되지만, 법이 약화하면 법을 강화할 입법자가 더는 거기에 없다. 법 효과를 지속시키는 것은 통제관의 할 일이다. 그러나 순전히 인간적인 수단만으로는 충분하지가 않다. 종교에 의지해야 한다. 그리고 이것은 '시민 종교' 장의 목적이다. 최후의 순간에 덧붙여진 것처럼 보이는 이 글은 사실 마지막에 즉석에서 쓰인 것이 아니다. 이 장에 포함된 주장은 이미《섭리에 관해 볼테르에게 보내는 편지》에서 대강 구상되었다. 아마도 루소는 우선 자신의 옛 친구 철학자들과 같은 관점을 가져서 종교에 의지하지 않고 순수하게 인간적 특징을 자신의 저서에 부여하려고 했는지도 모른다. 그러다가 마지막에 도달한 그는 자신이 전체 의사의 순수함을 보존하기 위해 제안했던 수단들을 단념하면서 고대 모델에 근거한 시민 종교를 원군으로 부른다.

이 장에는《사회계약론》전체와 모순되는 부분이 없다. 그렇다고 해서 어려움이 없는 것은 아니다. 우선 그것은《사부아 지방 보좌신부의 신앙고백》과 대립한다. '시민 종교'의 장은 시민의 종교를 고양한다. 보좌신부의 종교는 인간의 종교다. 이 둘의 대비는 명백하게 드러난다. "종교는 (…) 또한 두 가지 종류로 나뉠 수 있다. 인간의 종교와 시민의 종교를 알 것." 인간의 종교는 "가장 순수하고 간결한 복음서 종교"로서, 보좌신부는 그것을 단호히 요구한다. "예수의 삶과 죽음은 바로 신의 죽음이다." 인간의 종교는 의식을 통해 인간을 신 앞에 놓는다. 그러나《사회계약론》은 이 종교를 모든 종교 중에서 가장 반反사회적인 종교로 간주한다. 이 종교는 "성스럽고 숭고하고 진정하다." 그러나 "나는 이것보다 더 사회정신에 반대되는 것을 알고 있지 못하다." 독실한 기독교인은 애국자가 아니다! 이 모순을 해결하기 위해 수많은 방법을 동원했다. 그러나 그 방법들은 타당하지 않다. 정치가 루소는 모럴리스트 루소와 일치할 수 없었다. 인간의 의무는 시민의 의무가 아니며, 루소는 이 두 가지를 조화시킬 수가 없었다.

심각한 것은, 자유 체제의 토대를 마련하겠다고 주장하면서 국가 종교를 창시하는 것이다. 양심에 위협을 가하는 것이 아닌가? 우리는 다음 글을 읽으면서 몸을 떤다. "만일 누군가가 바로 이 교리를 공개적으로 인정했다가 마치 그걸 믿지 않는 것처럼 행동한다면 그는 죽음으로 처벌받아야 할 것이다. 죄 중에서도 가장 큰 죄를 저질렀고 법 앞에서 거짓말을 했으니 말이다."

《사회계약론》의 논리는 이렇다. 즉 모든 사람의 자유를 보장하기 위해서는 전체 의사의 공정함을 보호해야 한다. 그러나 계급투쟁은 필연적으로 그러한 공정함을 손상시킬 것이다. 그때 종교는 모두가 시민적 감각을 갖도록 만들고 각 시민이 일반적 이해관계의 신화를 전부 희생시키도록 하는 최후의 무기로 보인다. 이렇게 해서 자유가 큰 위험에 처한다.

루소는 그 사실을 알고 있다. 그는 가능하면 개인의 양심을 보존하려고 애쓴다. 그는 단 하나의 교리를 금지하며, 그것은 '불관용'이다. 그리고 그것은 임시변통의 양도인 것처럼 보이지 않는다.《고백록》에서 루소는 자기가 모든 인간 가운데 가장 관용적이라고 선언한다. "내가 존재한 이후로 나는 나를 제외하고 관용적인 사람을 딱 한 명밖에 보지 못했다." 그리고 《신 엘로이즈》에서는 한층 더 단호하다. "만일 내가 행정관이고 법이 무신론자들에 대해 사형을 선고한다면 나는 우선 다른 사람을 고발하는 그 누구인가를 불태워 죽이도록 할 것이다."

그렇지만 이런 법이라면 폐지하는 게 당연하지 않을까? '시민 종교' 장에는 양심에 대한 국가권력을 제한하려는 노력이 엿보인다. 국가권력이 통과할 수 없는 한계가 존재하는 것이다. "각자는 게다가 자기 마음에 드는 이러저러한 의견들을 가질 수 있지만, 그것에 대해 아는 것은 주권자의 일이 아니다." 그러나 이 자유는 '게다가', 즉 신앙을 '강력하고 지적이며 호의적인 신의 존재' 속에 포함시키는 시민의 서약을 넘어서는 것까지 확대된다. 무신론자들은 사고의 자유에서 제외된다. 그러므로 무신론자들이 그 당시에는 숫자가 아주 적었으며 이같은 예외가 실제적 가치를 거의 갖지 않았다고 주장하는 것은 아무 소용이 없다. 왜냐하면 루소 자신의 문구로 응수할 수 있을 것이기 때문이다. 〈정치경제론〉에서 그는 "만일 국가 내에서 목숨을 구할 수도 있었을 시민을 단 한 명이라도 죽게 만들고, 또 단 한 명의 시인이라도 감옥에 잘못 가두어둔다면, 전체 의사는 침해될 것이다"라고 했다. 어쨌든 루소는 무신론자에게 공식적인 교리를 외부적으로 존중할 것만을 요구하고 그에게 내적 자유는 부여한다고 대답해봤자 아무 소용이 없다. 무신론자는 가족과 주변 사람에게 모범을 보이고 신을 믿지 않았는데도 교회에 열심히 나간 볼테르 같은 사람이 될 권리를 갖고 있다. 바로 이것이 위선이 주는 교훈이다.

결국 자기가 관용적인 사람이라고 말하고 또 그렇게 믿는 인간이 무신론에 대해 보이는 그러한 완강함은 그 당시에 매우 널리 퍼져 있었으며 베일에서 디드로까지의 몇몇 자유사상가들만이 거기서 벗어날 수 있었던 한 가지 생각으로 설명할 수 있다. 즉 도덕은 반드시 종교적 토대를 가져야 하며, 무신론은 악덕으로 가는 길을 연다. 그러므로 무신론자는 반사회적 요소이며 붕괴를 일으키는 요인이다. 만일 무신론자들을 고발하는 자 역시 죽음의 위협을 받는다면 그것 역시 같은 이유 때문이다. 왜냐하면 불관용자는 국가를 위험에 빠트리기 때문이다.

바로 이것이 계몽주의 시대의 '관용'이 안고 있던 모순이었다. 그것은 전혀 새로운 개념이었다. 17세기에 밀턴과 로크는 구교 신자들과 무신론자들을 동시에 사상의 자유에서 배제했다. 스피노자까지도 국가가 그 구성원 각자에게 종교적 순응주의를 받아들일 것을 요구했다. 루소가 살던 시대에는 심지어 양심의 자유를 위해 무척 애썼던 볼테르조차도 무신론을 위험한 교리로 간주했을 정도다. 무신론이 대중에게 전파되면 위험해진다고 여겼기 때문이다. 19세기에 들어서자 이번에는 헤겔이 국가의 모든 구성원은 똑같은 종교를 믿어야 한다고 주장했다.

그리고 20세기 들어서도 여전히 우리는 정부 수반들이 신을 믿지 않는 모든 사람을 수상쩍게 생각하고 있는 것을 목도하고 있다. 오직 개인의 양심만이 그 개인이 가진 종교적이거나 반종교적인 믿음을 좌우하며 국가는 이 영역에서 어느 것 하나도 개인에게 강요할 수 없다는 사상은 지난 3세기 동안 아주 서서히 형성되었다. 이런 점에서 《사회계약론》은 루소가 살던 시대를 정확히 반영한다.

장 자크 루소 연보

1712년

6월 28일 제네바에서 시계 수리공인 아버지 이삭 루소와 유복한 중산층 가문 출신의 어머니 쉬잔 베르나르 사이에서 태어났다. 어머니는 출산 후 9일 만에 세상을 떠났고, 친척들과 주변 시골 마을 목사의 보살핌을 받았다.

1722년

아버지가 퇴역군인과 다툼 이후 제네바를 떠나 프랑스 리옹에 가고, 외삼촌의 돌봄을 받다가 목사에게 맡겨졌다.

1724년

제네바로 돌아와 다시 외삼촌 댁에서 지내다가 법원 서기의 조수로 일했고 이듬해 계약직으로 조금사의 견습공이 되었다.

1726년

리옹에서 아버지가 재혼했다는 소식을 듣고 충격을 받았다.

1728년

친구와 교외에서 놀다가 시간이 늦어 시내로 돌아갈 수 없게 되자 가출을 결심하고 이튿날 제네바를 떠나 방랑 생활을 시작했다. 프랑스 안시에 도착해 사제의 소개로 샹베리에의 드 바랑 남작 부인을 처음 만났다. 바랑 부인의 주선으로 가톨릭으로 개종하고 얼마 뒤 한 사제의 비서로 일하게 되었다.

1729년

바랑 부인 집으로 돌아와 머무르며 신학을 공부했다.

1732년

음악 교사로 일하며 바랑 부인의 애인이 되었다.

1737년

어머니 유산을 상속받기 위해 제네바를 방문했다.

1738년

샹베리에로 돌아왔으나 바랑 부인의 사랑이 식었음을 알고 레 샤르메트로 떠나 독학에 몰두했다.

1740년

리옹에서 가정교사가 되었다.

1741년

독서와 연구에 열중하다가 파리로 건너갔다. 과학아카데미에 원고를 제출하고 이듬해 《현대 음악론》으로 출간했다.

1743년

베네치아 주재 프랑스 대사 미셸 뒤팽의 비서가 되어 베네치아로 거처를 옮겼다.

1744년

《정치제도론》과 《사회계약론》을 구상했다. 대사와 의견 충돌을 겪고 사직 후 파리로 돌아왔다.

1745년

파리의 하숙집에서 훗날 평생의 반려자가 되는 하녀 테레즈 르바쇠르를 만났다. 이 무렵 디드로, 콩디야크와 교우하고 볼테르와 서신을 교환했다. 생계를 위해 비서로 일하기 시작했다.

1746년

겨울에 첫 아이가 태어났지만 곧 보육원에 맡겼고, 이후에도 같은 방법으로 자녀들이 버려져 다섯 명의 아이 모두 행방을 알 수 없게 되었다.

1747년

아버지가 세상을 떠나 유산을 상속받았다.

1749년

달랑베르에게 《백과전서》의 음악 부문을 의뢰받아 집필했다. 논문 집필을 시작하고, 겨울부터 테레즈와 함께 살았다.

1750년

논문 〈과학과 예술론〉을 논문 공모전에 제출해 당선되었고, 연말에 출판했다.

1751년

비서를 그만두고 악보 필사로 생계를 이어갔다.

1752년

오페라 〈마을의 점쟁이〉를 작곡하고 상연해 호평을 받았다.

1754년

4월 논문 〈인간 불평등 기원론〉을 완성하고 6월 테레즈와 제네바로 가 8월에 재개종 후 시민권을 다시 얻었다. 《정치제도론》 집필에 착수했다.

1755년

《인간 불평등 기원론》을 출간했다. 〈정치경제론〉을 《백과전서》에 발표했다.

1756년

테레즈와 테레즈 어머니를 함께 모시고 에르미타주로 이주해 살았다. 이듬해 몽루이로 거처를 옮겼다.

1758년

《에밀》 집필을 시작했다.

1760년

《에밀》과 더불어《사회계약론》을 집필했다. 소설《신 엘로이즈》를 제작해 파리로 발송했으나 검열에 걸려 출판하지 못했다.

1761년

1월《신 엘로이즈》를 출간해 성공을 거뒀다. 6월 건강이 악화했다. 여름에《에밀》과《사회계약론》을 완성했다.《에밀》의 인쇄가 지연되자 음모를 의심했다.

1762년

4월《사회계약론》을 출간하고 5월에《에밀》을 출간했으나 고등법원에서《에밀》을 금서로 지정하고 체포령을 내렸다. 제네바로 도피했으나 그곳에서도《사회계약론》과《에밀》 모두 금서로 지정해 7월 제네바를 떠나 프로이센 왕의 영지에서 스코틀랜드 세습 원수 대공령의 총독인 조지 키스의 보호를 받았다. 바랑 부인이 사망했다.

1763년

4월 뇌샤텔 시민권을 취득하고, 5월 제네바 시민권을 포기했다.

1764년

식물학에 전념하다가 《산에서 보내는 편지》를 집필해 출간했다. 연말에 볼테르의 《시민의 소감》을 읽고 《고백록》 집필을 결심했다.

1765년

3월 《산에서 보내는 편지》가 파리에서 분서 처분을 받고 10월에 베른 시의회가 퇴거를 명령했다. 베를린을 거쳐 12월 파리에 도착했다.

1766년

흄 일행과 1월 영국 런던으로 거처를 옮기고 테레즈도 초청해 함께 기거했다.

1768년

다시 파리로 돌아와 테레즈와 정식으로 결혼했다.

1770년

파리에서 악보 필사와 식물 채집에 열중했고, 12월 《고백록》을 완성해 지인들을 모아 낭독회를 열었다.

1775년

《대화: 루소, 장 자크를 심판하다》를 완성했다.

1776년

산책하며 지난 삶을 회고하고 정리한 에세이로, 결국 미완으로 남은 《고독한 산책자의 몽상》 집필을 시작했다.

1778년

미출간 원고 《고백록》, 《대화》 등을 제네바에 있는 옛 친구에게 보내 맡겼다. 5월부터 지라르뎅 후작의 호의로 후작 저택에서 머물기 시작했다. 7월 2일 산책과 아침 식사 이후 발작을 일으키고, 세상을 떠났다. 1794년 유해가 팡테옹으로 옮겨졌다.

옮긴이 이재형

한국외국어대학교 프랑스어과 박사 과정을 수료하고 한국외국어대학교, 강원대학교, 상명여대 강사를 지냈다. 지금은 프랑스에 머무르면서 프랑스어 전문 번역가로 일하고 있다. 옮긴 책으로《그리스인 조르바》(니코스 카잔차키스),《프랑스 유언》(안드레이 마킨),《세상의 용도》(니콜라 부비에),《어느 하녀의 일기》(옥타브 미르보),《시티 오브 조이》(도미니크 라피에르),《군중심리》(귀스타브 르봉),《꾸뻬 씨의 행복 여행》(프랑수아 를로르),《프로이트: 그의 생애와 사상》(마르트 로베르),《마법의 백과사전》(까트린 끄노),《지구는 우리의 조국》(에드가 모랭),《밤의 노예》(미셸 오스트),《말빌》(로베르 메를르),《세월의 거품》(보리스 비앙),《레이스 뜨는 여자》(파스칼 레네),《눈 이야기》(조르주 바타유) 등이 있다.

사회계약론

제1판 1쇄 발행   2013년 9월 24일
제2판 1쇄 발행   2025년 7월 20일

지은이   장 자크 루소
옮긴이   이재형
펴낸곳   (주)문예출판사
펴낸이   전준배
출판등록   2004.02.11. 제 2013-000357호
                (1966.12.2. 제 1-134호)
주소   04001 서울시 마포구 월드컵북로 21
전화   02-393-5681
팩스   02-393-5685
홈페이지   www.moonye.com
블로그   blog.naver.com/imoonye
페이스북   www.facebook.com/moonyepublishing
이메일   info@moonye.com
ISBN   978-89-310-2538-5 04080
                978-89-310-2274-2 (세트)

잘못 만든 책은 구입하신 서점에서 바꿔드립니다.
상표등록 제 40-0833187호, 제 41-0200044호